철학의 신전

지은이 | 황광우
초판 1쇄 인쇄일 2015년 8월 14일
초판 1쇄 발행일 2015년 8월 20일

발행인 | 박재호
편집 | 김준연
종이 | 세종페이퍼
인쇄·제본 | 한영문화사
출력 | ㈜상지피앤아이

발행처 | 생각정원 Thinking Garden
출판신고 | 제 25100-2011-320호(2011년 12월 16일)
주소 | 서울시 마포구 동교동 165-8 LG팰리스 1207호
전화 | 02-334-7932 팩스 | 02-334-7933
전자우편 | pjh7936@hanmail.net

만든 사람들
기획 | 박재호
편집 | 김준연
디자인 | ZINO DESIGN 이승욱

철학의신전

삶과 죽음, 영혼과 신을 둘러싼 플라톤과 호메로스의 대결

황광우 지음

생각
정원

내가 어려서부터
'철학의 신전'을 기웃거리도록 이끌어준
혜당 스님과 황지우 시인께,
지금도 정의로운 나라를 만들기 위해
수고하는 나의 모든 벗들께
이 글을 바친다.

| 일러두기 |

1. 인명과 지명을 포함한 외래어는 국립국어원의 〈외래어 표기 용례집〉을 따라 표기했다. 단, 책의 제목은 저자와 출판사의 의도를 존중하여 예외적으로 출간된 그대로 적었다. 예컨대 본문의 '오디세이아'를 특정 책 제목을 표기할 때에 예외적으로 《오뒷세이아》라 적었다.

2. 《일리아스》(호메로스 지음, 천병희 옮김, 숲, 2007)를 인용할 때에는 저자와 역자, 출판사 및 출판 연도 등의 서지 사항을 생략하고 괄호 안에 권과 행을 나타내는 숫자를 기록했다. 예를 들어 제7권 472행부터 475행을 인용하는 경우 '(7. 472~475)'로 표시했다.

3. 《오뒷세이아》(호메로스 지음, 천병희 옮김, 숲, 2006)를 인용할 때에는 괄호 안에 '오'를 표기하고, 권과 행을 나타내는 숫자를 기록했다. 예컨대 '(오. 3. 132~135)'로 표시했다.

4. 《국가》(플라톤 지음, 천병희 옮김, 숲, 2003)의 경우 괄호 안에 '국'을 표기하고, 행을 나타내는 숫자와 로마자를 기록했다. 예컨대 '(국. 617d~e)'로 표시했다.

5. 《법률》(플라톤 지음, 박종현 역주, 서광사, 2009)의 경우 괄호 안에 '법'을 표기하고, 행을 나타내는 숫자와 로마자를 기록했다. 예컨대 '(법. 203c)'로 표시했다.

6. 《파이돈》(플라톤 지음, 천병희 옮김, 숲, 2012)의 경우 괄호 안에 '파'를 표기하고, 행을 나타내는 숫자와 로마자를 기록했다. 예컨대 '(파. 67c)'로 표시했다.

7. 이 책은 독자들의 이해를 돕기 위해 필요하다고 판단될 경우 원문을 요약하거나 압축하여 인용했고, 많은 경우 독자가 읽기 쉽게 원문을 다듬었음을 미리 밝힌다. 저자와 역자의 양해를 구한다.

호메로스와 플라톤이
씨름하는 '철학의 신전'

20세기 한국인들은 고난과 격동의 100년을 보냈다. 20세기에 한국인이 이룬 성취를 한마디로 압축하면 서구화이다. 우리에게 근대화는 곧 서구화였다. 경제력으로 치자면 남 부럽지 않은 부국이 되었고, 정치에 있어서도 만족스럽지는 않으나 형식적 민주주의를 달성했다.

21세기 한국인들은 어디로 가야 하는가? 이 물음은 독재 정권과 싸우던 20대 때부터 지금까지 품어온 물음이다. 나는 아직도 이 물음 앞에서 머뭇거린다. 21세기는 20세기와는 달라야 할 것이다. 지난 20세기가 서구화의 세기였다면 21세기는 동아시아가 세계를 주도하는 시대가 되지 않을까, 나는 생각한다. 그런데 과연 우리는 서양의 정신을 제대로 이해하고 있는가 자문하지 않을 수 없다.

1부 '플라톤, 시대를 철학하다'는 20년도 넘는 독서와 연구, 그리고 배움의 결과이다. 2014년 한 해 내내 나는 마지막으로 플라톤의 《국가》와 씨름했다. '철학하는 엄마들', '고전 읽는 교사들'의 모임에서 이 책을 함께 읽었다. 고대 그리스 철학사의 큰 줄기를 이해하는 데 거스리Guthrie 의 책이 도움이 되었다. 또 나에게 그리스어를 가르쳐주고 《국가》와 《법률》을 강독해준 이강서 교수의 가르침이 큰 도움이 되었다. 어려운 그리스 고전을 알기 쉬운 한국어로 옮겨준 박종현 선생, 천병희 선생, 정암학당의 선구적인 노력이 없었다면 이 졸저는 쓰이지 못했을 것임에 틀림없다.

내가 호메로스를 읽기 시작한 것은 2006년이었다. 학생들과 함께 읽었다. 수십 번 읽었다. 호메로스의 시를 읽으면서 가장 어려웠던 것은 신들이었다. 틈틈이 호메로스를 연구한 책들을 읽었다. 프랭켈Fränkel 과 닐슨Nilsson, 핀리Finley 와 휘트먼Whitman 의 호메로스에 관한 연구서가 도움이 되었다. 2부 '호메로스, 그리스 정신을 대변하다'는 학생들과 함께 호메로스를 공부한 경험과 몇 권의 연구서에 힘입어 쓴 글이다.

3부 '호메로스와 플라톤, 숙명의 대결'은 지난 2010년대 초반에 내가 전남대 철학과에서 공부할 때 가진 문제의식의 소산이다. 검은 것은 흰 바탕 위에서 더욱 검게 보이지 않는가. 나는 두 거인의 생각을 비교하고 대조하면서 플라톤을 통해 호메로스를 더욱 명료하게 이해

호메로스와 플라톤이 씨름하는 '철학의 신전'

하게 되었고, 호메로스의 사생관을 통해 플라톤의 사상 체계를 꿰뚫어 보게 되었다. 로데^{Rohde}의 책이 호메로스의 사생관을 이해하는 데 도움을 주었고, 숌센^{Solmsen}의 책이 플라톤의 목적론적 세계관을 이해하는 데 도움을 주었다. 칼 앨버트^{Albert}의 책과 리터^{Ritter}의 철학 사전은 생각의 흐름을 정리하는 데 도움이 되었고, 강대진의 글은 서사시의 내면을 들여다보는 데 도움이 되었다.

철학은 어렵다. 손에 잡히지 않는 형이상^{形而上}의 세계를 다루는 학문이라 어려울 수밖에 없다. 하지만 아무리 형이상의 논제를 다루더라도 내가 논제를 명확하게 이해하고 있다면 쉬운 철학서를 쓸 수 있다고 생각한다.

나는 내가 본 '철학의 신전'을 느낀 그대로 전하고자 노력했다. 내가 이해한 만큼 표현하려고 애썼는데 얼마나 제대로 표현했는지 모르겠다. 신전의 입구엔 플라톤의 상^像과 호메로스의 상이 서 있고, 신전의 본당엔 호메로스와 플라톤이 씨름하고 있다. 입구로 들어와 본당을 거쳐 나가도 되고, 거꾸로 본당을 보고 입구로 빠져나가도 상관없다.

자주 등장하는 인용은 본문의 흐름을 끊는다. 본문에서 나는 독자와 대화하듯 논지를 전개하려 노력했고, 대부분의 인용은 과감하게 후주로 밀어 넣었다. 독자들은 주석과 관계없이 본문만 죽죽 읽어나가길 바란다. 본문을 다 읽고 신전의 구조를 확인한 후 주석을 보아도 늦지 않다. 《철학의 신전》의 주석도 제법 유용하리라. 끝으로 《철학의 신전》

을 다듬어준 강정희 선생, 김동민 선생, 출판을 허락해준 박재호 사장께 감사를 드린다.

2015년 5월 1일
빛고을 해 뜨는 마을에서

차례

서문 호메로스와 플라톤이 씨름하는 '철학의 신전'   007

프롤로그 고대 그리스인의 정신사를 엮어온 두 거인들   013

I. 플라톤, 시대를 철학하다

1. 시대와 불화한 철인, 플라톤   029

2. 과연 강자의 이익이 정의인가   037

3. 민주정치를 회의하다   051

4. 나는 꿈꾼다, 철인정치를   060

5. 처자 공유제와 플라톤의 본심   069

6. 신의 다른 이름, '선의 이데아'   079

7. 실천에 이르는 길, '동굴의 비유'   089

8. 플라톤, 호메로스를 겨냥하다   100

II. 호메로스, 그리스 정신을 대변하다

1. 그리스 정신의 기록자, 호메로스   113

2. 비극을 넘어선 낙관의 세계, 《일리아스》   121

3. 신이란 어떤 존재인가? 《일리아스》에 나타난 신의 개념   133

4. 영웅의 실존 드라마, 《오디세이아》   152

5. 영웅이란 어떤 존재인가? 《오디세이아》에 나타난 영웅관   178

6. 암흑시대의 정치와 경제   194

III. 호메로스와 플라톤, 숙명의 대결

1. 시에 대한 철학의 도전   217

2. 죽음, 피할 것인가 반길 것인가?   227

3. 영혼, 소멸하는가 소멸하지 않는가?   239

4. 저승, 영혼이 잠시 머무는 곳인가 영원히 유폐되는 곳인가?   248

5. 신, 선한 존재인가 그렇지 않은가?   255

6. 신과 인간, 어떤 관계인가?   265

7. 호메로스와 플라톤의 대결, 어떻게 볼 것인가?   276

8. 니체는 왜 플라톤을 겨냥했을까?   289

에필로그 시와 철학의 시대를 맞이하기 위하여   293

참고 문헌   301

주   307

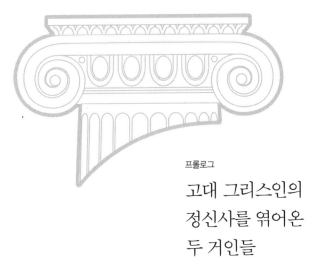

고대 그리스인의
정신사를 엮어온
두 거인들

인류에게 주어진 선물,
호메로스

"글래드스턴은 심심할 때 호메로스를
읽는대." [1]

제2차 세계대전을 승전으로 이끈 윈스턴 처칠은 《나의 청춘기》에서
이렇게 썼다. 윌리엄 글래드스턴 William Ewart Gladstone, 1809~1898 은 19세기 후반
네 차례나 수상을 지낸 영국의 걸출한 정치 지도자였다. 사람들은 그가
참정권을 확대한 진보적 인물이라고 기억하지만 이 정치인이 호메로스

13

에 관한 식견이 높았던 지성인[2]이라는 사실은 잘 모른다. 호메로스를 그 어려운 그리스어로 읽은 그의 학식에 혀를 내두를 수밖에 없다.

호메로스를 사랑한 현대의 지성인을 말할 때 헬렌 켈러를 빼놓을 수 없다. 헬렌 켈러는 미국의 주류 사회를 날카롭게 비판한 지성인이었던 동시에 호메로스의 서사시를 흠뻑 사랑한 인문주의자였다. 헬렌은 자기 방에 호메로스의 석고 메달을 걸어놓고 매일 그와 이야기를 나누었다. 둘 다 맹인이었다. 두 맹인이 세계사의 처음과 끝을 마주 들고 무슨 이야기를 나누었을까? 헬렌 켈러가 "할아버지, 세상에서 가장 아름답고 소중한 것은 눈에 보이지 않지요."라고 속삭이면, 호메로스는 "아가, 세상이 고통으로 가득 차 있지만 고통을 극복하려는 힘도 가득하지."라고 답했을지 모르겠다. 호메로스는 헬렌 켈러에게 마음의 안식처였다.[3]

저항의 지식인 헨리 데이비드 소로 Henry David Thoreau, 1817~1862를 기억하는가? 노예제도에 반대한 지식인, 멕시코를 침공한 미국 정부에 항의한 이 지성인을 만나자. 소로, 그는 1845년 작지만 거대한 실험을 시작했다. 그는 아무도 없는 숲 속에 들어가 도끼로 나무를 베고 그것을 다듬어 통나무집을 지었다. 자연의 삶을 추구한 소로가 월든에서 숲 속의 고독을 즐기면서 한 일은 무엇이었던가? 숲 속에 비가 내리고 온 세상이 적막에 잠길 때, 오두막집의 책상에 앉아 그가 한 일은 호메로스 읽기였다. 그는 미국의 시골 사람들에게 호메로스를 읽고 토론하자고 제안한다. 그가 추구한 유토피아는 주민들이 고전을 읽고 토론하는 마을 공동체였던 것 같다.

《역사철학 강의》에서 헤겔은 그리스에 오니 마치 고향에 온 것 같은 기분이 든다고 썼다. 독일의 지성인들에게 정신적 고향은 고대 그리스였다. 그는 말한다.

"마치 공기 속에서 인간이 숨을 쉬듯이 호메로스의 작품에서 그리스 세계가 숨 쉬고 있다."[4]

헤겔의 제자, 마르크스는 자녀들에게 아이스킬로스와 소포클레스를 읽어주는 것으로 삶의 피로를 풀어갔다고 한다. '신은 죽었다'고 한 니체 역시 그의 선언[5] 그대로 고대 그리스의 자식이었다. 그의 가슴속에선 늘 《일리아스》의 영웅들이 뛰놀고 있었다.

영국의 경험론적 사유를 연 인물 프랜시스 베이컨Francis Bacon, 1561~1626은 무어라 했던가. 그는 《학문의 진보》에서 "카이사르가 로마 군대에 막대한 금품을 주었지만, 호메로스가 인류에게 준 선물에는 미치지 못한다."[6]라고 단언했다. 호메로스의 시는 그 내용에서 한 음절도 잃지 않은 채 2,500년을 견디었다. 얼마나 많은 궁전과 사원, 성과 도시가 그 사이 폐허로 변했던가?

기독교의 철학적 배경은
플라톤

다산 정약용이 《천주실의》[7]를 통해 서양을 만났듯이, 우리 세대는 《복음서》를 통해 서양을 만났다. 기독교의 철학적 배경이 플라톤이라는 것을 내가 알게 되기까지 꽤 오랜 세월이 걸렸다. 고교 시절의 윤리 교과서에는 서양의 중세철학을 이끈 인물이 아우구스티누스 Aurelius Augustinus, 354~430 라고 적혀 있다. 그런데 교부철학자 아우구스티누스[8]는 플라톤 철학에 입각하여 기독교의 교리를 구축했다고 한다. 그런데 그게 참 이해가 되지 않았다. 플라톤과 기독교가 무슨 상관인가?

당시 우리에겐 이 의문을 풀어줄 선생이 없었다. 나이 오십이 넘어서 나는 늦깎이로 철학을 공부하게 되었는데 그제야 알게 되었다. 기독교는 그리스 철학의 모태 안에서 자란 종교였다. 구약성경은 히브리어로 작성된 문건이지만 신약성경은 그리스어로 쓰인 문건이었다. 기독교의 교리를 만든 바울이 그리스어로 사유한 지식인이지 않은가? 기원전 4세기 알렉산드로스가 이집트와 아시아를 정복한 이래 지중해의 세계 공용어는 그리스어였다.

구약성경을 관통하는 가치관은 물질주의다. 그런데 복음서는 구약성경의 물질주의를 심하게 꾸짖는다.

"부자가 하느님 나라에 들어가는 것보다는 낙타가 바늘귀로 빠져 나가는 것이 더 쉬울 것이다."(마르코의 복음서 10:25)[9]

"하느님과 재물을 함께 섬길 수는 없다."(루가의 복음서 16:13)

"하느님 나라는 바로 너희 가운데 있다."(루가의 복음서 17:21)

복음서가 말하는 하느님 나라는 지상의 하느님 나라가 아니라, 영혼의 하느님 나라[10]였다. 고대인의 사유에 있어서 영혼은 어디까지나 물질적인 것이었는데, 영혼을 순수하게 정신적인 것으로 파악한 이가 소크라테스와 플라톤이었다.

"육적인 것은 아무 쓸모가 없지만 영적인 것은 생명을 준다. 내가 너희에게 한 말은 영적인 것이며 생명이다."(요한의 복음서 6:63)

그러니까 영혼에 관한 예수의 생각은 차라리 소크라테스의 생각에 가깝다고 보는 게 더 타당하다.

니체는 어디에선가 기독교는 플라톤의 철학을 쉽게 바꾸어놓은 대중용 종교라고 말한 적이 있다.[11] 대단한 통찰이다. 플라톤 철학이 말하는 '선의 이데아'니 '아름다움 그 자체'니 참 어렵다. 시장에서 하루종일 콩나물과 파를 늘어놓고 손님을 기다리는 할머니가 이 관념적인 것을 어떻게 수용할 수 있을까? 난해한 이념을 의인화해 보자. 그냥

17

이데아를 집어치우고 그것을 신의 아들로 바꾸어보자.[12] '철학을 하면 당신의 영혼이 신의 곁에 다가선다'는 플라톤의 약속 대신, "하느님은 이 세상을 극진히 사랑하셔서 외아들을 보내주시어 그를 믿는 사람은 누구든지 멸망하지 않고 영원한 생명을 얻게 하여주셨다."(요한의 복음서 3:16)라고 약속한다면 얼마나 명쾌하겠는가?

플라톤의 이데아는 신이었다. 아니 이데아를 신이라 말하면 불경죄에 저촉될 수 있으니 슬쩍 비틀자. 이데아는 신적 속성을 가리키는 '신적인 것의 철학적 마스크'였다. 그렇기 때문에 '소크라테스주의야말로 몰락의 징조'요, '기독교는 처음부터 삶에 대해서 느끼는 구토와 염증'이었다며 니체가 그리스의 비극 정신을 죽인 불구대천의 두 원수로 소크라테스[13]와 기독교[14]를 지목했을 때, 그는 그 나름대로 3,000년 서양 정신사의 비밀을 우리에게 드러낸 것이었다.

우리에게 친숙한 기독교의 신과 소크라테스의 도덕주의는 알고 보니 호메로스적 신 및 호메로스적 세계관의 안티테제였다. 어려서부터 호메로스의 영웅들을 가슴에 품고 살아온 니체는 호메로스를 죽인 소크라테스와 기독교를 용서할 수 없었다. "신은 죽었다."라고 니체가 선언했을 때, 그 '신'은 '기독교의 신'이었고, '플라톤의 신'이었다. 세계를 창조한 기독교의 신, 선(혹은 좋음)을 향해 세계를 운동하도록 하는 플라톤의 신 말이다.

호메로스를 시기하는
사상의 이단아

나의 지적 호기심은 여기에서 멈출 수 없었다. 소크라테스의 철학을 요청한 시대 상황은 무엇이었나? 소크라테스는 당시의 아테네를 이끌어간 정치가들을 비판적으로 보았다. 소크라테스는 아테네가 지향하는 가치를 정면으로 부정한다.

"정치가들은 절제나 정의를 염두에 두는 일 없이, 항만이나 성벽, 조공과 같은 어리석기 짝이 없는 것으로 나라의 배만 잔뜩 불렸다네." [15]

소크라테스가 아테네의 정치가들에게 비난을 퍼붓는 이유는 그들이 도시의 물질적 번영만을 추구했을 뿐, 시민들이 올바른 삶을 살도록 그들의 영혼을 이끌지 못했다는 데 있다. 젊은이들의 방종, 오만과 무례를 보는 소크라테스의 시선은 매서웠다. 사랑하는 제자 알키비아데스의 영혼을 바른 길로 인도하기 위해 평생 고심했듯이 사랑하는 아테네인들의 영혼을 바른 길로 인도하기 위해 고투한 것이 소크라테스의 삶이자 철학이었다.

소크라테스의 생각은 확고하다. 인간의 몸은 조만간 사라질 허상이다. 영원한 것은 혼이다. 그렇다면 인간은 조만간 사라질 육체에 아부할 것이 아니라, 영혼을 위해 복무해야 한다. 몸과 혼의 이분은 소크라 테스 사상의 근본적인 전제였다. 재물은 인간의 영혼을 타락시킨다. 인간은 혼의 아름다움을 추구해야 한다.

나의 지적 호기심은 여전히 멈출 수 없었다. 모든 철학은 기존의 사유 체계에 대한 부정으로 시작한다. 소크라테스가 대항한, 당시의 주류 철 학은 무엇이었을까? 소크라테스가 대항한 두 철학자는 아낙사고라스와 프로타고라스였다. 아낙사고라스는 탈레스로부터 내려온 이오니아 자 연철학의 계승자였고, 프로타고라스는 소피스트의 대표 주자였다.

둘은 모두 페리클레스의 초청을 받고 아테네에 들어온 페리클레스의 스승이었다. 둘은 모두 고대 그리스인들이 공유하고 있던 종교적 사유 에 반대하여 과학적이고도 합리적인 사유를 전개한 철학자였다. 둘은 모두 고대 그리스인들의 신 중심적 사고에 반대하여 무신론적 사고를 전개한 철학자였다. 소크라테스는 이들의 무신론적이며 유물론적인 사 고에 반기를 들어 인간 영혼의 독립적 지위를 공고히 하는 유신론적 사 유를 전개했고, 나아가 프로타고라스로 대표되는 소피스트들의 상대론 적 윤리에 반대하여 절대론적 윤리를 확립하고자 분투한 인물이었다.

철학 교과서는 소피스트들이 궤변론자였다고 서술한다. 하지만 이는 수정되어야 한다. 기원전 5세기 아테네에 입국하여 아테네 청소년들에 게 철학과 과학의 지식을 전달한 소피스트들은 당대의 계몽사상가였 다.[16] 계몽이란 인간 이성의 자각을 의미한다. 계몽사상은 종교적 사고에 대하여 과학적 사고를 주창하고, 유신론적 사고에 대하여 무신론적 사고를 옹호한다.

프로타고라스는 방랑자였다. 그는 떠돌이 생활을 했기 때문에 폴리스마다의 습관과 법률이 각각 다르다는 것을 알았다. 고대 그리스인들에게 폴리스의 노모스nomos(법률)는 곧 신의 말씀이었다. 그런데 프로타고라스가 보기에 신탁에 의해 만들어졌다는 법률은 영원한 것이 아니고 보편타당한 것도 아니었다. 소피스트의 대표 프로타고라스는 말한다.

"신들에 관해서 말하자면 신들이 존재하는지, 존재하지 않는지, 또 신들이 어떤 모습을 하고 있는지 나는 알 수 없다. 신이라는 주제는 너무 모호한데 신을 알기에 인생은 너무 짧다."[17]

우리의 소크라테스, 프로타고라스의 이 장중한 도발 앞에서 무슨 생각을 했을까?

"인간은 만물의 척도"라는 프로타고라스의 선언은 인간 인식의 상대성을 옹호한다. 세계는 각각의 인간에게 다르게 드러날 수밖에 없다. 상대주의적 사고는 현실의 다양성을 수용하도록 도와준다는 점에서 지혜롭다. 하지만 상대주의는 위험하다.

개똥이의 생각도 옳고 소똥이의 생각도 옳고 말똥이의 생각도 다 옳다면 주장할 수 있는 하나의 진리는 없다는 것 아닌가? 진리가 복수라는 얘기는 진리가 없다는 것과 상통한다. 인생에 목숨을 걸고 추구할 하나의 가치는 없다. 상대주의가 인간의 삶 속으로 들어오면 염세주의로 통한다. 소크라테스가 소피스트들의 상대론적 사유를 위험하다고 여긴 것은 바로 이 때문이다. 상대론은 인간에게 사유의 자유를 주지만 동시에 불안을 몰고 온다. 소크라테스가 확립하고자 한 절대론적 윤리는 소피스트들의 상대론적 윤리에 대항한 사유 체계였다.

하지만 소크라테스가 투쟁했던 사상의 진정한 적수는 알고 보니 아낙사고라스도 아니고 프로타고라스도 아니었다. 그 적수는 플라톤이 《국가》에서 추방하자고 지목한 그 시인, 호메로스였다. 왜 그랬을까? 소크라테스·플라톤은 호메로스를 시기하는 사상의 이단아였다. 그러니까 기독교만 알아가지고선 서양 정신을 알 수 없으며, 플라톤만 알아가지고선 서양 정신을 알 수 없다. 서양을 알려면 먼저 호메로스를 알아야 한다. 호메로스는 죽음과 사후 세계에 대해 소크라테스·플라톤과 전혀 다른 비전을 갖고 있었다.

한 철학자가 자기의 시대가 안고 있는 문제를 극복하기 위해 얼마나 처절하게 몸부림칠 수 있을까 확인하고자 한다면, 《국가》의 플라톤을 볼 필요가 있다. 여기에서 플라톤은 헬라스인들의 영원한 스승 호메로스에게 감히 도전한다. '시에 대한 철학의 도전'은 '삶과 죽음, 저승과 영혼, 인간과 신'을 둘러싼 두 세계관의 대결이었다.

I
플라톤, 시대를 철학하다

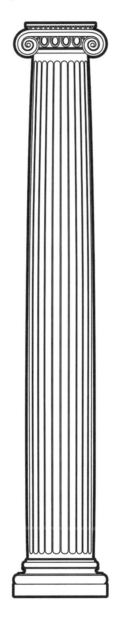

고대 그리스인들의 세계관을 지배한 것은 호메로스의 시였다. 그들은 호메로스의 작품을 향유하며 신과 영혼, 죽음과 삶에 대한 생각은 물론이고 훌륭한 사람의 상과 정의에 대한 견해를 공유했다. 하지만 플라톤은 호메로스의 세계관에 동의할 수 없었다. 플라톤의 스승 소크라테스가 "너 자신을 알라."라며 진리를 스스로 찾아야 한다고 가르쳤기 때문이다. 그런데 소크라테스는 그의 가르침이 신들에 대한 신앙을 해치고 청년들을 오도했다는 이유로 사형에 처해졌다. 스승 소크라테스의 죽음을 본 플라톤은 출국을 선택했다.

플라톤이 귀국한 것은 그의 나이 40세 무렵이었다. 그는 길거리에서 아무나 잡고 논란을 벌이는 스승의 방식을 버리고, 박해를 피하기 위해 케피소스의 장원에 아카데미를 세워 학생을 가르쳤다. 그리고 50대가 되어서는 그의 사상을 가장 잘 보여주는 책인《국가》를 집필했다. 이책에는 정의에 대한 플라톤의 질문이 담겨 있다. 호메로스의 작품에 드러난 고대 그리스인들의 세계관에 따르면 정의란 친구에게 이익을 주고 적에게 해악을 끼치는 기술이었다. 즉 '정의는 강자의 이익'이라는 것이다. 하지만 플라톤은 그리스인들에게 질문을 던진다. 과연 진정한 정의의 의미가 무엇인지에 대해. 그는 선과 정의에 대한 대중의 생각이 정말로 올바른지 의심한 것이었다.

플라톤은 대중들이 구성하는 민회 또한 신뢰하지 않았다. 그들이 호메로스적 세계관에 함몰된 채로 정치적 결정권을 행사한다는 이유 때문이었다. 대중은 올바름에 대해 관심이 없으며, 정치인들은 대중의 찬사를 받기 위하여 필요 이상으로 대중을 주인으로 섬긴다는 것이 플라톤의 생각이었다. 정치가 아첨으로 전락했다고 본 것이다. 이러한 회의 끝에 등장한 것이 철인정치론이다. 민중은 생업에 충실하면 될 뿐이니, 통치는 수호자에게 맡기자고 플라톤은 주장한다. 그러나 시라쿠사에서 디온을 앞세워 철인정치를 구현하려 한 플라톤의 시도는 결국 실패하고 말았다.

그런데 이러한 주장이 담긴 플라톤의 책《국가》에는 표면적인 것 뒤에 감추어진 내용이 있다.《국가》는 정의란 무엇인가에 대한 질문으로 서두를 뗀 뒤 이상 국가의 모습을 제시한다. 그리고 저 유명한 이데아론을 전개한다. 이것이 겉으로 드러난 내용이라면 그 이면에는 '신의 문제'가 있다. 스승인 소크라테스가 신성을 모독했다는 이유로 사형을 당한 상황이므로 플라톤은 신의 문제를 표면에 내세우기 어려웠다. 그러나 이 문제는 회피할 수 없는 당대의 문제였다.

또한 플라톤은 신의 문제를 이면에 두고 호메로스를 비판하려는 시도를 했다. 이 비판은 표면적으로는 시인 추방론으로 표현되었는데, 그 이면에 다시 신의 문제가 있었다. 당대 그리스인들의 신과 관련한 사고를 지배한 것은 호메로스였다. 그런데 플라톤은 신의 문제에 대해 호메로스와 다른 생각을 가지고 있었다. 고대 그리스인들의 세계관을 대변하는 호메로스에게 맞서는 일은 플라톤으로서는 조심스러울 수밖에 없었고, 그래서 '시인 추방론'이라는 우회로를 통해 문제를 제기했던 것이다.

1.
시대와 불화한 철인,
플라톤

청년 플라톤

스승 소크라테스가 정치에 대한 야심을 품지 않은 무욕의 철인[1]이었다면 제자 플라톤은 정치에 대한 야심[2]을 포기하지 않은 집념의 철인이었다. 아테네의 명문 귀족 출신 청년이 정계에 입문하는 것은 불문율이었다. 부계로는 멀리 왕족의 혈통을 이어받았고, 모계로는 솔론의 혈통[3]을 이어받은 이 청년. 체격도 준수하고 어깨는 떡 벌어졌으며, 지적 능력도 탁월했고, 좋은 자질을 다 갖춘 듯한 이 청년[4]이 정치에 뜻을 둔 것은 당연한 일이었다.[5]

그런데 플라톤의 정치 노선은 우리의 기대와 달랐다. 억압받는 민중의 권익을 개선하려는 진보의 노선이 아니라 도리어 민중의 목소리를 억압하는 노선, 즉 민중이야 자신의 생업에 충실하면 되니 정치는 소수 탁월한 사람들에게 맡기라고 말하는 보수의 노선이었다.

소크라테스가 그랬다. 소크라테스는 민중을 불신했다.[6] 특히 민중의 정치 참여에 대해 비판적이었다. 구두는 구두장이가 만들어야 하고, 배는 선장이 몰아야 하듯이, 나라의 정치는 지혜로운 통치자에게 맡겨야 한다는 게 소크라테스의 지론[7]이었다. 소크라테스는 나라가 바르게 되려면 민중이 욕망을 절제해야 한다고 보았다. 전쟁터에선 용감하되 일상생활에선 검소한 삶을 사는 사람들의 나라, 그 나라가 소크라테스가 꿈꾸는 나라였다. 그 나라는 스파르타였다. 사실, 소크라테스는 스파르타의 열렬한 지지자였다.[8]

플라톤에게도 현실 정치에 참여할 기회는 왔다. 기원전 404년 아테네가 스파르타에 무릎을 꿇었다. 스파르타의 장군 리산드로스는 아테네와 평화조약을 체결했다.[9] 그리고 아테네에 친(親) 스파르타 과두 정권을 세웠다. 역사는 이 정권을 '30인의 과두 정권'이라 부른다. 그런데 이 과두 정권의 주요 지도자들이 다 소크라테스의 아이들[10]이었다. 또 공교롭게도 플라톤의 외당숙 크리티아스와 외삼촌 카르미데스는 과두 정권의 핵심 인물이었다. 이들은 청년 플라톤에게 정계에 입문할 것을 요청[11]했다. 플라톤 역시 기회는 왔다고 생각했을 것이다.

플라톤이 신중한 덕분이었을까, 아니면 과두 정권이 빨리 무너진 덕분이었을까? 이 위대한 철인은 인생에서 지우지 못할 오점을 남기지 않을 수 있었다. 플라톤이 참여를 결정하기 전에 30인의 과두 정권이 무너진 것이었다.

과두 정권은 권력을 잡고 있는 동안 아테네의 시민들을 무참히 죽였다. 과격파 크리티아스의 공포정치로 무고한 시민들 1,500여 명이 목숨을 잃었다. 민주 인사들은 줄줄이 외국으로 망명의 길을 떠났다. 마침내 민주 세력은 궐기했다. 기원전 403년 민주 진영은 과두 정권을 몰아내고 다시 민주 정권을 세웠다. 그런데 민주 정권은 흔히 있을 법한 피의 보복을 자제했다. 플라톤도 다시 들어선 민주 정권이 자제력 있는 태도를 보였다고 기록했다.[12]

하지만 민중의 정치 참여에 비판적이었던 소크라테스만은 민주 정권에게 눈엣가시였을 것이다. 게다가 과두 정권의 범죄적 학살은 소크라테스가 사형선고를 받을 만큼 아테네인들의 미움을 받은 것과 무관하지 않았다. 결국 소크라테스는 법정에 서게 되었다.

스승은 그 특유의 독설로 배심원들을 꾸짖었다. "조심하며 살겠습니다."라는 한마디면 무죄방면할 수 있었던 법정의 분위기가 "죽여!" 하는 것으로 돌변했다.[13] 스승 소크라테스는 죽고 그의 아이들은 흩어졌다. 기원전 399년, 28세의 플라톤이 선택한 것은 출국이었다.

이탈리아 남부에 가면 피타고라스학파가 있고, 그곳에 가면 철학자 아르키타스를 만날 수 있다. 시칠리아섬 시라쿠사[14]에 가면 디오니소스 1세를 만날 수 있다. 아르키타스를 만나면 피타고라스의 사유를 배울 수 있고,[15] 시라쿠사에 가면 그 나라의 정치를 올바르게 이끌 기회가 있을 것이다. 철학을 향한 열정과 정치를 향한 집념은 플라톤의 가슴에서 늘 함께 뛰고 있었다. 그런데 피레우스항에서 돛을 올린 배가 가야 할 거리는 자그마치 1,000킬로미터였다. 지중해의 밤바다에 쏟아지는 별들을 보면서 청년 플라톤은 무슨 생각에 잠겼을까?

> "나는 어떻게 하면 정치체제를 개선할 수 있을까 곰곰이 생각했고, 행동할 때만을 줄곧 기다렸습니다. 정의는 철학을 통해서만 알아낼 수 있습니다. 철학하는 사람들이 권좌에 오르거나 아니면 권력자들이 철학을 하기 전에는, 인류에게 재앙이 그치지 않을 것입니다."[16]

디오니소스 1세는 철학자들과 예술가들을 시라쿠사로 불러들였다. 철학자로서 명성을 날리고 있던 플라톤의 방문은 환영할 만한 일이었다. 그런데 디오니소스 1세와 플라톤의 사이는 매끄럽지 못했다. 가서 보니 실망이었다. 그곳 사람들은 상다리가 휘어지도록 음식을 차려놓고 배 터지도록 먹은 후 밤이면 혼자 자는 법이 없었다. 낮에는 질탕히 먹고 마시는 나라, 밤이면 성적 욕구만을 탐하는 나라에선 아무 희망을 볼 수 없었다. 설상가상으로 플라톤은 디오니소스 1세의 농간에 휘말려 노예로 팔리는 신세가 되었다. 노예시장에 끌려 나온 플라톤, 그의 친

구가 구해주지 않았다면 '철학'이 끝나버릴 위기의 상황이었다. 친구가
대금을 지불해준 덕택에 위험에서 벗어나 아테네로 귀국할 수 있었다.

돌아온 플라톤

돌아온 것은 기원전 387년, 플라톤
의 나이 40세 때였다. 그가 선택한 장소는 수풀 우거지고 조용한 케피
소스 계곡의 장원莊園이었다.[17] 그곳엔 영웅 아카데무스를 모시는 사당
이 있었다. 플라톤의 학원인 아카데미가 이곳에서 문을 연다. 플라톤
이 《국가》를 집필하던 시기[18], 50대의 플라톤이 자신의 시대로부터 어
떤 대우를 받았는지, 사람들이 철인을 얼마나 따돌렸는지 보여주는 글
들이 《국가》의 들녘 이곳저곳에 흩어져 있다. 이삭을 줍자.

제6권 '선원의 비유'에서 소크라테스는 철학자들이 국가에서 푸대
접을 받고 있다(국, 488a)면서 투덜댄다. "키 잡는 기술도 모르는 선원들이
설쳐대. 저마다 자기가 키를 잡겠다고 말이야." 이게 아테네의 정치판
이다.[19] 여기에서 키 잡는 일은 정치이고, 선원은 민중이다. 정치는 아
무나 하나. 나라를 잘 다스리려면 역사와 경제, 철학과 과학 전반에 걸
쳐 해박한 학식을 갖추어야 한다. 하지만 당시 아테네의 민회民會를 주
무르던 민중은 생각이 달랐다. "정치를 철인에게 맡기라고? 무슨 소리

야? 결정은 민중이 한다." 죽는 그날까지 진리를 탐구한 소크라테스·플라톤이 볼 때, 아테네는 키 잡는 기술도 배우지 못한 서툰 선원들의 손에 맡겨진 한 척의 위태로운 배였다.[20]

철학과 대중의 거리는 예나 지금이나 좁히기 힘든 것인가. 철학자의 눈에 대중은 쾌락을 좇는 하루살이 풀벌레이다. 거꾸로 대중의 눈에 철학자는 헛된 사유에서 빠져나오지 못하는 몽상가이다. 대중의 눈에 철학자는 무용지물이었다. 기원전 380~370년 무렵의 철학자가 어떻게 아테네인의 조롱거리가 되었는지, 플라톤은 생생하게 보여준다.

"적당히 하면 철학도 매력적인 공부이지요. 그러나 필요 이상 오래 철학을 하면 사람이 망가져요. 철학에 몰두하다 보면 필요한 여러 경험을 쌓을 기회를 놓치기 때문이지요. 철학자들은 아무것도 몰라요. 나라의 법률도 모르고 사람 사귀는 사교술도 모르고 한마디로 세상 물정에 어둡지요."[21]

《고르기아스》에서 칼리클레스는 나이 늦도록 철학에 몰두하는 사람을 보면 마구 패주고 싶다고 했다.

"소크라테스님, 나이가 이미 지긋한데도 철학 공부에 매달리는 사람을 보면 참 웃겨요. 철학 공부를 하는 사람들에 대해 내가 느끼는 감정은 혀짤배기 소리를 하거나 어리광을 부리는 사람들에 대해 느끼는 감정과도 같습니다.

성인 남자가 혀짤배기소리를 내거나 어리광을 부리는 것을 보면 남자답지 못하다는 느낌이 들어 마구 패주고 싶어요."[22]

인간은 정치적 동물이다. 이 말에서 사용되는 '정치적political'의 어원은 '폴리스polis'이다.[23] '인간은 폴리스를 떠나 살 수 없다'고 보고 아리스토텔레스는 그런 말을 남겼다. 고대인들에게 전쟁은 생사여탈권을 좌우한다. 전쟁에서 이기면 상대의 모든 재산을 빼앗고, 지면 자신의 재산을 다 잃는다. 그러므로 폴리스는 전사들의 운명 공동체였다. 전시에는 싸움을 하고, 평시에는 정치를 한다. 이것이 아테네 시민의 일상이었다.

"우리 아테네인들은 정치에 참여하지 않는 자들을 무용지물로 간주합니다."[24]라고 말한 이는 페리클레스였다. 솔론은 내란이 일어났을 때, 어느 편에도 가담하지 않는 시민을 '정치 방관죄'로 처벌하는 법률을 만든 적이 있다.[25] 재미있는 조항이다.

《고르기아스》에서 칼리클레스가 소크라테스에게 한 말은 아테네 시민이 본 플라톤의 초상이 아니었을까? "그는 서너 명의 젊은이들과 구석에서 숙덕거리며 숨어서 여생을 보내지요."[26] 플라톤의 삶은 외로웠다. 플라톤은 아테네에서 별로 알려지지 않았고, 기껏해야 이상한 생각에 몰두해 있는 기인 정도로 여겨졌다.[27] 플라톤은 케피소스 계곡의 아름다운 장원에서 아카데미를 운영하며 살았다. 그의 삶은 조심스럽고 소극적인 것이었다. 그는 정치에 대한 꿈을 포기한 것일까?

기원전 367년 디오니소스 1세가 죽었다. 플라톤의 나이 60세 때의 일이다.[28] 그의 제자 디온은 하루라도 빨리 건너와 시라쿠사를 축복받는 나라로 만들어달라고 재촉했다. 디온은 플라톤에게 "한 사람이 철학자이자 정치 지도자가 되는 희망이 완전하게 이루어지는 날이 있다면 지금이 바로 그때"[29]라고 말했다. 디온은 품성이 중후한 사나이였다. 하지만 아카데미를 두고 시라쿠사의 참주정 치하로 갈 것인가 플라톤은 고심했다. 철학의 사명을 외면하기 힘들었다.

마침내 다시 시라쿠사에 가기로 마음먹었다. 온갖 위험이 도사리는 곳, 시라쿠사로 가는 것을 선택한 플라톤의 내심은 무엇이었을까? 그가 남긴 편지를 보자. 그의 내심은 '철학은 비난당하지 않아야 한다'는 것이었다.[30] 철학이 세상을 바꾸지 못한다면 철학의 존재 이유는 무엇인가? 중요한 것은 세계를 변화시키는 일이다.

60세의 노구를 끌고 다시 찾아간 시라쿠사에서 플라톤을 기다리고 있는 것은 파벌 싸움과 중상모략이었다. 디오니소스 2세는 디온을 반역죄로 엮어 추방해버렸다.

"나는 디온과 교제하면서 최선의 생각을 말하여주었고 실행에 옮기도록 조언했습니다. 그것이 참주정의 붕괴를 기도하는 것이었음을 난 몰랐습니다."[31]

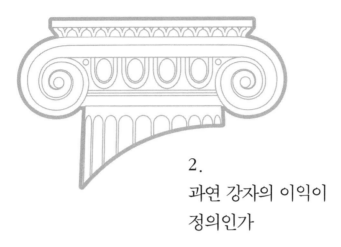

2.
과연 강자의 이익이
정의인가

피레우스항의 축제

"어제 나는 글라우콘과 함께 피레우스
항에 내려갔었네. 여신께 축원도 하고, 축제도 구경할 겸 말이야."(국, 327a)

《국가》의 제1권은 소크라테스가 피레우스항에서 벌어진 축제를 구
경하러 갔다가 폴레마르코스 일행을 만난 사건을 말하면서 시작된다.
기원전 5세기 아테네는 축제의 나라였다. 일 년 내내 아테네인들은 올
림포스 12신에게 제물을 바치고 축제를 벌였다. 그 시절 아테네의 정
치를 이끈 페리클레스는 저 유명한 전몰자 추도사에서 이렇게 밝힌다.

"게다가 우리들은 정신적 노고를 위한 휴식거리 또한 많이 제공해왔습니다. 우리들은 일 년 내내 경연 대회와 희생 제전을 개최하고 있고, 사적 용도의 멋진 시설도 갖추어 그것을 날마다 즐기며 슬픔을 쫓아버립니다."[1]

하루가 멀다 하고 제의와 축제를 벌였던 나라, 연극을 구경하러 온 시민들에게 일당의 절반을 제공해준 나라가 페리클레스의 아테네였다.[2]

피레우스항은 아테네의 부속 항구이다. 고대 아테네의 젊은이들은 배를 타고 지중해의 여러 섬들을 침공하여 그곳을 자신의 식민지로 삼았다. '그리스' 하면 근대국가 그리스의 영토를 떠올리기 쉽다. 이것은 착각이다. 고대 그리스인들은 동쪽으로는 소아시아의 해변에서 서쪽으로는 이탈리아반도의 남부 지역과 시칠리아섬까지 지중해 전역을 돌아다니면서 정복했다. 상상하건대 고대 그리스인들의 가슴에는 오디세우스의 심장이 고동치고 있었을 것이다. 트로이를 정복하러 떠나 지중해를 표류하다 20년 만에 돌아온 오디세우스 말이다. 저 망망대해 건너편엔 젊은이들의 야심을 채워줄 섬나라들이 있었다. 그 섬나라들을 정복하러 아테네 젊은이들이 바다로 나갈 때 돛을 올린 곳이 바로 피레우스항이었다.

소크라테스가 피레우스항의 축제를 구경하러 간 시기는 기원전 420년이었다. 이 당시 아테네 시민의 수는 대략 4만 명이었다. 아테네는 메트로폴리스였다. '시민'의 수에 포함되지 않았던 여성과 아이, 노예를 다 합하면 대략 20만 명 정도가 살았을 것이다.[3] 현대를 이끄는 파리와 런던, 뉴욕처럼 아테네는 그 시절 헬라스 문명의 중심이었다.

'폴리스'[4] 아테네의 내부를 들여다보자. 시민들은 부의 정도에 따라 몇 가지 계층으로 구분되었다. 폴리스 계층 구조의 정점에 1,200여 명의 부자들이 있었다. 부자들은 함대의 유지비를 담당하고, 축제의 제물 비용도 감당하며, 비극 공연에 등장하는 합창단의 운영비도 댄다. 이른바 공역[5]이다. 그 시절 아테네의 부자는 돈을 대고 명예를 얻은 것이다. 전시엔 말을 타고 싸우는 기병이 된다.

다음으로 중산층이 있었다. 고대 그리스에선 전쟁에 소요되는 장비를 개인이 부담했다. 중장 보병의 경우, 창과 방패 등 모든 무구를 자비로 마련하여 전쟁터에 나가 싸웠다. 소크라테스는 중장 보병으로 세 번 출전한다.[6]

폴리스 계층 구조의 밑바닥에 다수의 가난한 시민들[7]이 있었다. 민회에서 정치적 결정을 좌우했던 이들 빈곤층 시민을 주목할 필요가 있다. 아테네가 스파르타를 제치고 지중해의 패권을 장악하게 된 것은 기원전 480년 살라미스해전에서였다. 페르시아로부터 그리스의 자유를 지켜낸 이 전쟁의 수훈 갑은 아테네의 해군이었다. 가난하여 무구를 갖출 재력이 없는 사람들은 함대의 노를 저었다. 왜 아테네에서 직접민주주의가 발전했던가를 알려면 살라미스해전에서 아테네 해군이 이룬 성취를 살펴야 한다. 해군은 빈민이었다.[8]

"트라케인들이 보여준 축제 행렬도 그에 못지않게 인상적이었네."(국, 327a)

트라케는 그리스의 북동부에 있는 지역이다. 트라케인은 재류 외인이다. 재류 외인이란 아테네에 거주하는 외국인인데, 이들은 민회에 참여할 권리를 갖지 못한다. 그러니까 재류 외인은 노예가 아니라는 점에서 자유민인데, 그렇다고 정치적 결정권을 갖는 '시민'[9]은 아니다. 그들은 주로 상공업에 종사한다. 《국가》의 제1권에서 소크라테스를 초대하는 폴레마르코스와 그의 아버지 케팔로스는 시칠리아 출신 재류 외인이었다. 방패 공장을 운영하여 큰돈을 번 부자였다.

"우리는 축원과 구경을 마치고 나서 도성으로 출발했네."(국, 327b)

아테네와 피레우스항 사이엔 긴 방벽[10]이 구축되어 있었다. 남벽과 북벽은 길이가 6킬로미터이고 폭이 160미터나 되는, 운동장처럼 넓은 군사 도로를 에워싸고 있었다. 아테네와 피레우스항 사이에 초대형 고속도로가 있던 셈이다. 식량과 물자를 수입에 의존하던[11] 아테네인들은 이 방벽 덕택에 전시에도 식량과 물자를 공급받을 수 있었다. 페리클레스는 이 방벽에 의지하면 스파르타의 공격을 막아낼 수 있다고 보았다. 기원전 431년에 발발한 펠로폰네소스전쟁은 기원전 404년 스파르타의 승리로 종결된다. 전쟁에서 이긴 스파르타는 아테네인들을 모두 죽일 수 있었으나 그들 특유의 관용을 베푼다. 함대를 불태우고 방벽을 허무는 것으로 아테네의 항복을 수용한다. 방벽은 아테네인의 목숨을 보장하는 생명줄이었다. 이 방벽을 제 손으로 허무는 아테네인의 비통한 심사를 상상해보자.

"케팔로스의 아들 폴레마르코스가 집으로 가고 있는 우리를 멀리서 발견하고는 아이를 시켜 우리를 뒤쫓아 와서 자기를 기다려달라고 했네."(국, 327b)

주인의 심부름을 하는 꼬마가 귀엽다. 이 아이는 어디에서 온 노예일까? 지금 소크라테스가 폴레마르코스를 만나는 기원전 420년경 아테네의 주민은 20만 명을 넘었고, 노예는 7~8만 명에 달했다고 한다. 아테네에서 노예는 농업뿐 아니라 수공업, 광산업, 가내노동에 두루 사용되었다. 노예가 있었기에 시민의 정치 활동이 가능했다. 집 안을 청소하고 물을 긷고 곡식을 빻고 베를 짜는 하녀가 있었으며 문지기, 요리사는 물론이고 아이를 학교에 데려다주는 교복까지 모두 노예의 역할이었다.

삶과 정의에 관한 질문

"소크라테스 선생님, 두 분은 이곳을 떠나 도성으로 돌아가시던 길인 것 같군요."(국, 327c)

인생은 만남인가? 작가는 한 권의 책을 쓰면서 첫 문장을 어떻게 시작할까 고민한다. 플라톤은 주로 만남의 사건을 기술하며 대화편을 시작한다. "자네 어인 일로 이 시각에 왔는가, 크리톤?"[12] 《크리톤》은 이렇게 시작한다.

"여보게 파이드로스, 어디에서 와서 어디로 가고 있는 중인가?"[13] 《파이드로스》는 이렇게 시작하며, "어디서 나타나는 건가. 소크라테스? 하긴. 알키비아데스의 젊음을 쫓아다니다 온 게지?"[14] 《프로타고라스》는 이렇게 시작한다. 만나 이야기하는 것이 인생이다.

"그들은 젊은 시절의 즐거움을 그리워하며, 연애하고 술 마시고 잔치에 참석하던 일 등등을 회상하지요."(국, 329a)

슬슬 플라톤의 본색이 드러난다. 케팔로스 옹의 입에서 나오는 이 발언은 어쩌면 《국가》를 관통하는 문제의식인지 모른다. 무엇을 위해 살 것인가? 쾌락의 삶은 후회하는 노년을 맞이하게 하지만, 지혜의 삶은 평화로운 노년을 맞이하게 한다.

케팔로스 옹과 소포클레스가 나누었다는 이야기는 참 흥미롭다. "소포클레스 선생, 그대의 성생활은 어떠시오?" 하고 물으니 "예끼 이 사람, 그런 말 말게. 나는 거기에서 벗어난 것이 얼마나 기쁜지 몰라. 꼭 미쳐 날뛰는 포악한 주인에게서 벗어난 것 같다니까."(국, 329c) 하고 대답한다.

소포클레스가 누군가? 아이스킬로스와 에우리피데스와 함께 그리스 3대 비극작가 아니던가? 기원전 480년 살라미스해전에서 아테네가 페르시아를 물리쳤을 때 "아이스킬로스는 장군이었고, 소포클레스는 소년 합창단원이었으며, 에우리피데스는 막 태어났다."[15]라고 한다. 아테네인들은 이런 말로 세 비극작가의 영예를 존중했다. 플루타르코스는 그의 영웅전에서 에우리피데스의 일화를 전한다. 시칠리아 정복 전쟁에 패배한 뒤 살아남은 일부 아테네인들은 노예로 팔렸다. 그런데 노예로 일하는 아테네인이 에우리피데스의 비극을 암송했다고 한다. 이것을 들은 주인은 노예에게 자신의 아이를 가르치는 스승이 되어줄 것을 부탁했다. 세 비극작가는 그리스인의 정신적 아이콘이었다.

그 소포클레스가 칠순의 나이에 '성욕으로부터 해방된 노년의 평안'을 설파하고 있다. 원문엔 성생활이 '아프로디테에 대한 봉사'로 쓰여 있다. 사랑은 아무나 하나. 그리스인들에게 사랑이란 여신 아프로디테를 따르는 봉사였나 보다. 아프로디테가 가슴에 들어와 불을 지펴주어야 하는 것이 사랑이다. 어쩌면 "사랑은 신이 내린 광기"[16]일지 모른다.

"사람은 죽을 때가 되었다 싶으면, 전에는 아무렇지도 않던 일이 두려워지고 염려되기 시작하는 법이라오. 이승에서 불의를 행한 자는 저승에 가서 그 대가를 치러야 한다는 저승 이야기를 지금까지는 웃어넘겼으나, 죽을 때가 가까워지면 혹시 그런 이야기들이 참말이 아닐까 싶어 마음이 괴로워지기 시작한단 말이지요. 생전에 불의를 많이 행한 사람은 악몽을 꾼 아이들처럼 한밤중에 놀라 잠을 깨며 불길한 예감 속에 살아가지요."(국, 330d~e)

《국가》제1권에서 플라톤이 우리에게 던지는 물음의 핵심은 이것이다. 죽음의 문 앞에서 지나온 삶을 돌아보는 이 사람은 철학하는 사람이다. 존재는 조만간 무(無)로 전화한다. 살아온 날은 많고 살아야 할 날은 적은 노년에게 과거는 회한으로 남고 미래는 불안으로 다가오나 보다. 그렇다면 젊어서 지혜의 삶을 생각해야 한다. 지혜로운 사람은 늘 올바른 삶을 추구하고, 아름다운 삶을 추구하지 않겠는가? 올바른 삶을 살아온 노년에게 지나온 과거는 자랑스러운 성취로 기억될 것이고, 다가올 미래는 성숙한 삶이 되리라 기대될 것이다. 이러한 이야기가 《국가》 전편을 통해 전하고자 한 플라톤의 내심이 아닐까?

《국가》가 던지는 물음은 두 가지로, 정의[17]와 삶에 관한 것이다. 먼저 한 가지 물음은 "정의로운 나라는 어떤 나라인가?"이다. 인간은 사회적 존재이다. 인간은 자신이 속하는 나라를 떠나서 살 수 없다. 그렇다면 생각이 있는 사람은 자신이 사는 나라의 꼴을 깊이 회의하게 마련이다. "우리나라가 나라 맞아?" 하고 말이다. 그리고 "이 나라가 어디로 가야 하는가? 정의로운 나라는 어떤 나라인가?" 하고 묻지 않을 수 없다.

또 하나의 물음은 "무엇을 위하여 살 것인가?"이다. 인간은 죽음을 피할 수 없다. 길지 않은 삶을 인간은 한 번 산다. 죽음은 "한 번 살다 가는 이 삶, 무엇을 위하여 살 것인가?"[18] 하는 물음을 제기한다. 흔히들 플라톤을 관념론 철학자라고 평가하는데, 앞서 인용한 글에서 죽음 앞에 선 인간의 불안을 묘사하는 플라톤을 보면 영락없는 현대 실존주의 철학자의 모습이다.

이후 전개되는 소크라테스의 대화는 "무엇을 위하여 살 것인가?"를 둘러싸고 오가는 대화이다. 주의하자. 이 대화에는 정답이 없다. 플라톤의 《국가》는 대화체로 쓰였기 때문에 특별히 난해한 문장은 없다. 그럼에도 불구하고 독자들은 제1권에서부터 헉헉댈 것이다. 입시 대비에 적합하게 훈련된 지성을 보유하고 있는 한국인의 경우, 문제를 마주하면 정답부터 뒤적이는 습성이 있기 때문에 소크라테스의 대화를 따라가기가 더욱 어렵다.

소크라테스의 대화는 '철학의 정석'이 아니다. 그냥 묻는 것이다.[19] "무엇을 위하여 어떻게 사는 것이 올바르게 사는 것인가?" 어휴, 소크라테스 선생님! 어려워요. 그만 물으셔요.

하지만 당신이 살고 있다는 것은 당신이 이 물음에 대한 모종의 답을 갖고 있음을 의미한다. 설령 당신의 답이 당신 자신의 치열한 사유를 거쳐 얻은 것이 아니라 하더라도, 당신이 살고 있다는 것은 삶에 관한 하나의 생각을 갖고 있음을 전제한다. 말해보라. 당신은 무엇을 위하여 사는가? 말해보라. 당신은 어떻게 살고 있는가? 당신의 그 생각, 맞는가?

소크라테스는 묻는다. 묻고 묻는다. 지독하게 묻는다. 당신은 무엇을 추구하는가? 트라시마코스처럼 "당신이 먼저 말하시오. 당신의 생각은 뭐요? 답하시오."라고 되물으면 소크라테스는 대답할 것이다. "평생 이 한 문제를 탐구해왔는데, 실은 나도 잘 모르겠소. 분명한 것은 내가 아직도 삶의 궁극적 목적과 지혜로운 태도에 대해서 잘 모르겠다는 사실이외다."

제1권에서 맨 먼저 소크라테스와 문답을 주고받는 이는 케팔로스 옹이다. 케팔로스 옹은 부유한 상인이다. 그는 남에게 빚을 지지 않는 것을 삶의 신조로 삼는다. 상인다운 정직이다. 소크라테스는 묻는다. 빚을 지지 않고 사는 것이 삶의 목적인가? 인간이 사는 이유가 빚을 지지 않기 위함이라니, 이거 맞아?

빚을 지면 갚아야 한다. 맞는 소리다. 하지만 빚을 지지 않는 것이 삶의 목적은 아닐 것이다. 위대한 일을 하기 위해선 간혹 특정인에게 빚을 질 수도 있다. 아니, 산다는 게 빚을 진다는 거 말고 무엇인가?

부모에게 빚을 지고, 이웃에게 빚을 지고, 사회에 빚을 지고 살고 있지
않는가?

흔들린다. 바로 이것이다. '흔들려 보자는 것 aphoria' [20]이다. 빚을 지지
않기 위해 산다는 것은 착하기는 하지만 너무 소심한 삶 아니냐? 빚을
지며 살 수도 있지. 이제 두려워하지 말고 내 삶의 토대를 작살내버리
자. 떠나자. 단 한 번도 의심해보지 않았던 나의 신념, 나의 상식, 나의
가치에 대해 의문을 던지자. 나는 정녕 무엇을 위해 살 것인가?

케팔로스 옹은 아들 폴레마르코스에게 문답을 넘기고 물러선다. "올
바르게 사는 것은 어떻게 사는 것인가?" 폴레마르코스는 답한다. "정의
는 친구들에게 이익을 주고, 적에게 해악을 끼치는 기술입죠."(국, 332d)
그의 답은 고대인의 상식이었다.

소크라테스는 묻는다. 이것 역시 하나의 고정관념이 아닐까? 친구
에게 이익을 주고 적에게 해악을 끼치는 기술이 정의라면 가장 정의로
운 사람은 깡패일 수도 있다. 허허. 호메로스도 그렇게 말했어. 오디세
우스는 외조부 아우톨리코스를 좋아하여 그의 도둑질과 거짓 맹세를
찬양했지. 하지만 소크라테스에게 나쁜 짓이 정의일 순 없다. 그는 호
메로스의 부도덕에 맞선다. 나의 종족이 아닌 다른 모든 종족을 적대
시하는 고대인의 종족 이기주의, 이거 맞는 이야기야? 남에게 해코지
하면 안 되지. 해코지하는 것은 악한 사람의 행동이잖아? 소크라테스
는 선언한다. 해코지하는 것은 어떤 경우에도 옳지 않다.

정의는 강자의 이익?

트라시마코스가 등장한다. 제1권
의 후반에 전개되는 소크라테스와 트라시마코스의 논쟁은 따라가기
무척 까다로운 논변이다. 솔직히 말하여 우리에겐 '정의는 강자의 이
익'이라고 하는 트라시마코스의 주장이 더 솔깃하다. 선장의 항해술에
빗대어, 정의는 모두에게 이익이라고 하는 소크라테스의 주장은 선뜻
수용하기 힘들다. 배를 안전하게 운항하는 것이 선장의 기능이라는 상
식에는 누구나 동의한다. 만일 통치자의 통치술을 선장의 항해술에 비
유할 수 있는 것이라면, 이러한 비유에 입각하여 전개되는 소크라테스
의 논변은 정당하다. 그런데 인간의 사회가 통치자 계급과 피통치자
계급으로 분열된 뒤로, 선장과 선원의 관계는 통치자와 피통치자의 관
계와는 다르게 되었다. 전자는 서로의 존재를 필요로 하는 상호 의존
의 관계이지만 후자는 상호 적대하는 관계인 경우가 많다.

아테네는 수백여 동맹국들을 무력으로 지배하면서 그들로부터 조공
을 받아내는 제국이었다. 희극작가 아리스토파네스는 말한다. "현재
우리에게 조공을 바치는 도시는 천이나 돼요." [21] 처음에는 동맹 회원
국들로부터 거두어들이는 회비가 동맹의 체제를 유지하기 위한 분담금
이었다. 그런데 세월이 흐르면서 동맹의 회비는 아테네의 주머닛돈으로
변질되었다. 동맹 회원국들 상호 간의 동등한 관계는 제국 대 종속국의

관계로 변질되었다. 아리스토파네스는 "조공을 바치지 않으면 너희 도시에 번개를 쳐서 부숴버릴 테다."[22]라는 말로 제국 아테네의 횡포를 적어놓았다.

정의란 강자의 이익이라는 트라시마코스의 주장은 한 소피스트의 괴팍한 주장이 아니었다. 오히려 트라시마코스의 주장은 고대 아테네인의 상식을 반영한 주장이었다. 역사가 투키디데스는 기록했다.

"약육강식의 원칙을 존중하십시오. 여러분은 먼저 투항하십시오. 강자에 대한 약자의 증오는 강자의 폭력을 유발할 뿐입니다. 여러분은 우리보다 약한 나라이며, 여러분이 독립할 수 없다면 굴복하는 수밖에 없습니다. 강자가 약자를 지배하는 것은 자연의 법칙이며, 신의 법칙입니다."[23]

저 유명한 멜로스인 이야기는 아테네인들이 얼마나 깊이 제국주의적 폭력 논리에 젖어들었는지 보여준다.

역사는 승리한 자의 역사요, 법은 지배계급의 이익을 대변한다. 아니 법은 두 얼굴의 야누스다. 법이 지배계급의 특수 이익을 대변하면서도 공동체의 보편적 이익을 대변한다고 보는 것이 가장 합리적인 고찰일 것이다. 따라서 소크라테스가 주장하듯이 법이 정의와 보편적 이익을 대변한다는 것도 맞는 이야기지만 트라시마코스가 주장하듯이 법이 지배계급의 이익을 대변한다는 것도 맞는 이야기다. 트라시마코스와 소크라테스의 논쟁은 평행선을 달리고 말았다. 소크라테스의 설득은 실패했다. 하지만 소크라테스의 고집은 황소고집이다.

"정의가 진실로 지혜이자 미덕이라면, 정의는 불의보다 더 강해."(국, 351a)

지금 소크라테스가 우리에게 제시하는 것은, 정의로운 삶은 무엇이며 왜 올바른 삶을 살아야 하는가에 대한 답안이 아니다. 그는 우리를 '물음의 바다'에 빠트리고 있다. 그는 제2권에서 또 우리에게 물음을 던진다. "사람들이 정의를 행하는 것은 정의가 좋아서가 아니라 마지못해 행하는 것 아닌가?"(국, 358c) "불의한 자가 올바른 사람보다 훨씬 나은 삶을 사는"(국, 358c) 이 현실은 무엇인가?

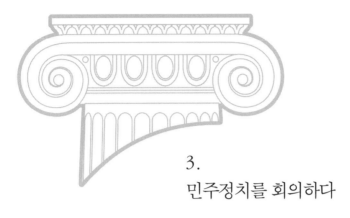

3.
민주정치를 회의하다

대중은 진리를
좋아하지 않는다

　　제6권에서 소크라테스는 철학자의
삶을 자화자찬한다. "나는 신의 암시를 받고 철학의 길을 걷고 있노
라."(국, 496c) "아직까지 신의 지시에 따라 철학의 삶을 걸은 이는 나 혼자
뿐이노라." "야수들의 무리에서 떨어져 조용한 최후를 맞이하겠노라."
라며 철학자의 삶을 한껏 부풀려 찬미하던 소크라테스. 제자 글라우콘
이 "하지만 선생님, 철학자가 이 정도 작은 일을 해놓고서 세상을 떠날
수 없잖아요?"(국, 497a)라고 말하자, 그제야 자신의 내면을 솔직하게 털

어놓는다.

"그렇지. 난 말이야. 나에게 맞는 정체를 만나지 못했어. 나에게 맞는 정체
를 만났더라면 나도 구하고 공동체도 구했을 텐데, 참."(국, 497a)

철학자의 지혜를 존중하는 정체를 만났다면 자신도 구하고 공동체도
구했을 것이라는 이 발언은 지나간 인생을 쓸쓸하게 바라보는 중년의
회한 섞인 발언이다. 아마도 플라톤 자신의 회한이 아닐까 싶다.[1] 젊을
때 산을 엎고 세상을 덮을 웅지를 품었으나 아직까지 뜻을 이루지 못한
중년의 회한 말이다. 우리의 플라톤은 정치의 야심을 포기하지 않았다.
글라우콘은 묻는다. "선생님께서는 지금의 정체들 중 어느 정체가 철학
에 적합하다고 생각하세요?"(국, 497a) 플라톤은 내심을 드러낸다.

"지금의 정체들 중 철학적 품성에 맞는 정체는 없네."(국, 497b)

본디 정치란 타협의 예술이다. 이해관계가 다르고 생각이 다른 사람
들이 모여 사는 곳에서 그들이 함께 살 수 있게 하는 타협의 길을 찾는
것이 정치이다. 정치가의 첫째 덕목은 반대 정파의 이견을 껴안을 수
있는 포용 정신이다. 그런데 플라톤은 타협을 모른다. 현존하는 정치
체제들 중 철학적 품성에 적합한 것은 하나도 없어. 이 고집스런 비타

협적 정신을 우리는 어떻게 보아야 할까? 만일 정치 현실이 모두 썩어 빠졌다고 20대의 플라톤이 비판했다면 그 발언은 이해할 수 있다. 기성세대로부터 물려받은 현실을 부정하고 새로운 현실을 만들어내는 것이 젊은이의 몫이기 때문이다. 그런데 존재하는 모든 정치체제를 50대의 나이에 부정한다면, 그 중년의 정신 상태가 좀 의심스럽다.

플라톤은 진리를 집요하게 추구한 사람이다. 플라톤에게 진리는 변하지 않는다. 그런데 이 세상 모든 존재는 생성과 소멸을 거듭한다. 따라서 플라톤에게 이 세상의 존재는 진리가 아닌 허상이다.

생성과 소멸을 거듭하는 이 세계에 진리는 없다. 이 세계가 아닌 곳에 진리가 있다. 보이는 세계 the visible world에만 익숙해 있는 대중이 어떻게 눈으로 보이지 않는 세계 the intelligible world를 생각할까?

"눈으로 보이지 않는 세계에 있는 아름다움 그 자체, 올바름 그 자체를 대중은 생각할 수 없어."(국, 493e~494a)

플라톤은 대중을 회의懷疑했다. 대중의 취향이나 태도에는 건질 게 하나도 없다. 대중에 대해 근원적으로 회의했던 플라톤이었기에 대중이 정치적 결정권을 행사하는 아테네의 민회 또한 인정할 수 없었다. 무슨 말이야! 정치는 철인에게 맡겨야지! 대중의 판단력을 신뢰하지 않은 플라톤의 정치사상이 갈 곳은 철인정치론일 수밖에 없었다.

눈으로는 볼 수 없고 오직 사유에 의해서만 접근할 수 있는 지성의 세계를 플라톤은 거닐고 있다. 플라톤이 사망한 기원전 347년으로부터 1,800여 년이 지난 시기까지 모든 과학자들은 지구가 우주의 중심이고, 해와 달, 항성과 행성들이 모두 지구를 중심으로 회전한다고 생각했다. 그 시절에 플라톤만큼이나 인간 정신계의 변화에 있어서 결정적 역할을 수행한 철학자이자 지구중심설이 아닌 태양중심설을 제창한 철학자였던 코페르니쿠스는 이렇게 말했다.

"철학자의 생각은 군중의 판단 너머에 있습니다."[2]

대중의 가치관은 쾌락주의로 집약된다. 그런데 인생에는 쾌락보다 더 소중한 어떤 것이 있다. 여기에 플라톤의 비관이 있다.

"그는 날마다 쾌락에 탐닉하며 세월을 보낼 것이네. 하루는 술과 피리에 취하다가, 다음 날엔 물만 마시며 살을 뺄 것이며, 하루는 체력 단련에 몰두하다가, 다음 날엔 게으름을 피우며 빈둥거릴 것이네."(국, 561c~d)

이것이 당시 아테네 젊은이의 일상이었다.

한 줌의 흙과 한 종지의 물을 바치라는 다리우스의 명령을 거부했던 것이 100년 전 선조들이 보여준 아테네인의 자존이었다. 물론 그 대가는 혹독했다. 선조들은 정든 집을 버리고 신전을 적의 수중에 넘긴 채 배 안으로 피신했다. 1,000척이 넘는 대함대를 격파할 수 있었던 것은 아테네인 특유의 용맹 덕분이었다. 아테네인들은 공동체 폴리스의 영광을 위해서라면 기꺼이 목숨 바칠 준비가 되어 있었다. 선조들은 위대했다. 이 위대한 아테네의 공동체 정신[3]이 언제부터 무너져 내렸던가?

아테네의 타락

투키디데스는 《펠로폰네소스 전쟁사》에서 기원전 431년 전쟁이 발발하고 스파르타인들이 아테네를 침공하면서 돌기 시작한 역병 탓으로 염세주의와 쾌락주의가 횡행했다고 기록했다. 아테네인들이 역병으로 속수무책 죽어가면서 그 이전의 굳센 기상이 무너지기 시작했단다.

"아테네는 이 역병 탓에 무법천지가 되기 시작했다. 부자들이 갑자기 죽고 전에는 무일푼이던 자들이 그들의 재산을 물려받는 것을 보고는 이제 사람들은 전에는 은폐하던 쾌락을 공공연하게 탐닉했다. 목숨도 재물도 덧없는 것이라면서 가진 돈을 향락에 재빨리 써버리는 것이 옳다고 여겼다. 언제 죽을지 모르는 판국에 고상한 목표를 위해 고생을 하려는 사람은 아무도 없었다."[4]

플라톤은 소피스트를 사육사에 비유했다. 사육사는 거대하고 힘센 짐승을 다루는 사람이다. 사육사가 짐승을 잘 다룰 수 있는 것은 짐승의 기질과 욕구를 잘 파악하고 있기 때문이다. 짐승이 어떤 때 난폭하게 되고 어떤 때 유순하게 되는지 그 성질을 잘 아는 사육사는 사나운 짐승을 자신의 뜻대로 잘 부린다는 것이다. 아테네의 청년들에게 연설을 가르치는 소피스트의 지혜는 고작해야 대중의 의견 이외에 아무것도 아니라고 말한다. 또 플라톤은 아테네의 정치가를 사육사에 비유하면서 정치인이 대중에 대한 아첨꾼으로 전락하고 말았다고 비판했다.

올바른 결정을 내리는 것이 정치인의 역할이다. 그런데 대중은 올바른 것에는 관심이 없다. 따라서 대중이 그 의결권을 좌우하는 아테네 민회는 필연적으로 타락할 수밖에 없다. 민회에서 발언하는 정치가들은 소신껏 대중을 이끄는 사람이 아니다. "대중의 찬사를 받기 위해 필요 이상으로 대중을 주인으로 섬기는 사람"(국, 493d)이다.

그리하여 대중의 쾌락주의를 나무라지 않고 도리어 대중의 성향에 아부하고 있다며 소크라테스는 아테네 정치인들을 꾸짖는다. 심지어 소크라테스는 아테네에서 훌륭한 정치를 한 사람은 단 한 명도 없다고 단언한다. 페리클레스가 도입한 일당 지급 제도는 오히려 아테네인을 타락시켰을 뿐이다. 아테네인을 "게으르고 비겁하고 수다스럽고 돈만 밝히는 자들로 만들었다."[5]라고 꼬집으면서 "정치가들이 대중에게 가르쳐야 할 미덕은 절제와 정의"인데 정치가들은 대중을 계도하지 않은 채 고작 "항만이나 성벽, 조공과 같은 하찮은 것들로 나라를 가득 채웠다."[6]라고 소크라테스는 언성을 높였다.

플라톤의 비판적 견해는 관찰자의 주관이 과도하게 반영된 것이 아닐까? 페리클레스는 전몰자 추도사에서 아테네의 민주정치에 대해 한껏 자랑하지 않았던가? 우리는 이웃 나라의 어떤 법제도 부러울 것이 없는 정치체제를 갖고 있다. 소수가 아닌 다수에 의해서 다스려지고 있기 때문에 이름 또한 민주정체로 불리고 있다. 페리클레스는 아테네가 민중의 나라임을 선포했다. '헬라스의 학교'를 자임하던 아테네가 언제부터 타락하게 되었을까?

아첨으로 전락한 정치

투키디데스의 증언에 따르면 페리클레스 시대의 민회는 최고 정치 지도자의 판단과 대중의 의지가 팽팽하게 맞서면서도 서로를 존중하는 민주정치의 황금기였는데 기원전 429년 페리클레스가 역병으로 죽고 나서부터 아테네의 민회는 급속히 선동 정치로 기울어갔다고 한다. 페리클레스가 살아 있을 때에도 민중은 자신의 변덕스런 기질을 못 이기고 정치 지도자를 괴롭혔던 모양이다. "나는 여러분이 내게 이렇게 분통을 터뜨릴 줄 알고 있었습니다.

그래서 나는 여러분의 기억을 새롭게 하고, 여러분이 내게 화를 내거나 지금의 고통에 굴복하는 것은 옳지 못하다는 점을 따지기 위해 민회를 소집했습니다."[7] 펠로폰네소스전쟁을 일으켜놓고 길을 잘못 접어든 게 아닌지 동요하는 아테네 민중 앞에서 페리클레스가 일장 훈계하는 말이다.

페리클레스는 영민한 지도자였고, 청렴한 인물이었으며, 연설의 명수였다. 아테네의 민중은 페리클레스의 말이라면 꼼짝하지 못했다.

"여러분은 내게 화를 내지만, 나야말로 누구 못지않게 무엇이 필요한지 볼 수 있는 식견이 있고, 본 것을 설명할 수 있는 능력이 있으며, 조국을 사랑하고 돈에 초연한 사람입니다. 여러분이 전쟁을 하자는 내 권고를 받아들인 것이라면, 지금 와서 나를 비난하는 것은 옳지 못합니다."[8]

페리클레스는 명망과 판단력을 겸비한 실력자이자 청렴결백으로 유명한 이였다. 그는 민중을 마음대로 주물렀다. 그는 권력을 장악하기 위해 민중에게 아첨할 필요가 없었다. 그는 높은 명망을 누리고 있어 민중을 꾸짖을 수 있었다. 민중이 자만에 빠져 있으면 그들을 불안하게 만들고, 민중이 낙담에 빠져 있으면 그들에게 자신감을 회복시켜주었다.

"이름은 민주주의이지만 실제 권력은 제일인자의 손에 있었다." [9]

이상이 아테네 민주정치에 대한 투키디데스의 솔직한 보고이다.

그 다음의 보고에 주목하자. "그러나 페리클레스의 후계자들은 수준이 그만그만했으며, 서로 일인자의 자리를 차지하려고 국가정책조차 민중의 기분에 맡겼다. 그런 태도는 제국을 다스려야 하는 큰 도시에서는 여러 가지 실수를 유발하게 마련인데, 대표적인 예가 시칠리아 원정이다." [10]

4.
나는 꿈꾼다, 철인정치를

민중은 생업에 충실하라
—금속의 비유

대중은 그날그날의 이익을 좇을 뿐 진리를 추구하지 않는다. 그런데 정치란 한 나라가 가야 할 올바른 길을 찾아 집행하는 것이다. 따라서 대중이 모든 것을 결정하는 아테네 민회는 잘못된 결정을 반복할 수밖에 없는 구조적 모순을 안고 있다.

페리클레스가 일관된 정책을 제시하고 집행한 참된 정치 지도자라면, 페리클레스 사후에 등장한 아테네의 정치 지도자들은 대중의 취향에 아첨하는 선동 정치꾼이었나 보다. 민주정치에 대한 이러한 회의적 시각이 철인정치론을 낳은 역사적 배경이었다.

플라톤은《국가》제3권에서 자질이 훌륭한 젊은이를 시험하여 엄선하자고 말한다. 숱한 시련을 이겨낸 수호자에게 합당한 명예를 부여하잔다. 일리가 있는 이야기이다. 그런데 여기에서 플라톤은 난데없이 신화의 카드를 꺼내 든다.[1] 그 유명한 '금속의 비유' 이야기다. 통치자는 황금이고, 보조자는 은이고, 생산자는 무쇠와 청동이다. 사람은 태어날 때 자신의 품질이 결정된다. 황금으로 태어난 사람이 있고, 은으로 태어난 사람이 있고, 무쇠와 청동으로 태어난 사람이 있다는 게다.

나는 '금속의 비유'를 처음 접했을 때, 플라톤이 왜 계급의 필연성을 신화로 풀이할까 궁금했다. 지금 생각해보니 플라톤도 답하기 힘들었던 모양이다. 플라톤은 인간의 이성으로 설명할 수 없는 생각을 전할 때 신화적 이야기에 의존하곤 한다.

인간의 품격을 왜 세 등급으로 나누는가? 이제 나는 플라톤의 제안에 대해 시비를 걸고 싶지 않다. 그냥 이해해주자.[2] 금속의 비유에서 플라톤이 말하려는 속내는 무엇인가? 그것은 간단하다. "대중이여, 통치는 철인에게 맡기고 그대들은 생업에 충실하라. 그대들이 아테네의 정치에서 손을 떼고 생업으로 돌아갈 때, 통치하는 일을 현자에게 맡길 때, 민회는 올바른 결정을 할 수 있다." 이런 것이다. 금속의 비유는 민회를 장악하고 있으면서 늘 잘못된 결정을 반복하는 민중에 대한 회의에서 나온, 철인정치론의 예비된 각본이었다.

통치는 수호자에게 맡겨라
—영혼의 삼분설

'영혼의 삼분설'도 마찬가지다. 그것 역시 철인정치의 필연성을 정당화하는 예비된 각본이다. 플라톤은 말한다. 혼에는 세 가지 부분이 있다. 먹고 마시고 싶어 하는 '욕구'가 있고, 분노를 느끼는 '기개'가 있으며, 합리적으로 판단하는 '이성'이 있다. 욕구는 이성의 통제를 받음으로써 절제 있는 모습을 보일 수 있고, 기개 역시 이성의 통제를 받음으로써 용기 있는 태도를 보일 수 있다. 욕구와 기개는 이성의 통제를 받아야 한다. 절제와 용기는 욕구와 기개가 이성의 햇빛을 받아 피우는 덕의 꽃이다.

정의로운 나라의 상(像)을 만들어보자는 소크라테스의 야심은 영혼의 삼분설에 의하여 마침내 완성된다. 구두장이는 구두장이 일을 하고, 목수는 목수 일을 하자. 그리고 전쟁은 전사에게 맡기고, 정치는 철인에게 맡기자. 영혼의 삼분설에서 욕구와 기개가 이성에 복종할 때, 조화로운 영혼이 되지 않던가. 그렇듯이 생산자 및 보조자 계급은 각각 자신의 직분에 충실하자. 일꾼들은 생산하라. 전사들은 전투하라. 그리고 통치는 수호자 계급에게 일임하라. 그러면 이 나라는 질서와 조화를 이루는 정의의 나라가 될 것이다. 이것이 정의로운 나라에 대한 소크라테스의 상(국, 443c)이었다. 여기에서 소크라테스는 좀 흥분한다.

플라톤, 시대를 철학하다

"우리의 꿈은 완전히 이루어졌네. 국가를 건설하기 시작하면서 운 좋게도 신의 도움으로 정의의 기원을 만나게 되었네."(국, 443c)

이어 플라톤은 공동체주의를 제안한다. 친구는 모든 것을 공유한다. 어려운 이야기다. 물론 이 공동체주의는 주민 전체에게 적용되는 것이 아니고 나라의 통치를 맡은 수호자 계급에게 제한적으로 적용된다. 플라톤이 제안한 공동체주의의 원칙은 이러하다.

첫째, 사유재산을 소유하지 않는다. 둘째, 공동으로 생활한다. 셋째, 금과 은을 사유하지 않는다. 수호자에게 적용된 이 공동체주의는 철인의 제안으로 끝나지 않았다. 플라톤의 공동체주의는 중세 유럽에서 현실이 된다.[3] 오늘날도 가톨릭 성직자들은 사유재산을 소유하지 않는다.

플라톤의 공동체주의는 어디에서 나온 발상일까? 영국의 철학자 러셀로부터 한 수 배우자. "플라톤을 이해하려면 스파르타에 대하여 알아야 한다. 스파르타는 플라톤의 정치 학설에 영향을 주었다."[4] 《국가》에서 플라톤이 만들고자 한 이상 국가의 원형은 스파르타였다.《플루타르코스 영웅전》의 〈리쿠르고스 전〉은 리쿠르고스[5]에 대해 다음과 같이 기술한다. 이상 국가를 세우고자 이집트로 수학여행에 나선 리쿠르고스는 이집트인들이 전사와 일반인을 분리한 것을 보고 매우 감탄했다. 리쿠르고스는 이 제도를 스파르타에 적용하여 생산계급이 정치에 참여하지 못하도록 했다.[6]

나라의 통치는 수호자에게 맡기고 전쟁은 전사에게 맡기고 농업과 상공업은 일반인에게 맡기자. 플라톤의 이러한 계급 분업 구상은 이집트의 신정정치를 보고 온 리쿠르고스를 따른 것이었다. 리쿠르고스는 오만과 시기, 범죄와 사치가 부의 불평등에서 비롯된다고 보고, 부자들을 설득해 토지를 모두 거두어들인 다음 골고루 재분배했다.[7] 수호자들로 하여금 금과 은을 소유하지 못하게 한 것이나 필요 이상의 사유재산을 갖지 못하도록 한 것과 같은 플라톤의 공동체주의적 발상도 모두 리쿠르고스의 개혁을 본뜬 것이다.

제4권 서두에서 플라톤은 자신의 이상 국가의 운영 원리를 천명한다. "국가를 건설하는 목적은 한 집단을 특히 행복하게 만드는 것이 아니라, 국가 전체를 최대한 행복하게 만드는 것"(국, 420b)이다. 우리가 만들고자 하는 나라는 "선택된 소수의 행복이 아니라 주민 전체의 행복을 확보한 행복한 국가"(국, 420c)이다. 그렇다면 수호자는 일신의 영달을 버리고 죽는 그날까지 오직 나라 전체의 행복을 위해 헌신하는 사람이어야 한다. 그런 사람이 현대에도 있었다. "내가 죽음을 맞이하면서 안타까운 것은 더 이상 인민을 위해 봉사하지 못하게 된다는 점이다. 나의 장례식으로 인하여 인민의 재화를 낭비하지 마라." 하고 유언한 베트남의 호지명 말이다.

고대의 리쿠르고스가 그런 사람이었나 보다. 공동체의 이익을 위해 일신의 사익을 완전하게 버린 이. 리쿠르고스는 자신의 죽음조차 국가에 기여하는 것이 돼야 한다고 생각했다. 음식을 끊고 조용히 생을 마감했다. 리쿠르고스는 일신의 행복이 아닌 스파르타 주민 모두의 행복을 추구한 정치가였다. 플라톤이 전개한 공동체주의의 원조는 리쿠르고스였고, 고대 공동체의 원형은 스파르타였다.

"그들은 어느 누구도 필요한 것 이상의 개인 재산을 소유해서는 안 되네. 군영의 전사들처럼 공동 식사를 하며 공동생활을 하네. 금과 은을 몸에 두르거나 금잔이나 은잔으로 술을 마셔서도 안 되네. 수호자들이 집과 돈을 사유하기 시작하면 국가 전체가 파멸을 향해 내달을 것이네."(국, 416d~417b)

플라톤과 다투지 말자. 먼저 이해하자. 플라톤의 '금속의 비유'와 '영혼의 삼분설'은 엄연히 유럽의 역사를 지배한 사상이다. 중세 천년은 플라톤 사상이 실현된 시공간이었다. 성직자 계급은 귀족계급의 보조를 받으면서 농민들과 상공업자들을 지배했다.

《국가》를 읽다 보면 수호자에 관한 플라톤의 언어가 애매하고 혼선이 있어 초심자의 처지라면 당혹스러울 수 있다. 정리하고 넘어가자. 수호자는 통치자 계급이다. 보조자는 전사 계급이다. 전사는 수호자가 나라를 수호하는 것을 돕는다는 의미에서 플라톤은 이들을 보조자라 부른 것이다. 수호자와 보조자를 제외한 나머지 사람들의 경우 농민이나 장인 또는 사업가라 부른다.

"장인이나 사업가가 전사 계급에 진입하려 든다거나, 아니면 전사의 일원이 수호자 계급에 진입하려 든다면 이러한 참견이 나라에 파멸을 안겨줄 것이네."(국, 434a~b)

그런데 문맥에 따라 보조자가 수호자의 의미로 사용되는 경우도 있다. 또 문맥에 따라 통치자와 보조자를 통칭하여 수호자로 사용되는 경우도 나온다. 통치자가 수호자이다. 그리고 전사는 수호자를 돕는 보조자이다. 그런데 통치자와 전사의 경계가 애매하고, 수호자와 보조자의 경계가 모호하게 사용되는 경우가 많다.

역사상의 철인정치가

"철인들이 국왕이 되거나 왕이 철인이 되기 전에는, 그리하여 정치권력과 철학이 하나로 결합되기 전에는 인류 전체의 고통은 종식되지 않을 것이네."(국, 473d)

플라톤의 철인정치론은 결코 철학자의 몽상만은 아니었다. 철인정치론은 위대했으나, 철인정치론의 위대함을 증명할 기회가 많지 않았다. 디온을 앞세워 철인정치를 구현하려 했던 플라톤의 시도는 물거품이 되었는데, 그의 철인정치론은 제자 아리스토텔레스에 의해 실현된다. 지중해와 근동 지역을 통일하여 세계 제국을 건설한 알렉산드로스(기원전 336~323년 재위)가 바로 아리스토텔레스의 제자였다.

알렉산드로스는 모든 민족·종족 간의 차별을 분쇄하고 인간 평등의 이념을 실현하려 했다. 이집트의 알렉산드리아에 계획도시를 건설하여 전 세계의 책과 학자들을 이곳에 집결했다. 세계사는 합리적이고 혁신적 면모를 지닌 철인 왕을 자주 출현시키지는 않았다. 인도의 아소카 왕과 중국의 강희제가 철인 왕이라고 불릴 자격이 있을 것이다.

인도 역사상 최초의 통일국가를 이룬 왕인 아소카 왕(기원전 265~238년 재위)은 집권 후 제3차 불경 결집을 주도하여 불교를 세계종교로 끌어올린 인물이다. 또 도덕 정치를 펴 불교도들로부터 이상적 군주로 추앙받았다. 중국의 역사에는 여러 빛나는 별들이 있지만 그중에서도 청나라 제4대 황제 강희제(1661~1722년 재위)가 단연 돋보인다. 그는 서양에서 온 선교사들을 적극 환영했고, 본인 스스로 선교사로부터 유클리드의 기하학을 배웠다. 중국 3천 년의 역사가 물려준 책과 지식을 총망라한 《고금도서집성》이 그의 치적이다. 18세기 볼테르가 프랑스의 전제군주를 비판하면서 "동양을 보시오. 그곳엔 철인 왕이 있소."라고 했는데, 볼테르가 지목한 동양의 철인 왕은 바로 강희제이다. 세종대왕 역시 철인 왕이라고 불릴 자격이 충분할 것이다.

왕이나 왕세자가 철학을 수용하여 어질고 슬기로운 정치를 편 경우
는 더러 있으나 철학자가 권력을 쥐고 철인정치를 편 경우는 아주 드
물다. 나폴레옹의 경우 철인 왕다운 혁신적인 정치를 펼쳤다고 할 수
있으나, 그를 철학자라고 평가할 수는 없을 것이다. 그는 계몽사상으
로 무장한 혁신적 군인이었다.

철학자가 자신의 혁명적 사유에 의거하여 권력을 장악하고 플라톤의
야심 그대로 세계를 바꾼 대표적인 사례는 러시아혁명을 이끈 레닌[1870~1924]
의 경우이다. 1917년 10월 집권하여 1924년 뇌출혈로 죽기까지 그가
수행한 혁명은 20세기 세계사를 뒤바꾸어 놓았다. "유럽 현대사는 나폴레
옹과 비스마르크, 레닌이라는 세 거인을 중심으로 쓰일 수 있다."라는 역
사가 테일러[A. J. P. Taylor]의 촌평[8]을 인용하면서 카[E. H. Carr]는 이렇게 말했다.

"위인은 항상 기존 세력의 대변자이거나, 아니면 기존 권력에 대항하는 혁
명 세력의 대변자이다. 나폴레옹과 비스마르크가 전자의 경우라면, 크롬웰과
레닌이 후자의 경우이다. 위인은 역사의 산물이자 그 대변인이다. 동시에 인
간의 사유와 세계를 변화시키는 창조적 개인이다."[9]

5.
처자 공유제와
플라톤의 본심

여자는 본성상 남자와 같다

소크라테스·플라톤은 남자와 여자가 본질적 면에서는 아무런 차이가 없는 평등한 인간이며, 스파르타처럼 남녀 모두 체육관에서 운동을 해야 한다고 주장한다.

> "우리는 남자에게 시가 교육과 체력 단련 교육을 시켰네. 우리는 여자들에게도 이 두 교과목을 가르칠 것이야. 여자들도 남자들과 똑같이 다루어야 하네. 여자들도 옷을 벗고 남자들과 함께 체력 단련을 하는 것이지."(국, 452a)

고대인에게 전쟁은 일상사였다. 현대인에게 기업 활동이 피를 흘리지 않는 전쟁이라면, 고대인에게 전쟁은 피 흘리는 기업 행위였다. 전쟁에서 이긴 자는 모든 것을 소유하고, 전쟁에서 패배한 자는 모든 것을 잃는다. 남자들은 죽임을 당하고, 여자와 아이는 노예로 팔리게 되는 것이 전쟁의 논리였다. 고대 아테네의 시민 자격이 남자에게만 주어지고, 여자는 국가의 의사 결정 과정에서 배제되었던 것은 아테네가 전사 공동체였기 때문이다.

아테네 시민은 전쟁을 지휘하는 장군을 표결로 선출했다. 전시의 정치가 평시의 정치로 연장된 것이 다름 아닌 아테네의 직접민주주의였다. 전쟁을 치를 것이냐 평화협정을 맺을 것이냐, 이 중대 사안을 전사인 남자들이 결정했다. 이런 고대사회에서 '여자는 본성상 남자와 같다'는 말은, 고대인들에겐 경천동지驚天動地할 혁명적인 주장이었다.

제자인 아리스토텔레스부터 난리다. "선생님, 동물을 보세요. 수컷이 암컷보다 더 우월하잖아요. 그래서 수컷이 지배하고 암컷은 지배받는다고요."[1] "노예는 기획 능력이 없어요. 여자는 기획 능력이 있긴 하나 권위가 없고요."[2] 그러므로 "남편이 아내를 지배하는 것은 왕이 백성을 지배하는 것과 같아요."[3] 하고 말이다. 거기에 덧붙인다. 세상 물정에 밝은 남자가 순진무구한 여자를 맞이하는 것이 가화만사성의 비결입지요. "여자는 18살, 남자는 37살에 결혼하는 것이 적절해요."[4]

아리스토텔레스는 스승이 주장한 창의적 제안마다 고춧가루를 뿌리고 다닌 괘씸한 제자였다. 스승 플라톤이 이상 사회 건설을 향해 뜨거운 열정을 품은 철학자였다면 반대로 제자 아리스토텔레스는 존재하는 현실을 직시하고 이 현실을 움직이는 법칙을 찾아 나선 냉정한 과학자였다.

스승의 재산 공유제에 대해 코웃음을 친 자도 아리스토텔레스였고, 남녀평등사상은 당치도 않는 소리라고 반박한 이도 아리스토텔레스였다.

소크라테스·플라톤의 남녀평등사상이 얼마나 황당무계한 생각이었는지 감을 잡기 위해 근대 계몽사상가들 중 가장 진취적 인물이었던 장 자크 루소의 여성관을 끌어다 비교해보겠다.

장 자크 루소, 그는 왕이 없는 정치체제인 공화정의 이론을 명확한 언어로 표현한 혁명적 사상가였다. 귀족과 왕을 희롱한 죄로 두 번이나 투옥되었던 계몽사상의 대표자 볼테르마저도 왕과 함께 가는 입헌군주제를 주장했던 것을 고려하면, 루소의 공화정이 그 당시에는 얼마나 좌파적 생각이었는가 가늠할 수 있다. 그의 저서 《에밀》은 지금도 읽히고 있는 교육학의 고전이다. 그런데 루소가 《에밀》에서 여성에 대해 어떤 논지를 펼쳤는지 살펴보자.

"남자가 혼자 지내는 것은 좋지 않다. 에밀은 남자다. 우리는 그에게 반려자를 약속해 두었다. 그 반려자가 소피다."[5] 루소에 의하면 남녀의 성차(性差)는 자연적인 현상이다. 그 차이는 존중되어야 한다. 이 차이를 부정하고 남녀를 동일하게 파악하는 것은 자연의 원리에 역행한다. 차이를 존중하라.

플라톤은 다르다. 남녀의 차이는 생식기능뿐이다.

"두 성의 차이점이 여자는 아이를 낳고 남자는 아이를 배게 하는 것뿐이라면, 수호자들과 그들의 아내들은 같은 업무를 수행해야 하네."(국, 454e)

루소는 말한다. "양성의 결합에 있어서 각자가 평등하게 힘을 합치지만 협력의 방법은 동일하지 않다. 한편은 능동적이고 강해야 하며, 다른 한편은 수동적이고 약해야만 한다. 여자는 남자의 마음에 들도록 만들어져 있다. 남성의 가치는 힘에 있고 여성의 힘은 매력에 있다."[6]

플라톤은 다르다. "여자는 본성적으로 남자의 활동에 동참할 수 없는가?"(국, 453a) 하고 물은 다음 "암컷 경비견도 수컷 경비견과 마찬가지로 경비 업무에 동참"(국, 451d)하듯, 통치자의 자질을 갖는 여성은 통치를 해야 하고 보조자의 자질을 갖는 여성은 보조자의 업무를 맡아야 한다고 말한다.

"타고난 소질은 양성 사이에 고르게 배분된 만큼, 여자들이 남자들처럼 모든 업무에 참가하는 것은 자연스러운 현상일세."(국, 455d~e)

수호자의 일을 수행함에 있어서 남녀를 차별하지 않는다면, 수호자로 육성하는 교육에 있어서도 남녀를 차별하지 않는 것이 논리적 귀결이다.

> "여자들에게도 군사훈련을 시켜야 하며, 여자들도 남자들과 똑같이 다루어야 하네."(국, 452a)

여자들에게도 남자와 똑같이 군사훈련을 시키자는 제언은 파격적이리만큼 진취적인 주장이었다. 함께 대화하는 제자 글라우콘 역시 어이없다는 투다. "참, 보기 좋겠습니다." 황소고집 소크라테스는 놀림감이 되더라도 주눅 들지는 말잔다. 옷을 벗고 함께 운동하는 것이 이성에 의해 드러난 최선의 선택이라면 이 선택을 부끄럼 없이 받아들여야 한다는 것이다. 상식의 일탈을 기어코 이성적 선택이라 우기는 소크라테스의 고집은 어디에서 온 것일까? 플루타르코스는 이 옹고집도 스파르타의 체육관에서 벤치마킹한 것이라고 말한다.

> "리쿠르고스는 소녀들의 신체 단련에 관심을 쏟았다. 그는 소녀들이 달리기, 씨름, 원반던지기, 창던지기 따위로 몸을 단련하도록 했다."[7]

아이들은 국가의 공유물이
되어야 한다

이어 플라톤은 처자 공유제를 제기
한다. "모든 여자는 모든 남자의 공유물이며, 아이들도 공유물이어서 부
모는 제 자식을 알아보지 못하고 자식은 제 부모를 알아보지 못한다."(국,
457d) 우생학도 서슴지 않는다. 훌륭한 남자들은 훌륭한 여자들과 되도
록 자주 성관계를 맺어야 한다나 어쩐다나.

처자 공유제 역시 소크라테스·플라톤의 창안물이 아니었다. 아이들
을 부모의 소유가 아니라 국가의 공유물이라고 본 이는 리쿠르고스였
다.[8] 빚을 얻어서라도 좋은 혈통의 말과 개를 사지 않던가? 리쿠르고
스는 혈통 좋은 사람의 아기를 얻는 것을 중시했다. 리쿠르고스는 존
경하는 남자에게 자신의 부인을 보내어 자식을 얻는 것을 허락했다.
좋은 자손을 얻기 위해 노력하는 것이 명예로운 남자의 도리란다. 또,
늙은 남자의 젊은 아내가 청년과 성관계를 맺는 것을 인정했으며, 부
인을 보고 사랑에 빠진 남자가 남편의 양해를 얻어 부인에게 다가가는
것을 허락했다.

한편 아리스토텔레스는 그의 《정치학》에서 처자 공유제를 비판한
다. "뭡니까, 선생님! 선생님은 통치자 계급의 분열을 우려하여 사유재
산 금지니, 처자 공유제를 들고 나오신 것 같은데, 몰라도 한참 모르는

말씀입니다. '과도한 통일성은 국가의 본성에 배치된다'[9]는 것을 생각해보지 않으셨나요? 국가를 하나의 통일체로 만드는 것이 선생님의 의도인 것 같은데, 통일성이 높으면 국가가 가정이 되고 말아요. 국가는 통일체가 아니라 복합체 아닙니까? 국가가 가정처럼 통일적 조직이 되면 국가는 파괴되고 맙니다."

아리스토텔레스의 생각은 매우 현실적이다. 가족은 단일한 이해로 결합된 공동체이지만 국가는 서로 이해관계가 다른 수많은 집단과 종족과 계급이 모여 어울리며 사는 곳이다. 국가의 경우 통일성만큼이나 중요한 것은 다양성이다. 사람들은 사유재산에 더 관심이 많다. 공유재산은 개인적으로 관련 있는 범위에서만 관심을 쏟을 뿐이다. 보살펴주는 사람이 많다는 것은 보살펴주는 사람이 적다는 것을 의미하기도 한다. 신랄하다. "한 시민이 천 명의 아들을 갖게 되면 그 시민은 어느 자식도 책임지지 않을 것이다."[10]

플라톤의 본심

우리에게는 《국가》의 여러 문구들 중 어떤 것이 진심으로 플라톤의 내면에서 우러나온 말인지, 분별하여 읽는 지혜가 필요하다. 사실 《국가》에서 펼쳐지는 많은 이야기들이 플라톤이 그냥 '해본 말'일 수도 있다. 다시 말하여 플라톤은 하나의 의견(독사doxa)에 불과한 이야기를 던져보았을 뿐인데, 우리가 너무 심각하게 받아들이고 있는 것은 아닌지. 독사의 잡풀을 헤치고 진정 아름다운 꽃 한 송이를 발견하는 것이 플라톤이 우리에게 넘겨준 숙제일지도 모른다.

수호자가 사유재산을 소유하는 것을 금지하자는 플라톤의 주장 역시 한번 던져본 의견에 불과한 것일 수도 있다. 만일 플라톤이 사유재산 소유 금지를 결코 양보할 수 없는 불변의 진리라고 생각했다면, 플라톤은 만년에 집필한 《법률》에서 이 조항을 일관되게 유지했을 것이다. 어찌 되었던가? 《법률》을 뒤져보자. 《법률》은 사유재산 소유 금지 대신에 재산의 공평 분배와 공평 소유를 주장하고 있다.

"토지 소유자들은 5,040명이 적절한 수인 걸로 하죠. 토지와 가옥은 똑같은 수의 몫으로 나뉘도록 하죠."(법, 737e)

50대에 쓴 《국가》와 70대에 쓴 《법률》을 비교하면 플라톤의 내심을 찾을 수 있다. '신에 대한 공경'은 플라톤의 일관된 생각이었다. 하지만 수호자에게 사유재산 소유를 금지하자는 제안은 젊은 시절 한때 생각해본 법률의 한 조항에 지나지 않았다. 고집하고 싶은 진리는 아니었다. 그렇다면 플라톤의 내심은 어디에 있는가?

"우리가 국가를 건설하는 목적은 특정 집단의 행복에 있지 않고 국가 전체의 행복에 있다."(국, 420b)

선택된 소수의 행복을 위해서가 아니라 주민 전체의 행복을 위해 운영되는 나라를 만들자. 이 조항이야말로 결코 양보할 수 없는 정의로운 나라 헌법 제1조이다. 다시 한 번 못 박아 말한다.

"우리가 수호자들을 임명하는 것이 수호자들을 행복하게 만들기 위함이 아니요, 국가 전체를 행복하게 만들기 위함이다."(국, 421b)

통치 계급이 자신의 이익을 위해 나라를 다스리는 것이 아니라, 나라의 구성원 모두의 이익을 대표하여 나라를 다스리는 것, 이것은 플라톤이 양보할 수 없는 정의로운 나라의 원리였다.

플라톤에게 중요한 것은 이론이다. 이론이 현실과 일치하지 않을 경우, 버려야 하는 것은 현실이고 붙들어야 하는 것은 이론이다. 플라톤도 자신의 정의로운 나라가 현실과 크게 다르다는 것을 알고 있었다. 소크라테스는 글라우콘에게 묻는다.

"실천은 언제나 이론과 일치하는가?"(국, 473a)

실천은 이론에 비해 진리로부터 멀리 떨어져 있다는 것이다. 그렇다면 강요하지 마라. 실현 가능성을 기준으로 이론의 올바름을 판단하지 마라.

이런 맥락에서 보면 《국가》 제5권에서 장황하게 전개되는 처자 공유제에 대해서도 우리는 흥분할 필요가 없다. 마치 여름날 점심시간 후 졸음이 쏟아지는 제5교시 수업 시간에 교사가 골치 아픈 수학 문제를 풀지 않고 자신이 경험했던 젊은 날의 러브 스토리를 학생들에게 들려주는 것과 비슷한 맥락으로 보면 된다. 수업의 줄거리를 벗어나 하는 엉뚱한 이야기를 '일탈digression'이라 한다. 명강사는 일탈을 잘하는 강사이다. 제5권에서 소크라테스·플라톤은 현대의 페미니스트 못지않은 남녀평등사상을 전개하기도 하고, 자유로운 부부 관계를 전제한 처자 공유제를 내놓기도 한다. 2,400년의 시간을 넘어 물어보자. 처자 공유제는 당신의 진심이었던가요? 플라톤은 말할 것이다. "리얼리스트가 되어야 하지만 가슴속에는 불가능한 꿈 하나를 품고 살아야 하는 거 아니야?"

"25세가 되었을 때 적당한 상대를 찾으면 혼인을 하며, 35세 안에는 모두가 혼인을 하게 됩니다."(법, 772d~e) "신부와 신랑은 훌륭한 아이들을 낳아서 나라에 보여주겠다고 마음먹어야 합니다."(법, 783d~e) 《법률》에선 공상에서 현실로 돌아온다. 일부일처제로 돌아온 것이다.

6.
신의 다른 이름,
'선의 이데아'

둥그런 물체는 진짜 구인가

다음 쪽의 도표를 보자. 플라톤에게 '이 세계 this world'는 우리가 살고 있는 생성과 소멸을 반복하는 세상이다. '이 세계'는 눈으로 볼 수 있는 세계, 곧 가시계可視界이다. 가시계를 영어로는 'visible world'라고 한다. '이 세계'의 모든 것은 소멸한다. 인간은 죽어 해골이 된다. 이 몸은 나의 영혼이 잠시 머무는 거푸집이다. 소멸하는 세계는 가짜이다.

이곳에 가짜가 있다고 하는 것은 저곳에 진짜가 있음을 시사한다고 플라톤은 생각한다. 이곳에 생성과 소멸을 반복하는 생명체의 세계가

존재론			인식론	
저 세계: 가지계	이데아 또는 형상	과학적 인식 episteme	지성에 의한 앎 noesis	
	수학적인 것들	추론적 사고		
이 세계: 가시계	동물과 식물, 일체의 인공물들	믿음 pistis	독사 doxa	
	영상, 모상, 그림자	상상, 짐작		

있다는 것은 저곳에 진짜 죽지 않는 불멸의 세계가 있음을 의미한다고 그는 본다.

플라톤은 늘 장인들의 작업 과정에서 사유의 힌트를 얻었다. 구두장이가 구두를 만들 때, 그의 머릿속에는 구두의 본*이 있다. 그와 마찬가지로 조각공이 조각상을 만들 때, 그의 머릿속에는 그가 새길 조각상의 본이 있다. 또한 건축가가 집을 만들 때 미리 작성하는 집의 설계도가 바로 본이다. 구두와 조각상과 집은 세월과 함께 마모되거나 언젠가 헐리지만 본은 남는다. 구두장이도 가고 조각공도 가고 건축가도 사라지지만 머릿속의 본은 남는다. 구두와 조각상과 집이 가짜라면 이 본이 진짜이다.

반면 '저 세계 that world'는 눈으로 보이지 않는 이데아의 세상이다. 저 세계는 지성에 의해서만 알 수 있는 세계이다. 곧 가지계 可知界이다. 가지계를 영어로는 'intelligible world'라고 한다. 《국가》 한 권을 읽고 나면 이 도표 한 장이 남는다. 수학적인 것들이 지성에 의해 알 수 있는

'저 세계'에 배치되어 있다. 수학은 이데아의 사고를 훈련하는 도구이다. 아카데미의 입구엔 "기하학을 모르는 자는 이곳에 들어오지 말라."라는 문구가 적혀 있었다고 한다.

이 세상엔 둥그런 물체가 많다. 사람의 눈동자도 둥그렇고, 고양이의 눈동자도 둥그렇다. 토란 잎 위를 구르는 물방울도 둥그렇고, 어린 아이들이 가지고 노는 구슬도 둥그렇다. 그러나 '이 세계'에 존재하는 둥그런 물체들은 다 가짜이다. 겉보기에 구형이지 현미경으로 관찰하면 울퉁불퉁한 곡면의 연장이다. 구의 외양을 갖추고 있는 것일 뿐, 우리의 눈을 속인 가짜 구이다. 진짜 구는 따로 있다. 그 구는 눈으로 볼 수 있는 구가 아니다. 지성에 의해서만 생각할 수 있는 구이다. '한 점에서 같은 거리에 있는 모든 점으로 이루어진 입체', 이것이 참 구이다.

세계가 '이 세계'와 '저 세계' 둘로 나뉘어 있으니 세계에 대한 앎도 두 종류로 나뉜다. 플라톤은 '이 세계'에 대한 앎을 '독사'라고 했다.

"독사는 생성에 관련되고 지성은 실재에 관련되네."(국, 534a)

이 독사를 옮길 적당한 한국어가 없다. 독사를 비슷한 의미의 한국어인 '의견'이라는 단어로 옮기는 순간, 의견이라는 말에 붙어 다니는 일상의 의미가 먼저 떠오른다. 플라톤은 왜 '이 세계'의 앎을 독사라고 했을까?

과학 이야기를 철학 이야기에 빗대어 써도 좋을지 모르겠다. 아침에 일어나 학교에 갈 때 동쪽에서 태양이 떠오른다. 태양은 정오 즈음에 하늘 한가운데를 지나다가 오후가 되면 서산 너머로 기울어간다. 서쪽 바닷가에 사는 학생에겐 태양이 서쪽 바다로 질 것이다. 우리의 두 눈엔 틀림없이 그렇게 보인다. 그렇게 수천 년 동안 우리의 선조들은 해가 동쪽에서 떠서 서쪽으로 진다고 믿으며 살아왔다. 이 '믿음'이 독사이다.

실재는 다르다. 1543년 폴란드 출신의 한 교구 행정가에 의해 앎의 대전환이 일어난다. 눈으로 본 것이 헛것이었다. 인류는 코페르니쿠스의 안내에 따라 지구와 태양의 관계에 대한 '잘못된 앎, 믿음, 견해' 즉 독사를 버리고 '과학적 인식'에 이르게 된다.

이데아는
확정적인 개념이 아니다

플라톤은 "어떤 나라가 올바른 나라인가?"에 대해 쉬지 않고 탐구했다. 그의 눈에는 현실의 정치체제, 명예정과 과두정, 민주정과 참주정은 올바른 정치적 결정을 보장하는 올바른 정체로 보이지 않았다. 이 정체들은 내부의 모순이 축적되면 스스로를 부정하고 다른 정체로 변할 수밖에 없는 과도기의 정치체제들이다. 아테네의 역사가 그랬다. 그렇다면 올바른 결정을 담보하는 참된 정치체제는 무엇인가? 그 나라의 법은 어떻게 구성할 것인가? 올바른 나라는 무엇인가? 이 물음을 통해 끊임없이 진리를 향해 나아 간 것이 플라톤의 탐구요, 철학적 삶이다.

플라톤의 이데아는 '이 세계'의 것이 아니다. 따라서 플라톤의 철학 을 관념론이라 한다. 맞다. '이 세계'가 아닌 '저 세계'에 진리가 있다고 보았기 때문에 그렇게 규정할 수 있다.[2] 문제는 '이 세계'와 '저 세계' 가 종이를 두 쪽으로 자르듯 나누어지는 이분법의 세계가 아니라는 데 있다. 플라톤의 이데아는 확정적인 어떤 개념이 아니라 불멸의 진리를 향해 나아가도록 부추기는 힘이고, 지향이 아닐까?

플라톤의 '저 세계'는 '이 세계'의 부정으로서 '저 세계'이다.[3] 우리 가 추구하는 참으로 올바른 나라는 아직 오지 않고 있다. 인간은 현세에 자족하지 않는다. 살아 있다는 것은 꿈을 꾼다는 것이다. 참된 나라, 좋 은 나라, 올바른 나라를 찾기 위해 고민했던 플라톤의 사유는 2,500년 이 지난 지금도 현재진행형이다. '이 세계'와 '저 세계'를 이분한 것은 플라톤 철학을 이해하기 위한 방편이었다. 플라톤의 내심을 이해했다 면, 이제 방편은 버리자.

에소테리카와 엑소테리카

《국가》가 다루는 주제는 얼핏 보면 '정의'인 것 같으나, 깊이 파고들면 《국가》의 저변을 흐르는 또 다른 주제는 '신'이라는 것을 알 수 있다. 플라톤은 자신의 내심을 직접적으로 밝히지 않는다.[4] 먼저 우리는 《국가》에 등장하는 신이 하나가 아니고 둘이라는 점을 알아야 한다. 하나는 아테네인들 사이에 유통되어온 올림포스 12신, 즉 호메로스의 시에 나오는 신이고 다른 하나는 소크라테스가 인정하는 신,[5] 플라톤이 정립하고자 하는 신이다. 그가 《국가》에서 하고자 한 작업은 '호메로스적 신'을 몰아내고 자신의 '도덕적 신'을 도입하는 일이었다. 보자.

소크라테스의 신은 도덕적 완전성의 원천이다. '네가 주는 만큼 나는 준다'는 상호성의 개념은 장사치의 논리이지 신의 행위일 수 없다. 그리스인들은 '친구를 돕고 적을 해치라' 하는 상호성의 원리 위에서 살았으나 소크라테스는 인간은 악을 행해서는 절대로 안 된다고 보았다.

"우리는 악에 대해 악으로 되갚음을 해서는 안 된다."(국, 335a~d)

제우스의 간통이나 헤라의 질투도, 헤르메스의 절도와 사기도 시인이 지어낸 허구일 뿐이지 신의 모습일 수 없다. 소크라테스는 도덕적

혁명가였다.

플라톤이 《국가》에서 전개한 호메로스 비판을 따라가다 보면 플라톤의 신이 어떤 속성을 보유하고 있는지 하나씩 찾을 수 있다. 호메로스의 신은 음모, 싸움, 전쟁, 폭행, 패악, 잔인무도를 일삼는 신이지만 플라톤의 신은 도덕적으로 아무 흠결이 없는 신이다. 플라톤의 신은 플라톤의 목적론적 세계관에서 인간에게 도덕적 삶을 명령하는 궁극적 실재이다. 신의 도덕성[6]은 플라톤의 신이 보유한 첫 번째 속성이다. 플라톤의 사상은 겉은 철학이지만 속은 신학이다.

플라톤에게 가장 중요한 배움의 대상은 '선※의 이데아'이다. 그리스어로 선의 이데아는 '좋음의 이데아'로도 옮길 수 있다. "정의와 아름다움이 어째서 선인지 모르는 사람은 정의와 아름다움의 수호자가 될 수 없다."(국, 506a)라는 말에서 선[7]을 좋음으로 바꾸어보면 문맥이 자연스럽다.

선의 이데아가 무엇인가? "여보게들, 선 자체가 무엇인가 하는 문제는 지금은 거론하지 않기로 하세."(국, 506d) 플라톤은 자신의 철학의 정수에 해당되는 선의 이데아가 무엇인지 명백히 밝히지 않고 어물쩍 넘어간다. 그래서 《국가》를 몇 번 읽어도 우리는 멍멍하다.

아마도 지금 이 장면이 아카데미 교실 안에서의 대화였다면 누군가 일어서서 물었을 것이다. "선생님, 선의 이데아를 자주 말씀하는데, 무엇을 염두에 두고 말하는 겁니까?" "그럼 툭 까놓고 말해봐?" 하면서 플라톤은 자신의 속내를 밝혔을 것이다. 제자들 사이에선 스승이 자신의 속내를 밝힐 수 있다. 스승의 성향을 잘 아는 제자들이니 설령 약간 지나친 이야기를 하더라도 오해하지 않을 것이니까 말이다. 제자들과 자유롭게 주고받는 그만들만의 대화, 이것을 비의秘義, 에소테리카esoterika 라고 한다. 그런데 이 진솔한 대화를 있는 그대로 책에 실어버리면 다듬어지지 않은 발언이 공개되어 물의를 빚을 수 있다. 따라서 비밀로 감추어두고 싶은 이야기는 오프 더 레코드off the record로 대담하는 것이다.

출판이란 작가의 생각을 널리 공개하는 작업이다. 사람에게 두루 공개하는 이야기를 엑소테리카exoterika라고 한다. 플라톤의 《국가》는 엑소테리카의 문헌[8]이다. 따라서 아카데미 교실에서는 거리낌 없이 밝혔으나, 책에는 공개하지 못하고 감추어둔 이야기, 플라톤과 제자들만이 공유한 비밀이 있을 것이다. 그 비밀은 무엇인가?

'선의 이데아'는
곧 '신적 존재'

'태양의 비유'를 읽자.

"사물마다 하나의 이데아가 있다. 그 이데아가 사물의 실재이다."(국, 507b)

태양의 비유는 이데아가 사물의 실재라는 플라톤 철학의 대전제에서 시작한다. 가시계에서 대상을 볼 수 있는 것은 '빛'이 있기 때문이다. 빛이 없다면 시각을 가지고 있어도 물체를 볼 수 없다. 빛은 시각과 물체를 잇는 연결자이다. 여기에서 소크라테스는 묻는다.

이 빛은 어느 신의 것일까? 고대인에게 있어 하늘에 있는 모든 것은 신이었다. 해도 신이고 별도 신이고 달도 신이었다. 글라우콘은 답한다. "태양신 helios입지요." 제자의 답변은 고대인의 상식에서 보면 아주 자연스런 답이었다. 그런데 소크라테스가 그렇게 당연하고도 상식적인 답변을 듣기 위해 이 빛이 어느 신의 것인지 물었을까? 소크라테스의 물음의 진의는 어디에 있는 것인가?

태양의 비유에서 전개되는 가시계의 인식 과정은 이어 전개될 가지계의 인식 과정을 말하기 위한 준비 작업이었다. 태양이라는 신 덕택에 가시계의 사물을 인식할 수 있다는 이야기는 더 어려운 논의를 쉽게 전하기 위한 사전 포석이다.

가시계에서 태양의 역할을 하는 것이 가지계에도 있을 것이다. 그것이 무엇인가? 놀랍게도 '선의 이데아'란다. 태양이 있어 시각이 대상을 인식할 수 있듯이, 선의 이데아가 있어 지성 reason은 진리를 인식할 수 있단다(국, 508b~c). 이어 선의 이데아에 관한 플라톤의 찬미는 계속된다.

"앎의 대상에게 진리를 부여하고 앎의 주체에게 인식능력을 부여하는 것은 선의 이데아이지. 선의 이데아는 앎과 진리의 원천이라네. 앎과 진리가 아무리 아름답다 해도 선의 이데아는 그보다 더 아름다운 것이지. 빛은 태양에서 나왔으나 태양이 아니듯, 앎과 진리가 선으로부터 나왔으나 선 그 자체가 아니듯 말이야. 선의 이데아는 더 높이 평가되어야 하네."(국, 508e~509a)

왜 선의 이데아가 더 높이 평가되어야 하는 걸까? 소크라테스와 글라우콘은 그들만이 교감하는 대화를 나누고 있다. 혹시 선의 이데아는 신이 아닐까? 글라우콘은 추임새를 넣는다.

"선생님께서는 굉장한 아름다움을 보여주시는군요."(국, 509a)

"선은 위엄과 능력에서 실재를 훨씬 초월하네."(국, 509b)

"아폴론 신이시여, 거 참 대단한 초월이군요."(국, 509c)

7.
실천에 이르는 길,
'동굴의 비유'

신을 만나는 행위, 계몽

'동굴의 비유'는 시작부터 의미심장하다. 여기 지하 동굴이 있다. 빛이 없는 곳이 동굴이고 빛이 있는 곳이 동굴 바깥이다. 동굴의 어둠에서 동굴 바깥의 빛으로 나오는 것이 교육이란다. 그렇다면 플라톤은 교육을 어두운 의식에 빛을 쪼여주는 것 enlightenment, 즉 '의식의 계몽'으로 보고 있는 것이다.

지난 17세기와 18세기에 활동한 계몽사상가들은 신으로부터 독립한 인간의 이성적 자각을 옹호했다. 뚜껑을 열고 보면 계몽사상은 무신론이었다. 근대의 계몽사상이 신에 대한 불경이었다면 플라톤의 계몽은 신을 향한 경건의 계몽이다. 기원전 5세기 소피스트들에 의해 무신론이 설파되었는데, 플라톤의 철학은 이들 소피스트의 불경을 질타하는 종교적 운동이었다. 앞서 살펴본 것처럼 태양의 비유에서 말하는 선의 이데아가 곧 신적 존재였음을 상기해보라.

교육은 '이 세상'에 갇힌 죄수의 손을 잡고 동굴 밖 태양이 비추는 곳 '저 세상'으로 데리고 나가는 것이다. 올바름이 무엇인지, 아름다움이 무엇인지, 좋음을 보게끔 하는 것이다. 빛이 들어온다는 것은 신과 교감한다는 이야기이고, 신의 모습, 신적 특성을 느낀다는 것이다. 플라톤에 있어서 계몽은 신을 만나는 행위다.

동굴의 비유에는 다섯 단계가 설정되어 있다. 쇠사슬에 결박당하여 지하 동굴에 '감금된 단계oikesis'와 '풀려남의 단계lysis'와 '동굴에서 지상으로 올라가는 단계anabasis'와 '태양빛을 보는 단계telos', 그리고 마지막으로 '내려가는 단계katabasis'가 그것이다.

우리는 이 세계에 길들어 있다
—감금된 단계

동굴의 비유는 이곳의 삶이 아닌 다른 삶을 보라는 선포다. 우리는 가끔 지금까지 살아온 자신의 삶을 회의하는 순간을 경험한다. "내가 왜 살고 있지?" "이렇게 사는 게 맞아?" "내가 누구지?" 하지만 그 순간의 회의를 끈질기게 밀고 나가지 못하고 상식의 세계로 다시 돌아온다. 이 세상이 부조리로 가득 찬 동굴임을 인정하는 데에서부터 철학하기는 시작한다. 철학한다는 것은 회의하는 것이요, 전복顚覆하는 것이다.

죄수는 손발이 묶여 있으며 고개를 좌우로 돌리지 못하고 앞만 보게 되어 있다. 이것은 무엇을 의미하는가? 인간은 무지에 묶여 있다. 죄수는 하나의 습관, 하나의 가치, 하나의 관념에 붙들려 살고 있다. 모든 삶의 현장은 동굴이다. 이곳의 삶을 지배하는 규칙들은 모두 사회화의 결과일 뿐이다. 나의 삶, 나의 사유, 나의 행동을 정상적인 삶의 양식으로 받아들이는 것은 그렇게 받아들이도록 내가 길들어왔기 때문이다. 동굴 벽만 보도록 나의 시선이 고정되어 있다는 것은 나의 의식이 그렇게 길들어 있음을 시사한다.

학생에게 동굴의 벽은 시험 성적이다. 적어도 한국의 학생들은 '시험이 없는 나라'를 상상하지 못한다. 이와 마찬가지로 우리 모두는 저마다 하나씩의 동굴을 갖고 있다. 동굴에 갇혀 살면서 동굴에 갇혀 살고 있다는 것을 자각하지 못하고 있다. 그렇게 삶에 중독되어 있다.

플라톤은 삶, 즉 '이 세계'에 중독된 의식의 전환을 호소하고 있다. 장례식장에 찾아가는 우리의 발걸음은 담담하다. 한 명의 지인이 이 세상을 떠난 상황이다. 그런데도 장례식장에서 자신의 죽음을 생각하는 사람은 드물다. 모두가 죽는 것을 보면서도 나는 죽지 않는다고 착각한다. 인간은 오만하다.

동굴의 비유는 인간의 보편적 상황이다. '있음'에 길들어온 인간은 '없음'에 낯설어하며, '차이'에 길들어온 인간의 가치관은 '같음'에 낯설어한다. 이곳의 '있음'이야말로 텔레비전의 드라마처럼 헛된 것이다. 이곳의 '차이'는 학생의 성적표처럼 허상이다. 동굴의 비유는 결코 철인의 상상력이 빚은 공상이 아니다. 삶의 현장이 동굴이다. 동굴의 비유가 오늘날까지도 지속적인 매력을 발하고 있는 이유는, 이 비유가 인간의 삶이 안고 있는 부조리, 모순 상황에 뿌리를 두고 있기 때문이다.

느닷없이 깨닫게 되다
—풀려남의 단계

"그들 가운데 누가 쇠사슬에서 풀려나 갑자기 일어서서 고개를 돌리고 몸을 움직이며 불빛을 쳐다보도록 강요받는다면, 그는 고통을 받을 것이며 광채에 눈이 부셔서 여태까지 보아온 그림자들의 실물들을 바라볼 수가 없을 걸세."(국, 515c~d)

결박은 어떻게 하여 풀리는가? 도대체 무엇이 죄수들로 하여금 수

동적 응시로부터 풀려나게 하는가? 플라톤은 대답하지 않는다. 아기가 어느 날 걷기 시작할 때, 그 걸음에는 1년여의 몸부림이 전제되어 있다. 어떻게 풀림의 사건이 일어날 수 있는가? 플라톤은 어떤 것이 '갑자기' 일어났다고 답할 뿐이다.

봄의 새싹은 오랜 기다림의 시간이 지난 후 별안간 지표를 뚫고 나타난다. 내면에서 진행된 오랜 사유의 축적 위에서 깨달음의 순간은 갑자기 터져 나온다. "그것은 튀는 불꽃에서 댕겨진 불빛처럼 갑자기 혼 안에 생겨납니다."[1] 라고 플라톤이 편지에서 밝혔듯이, 깨달음은 느닷없이 온다. 이 순간을 불교에서는 돈오頓悟라 하고 기독교에서는 회개라 한다. 광야에서 나온 예수가 맨 먼저 주문한 것은 "회개하라! Repent"라는 것이었다. 재탄생하는 것이다. 하지만 상식의 세계는 완고하다. 평범하게 살자고, 주저앉자고 속삭인다. 상식의 세계를 버리고 진리의 세계로 전진하는 것은 두려운 일이다.

인간의 의식은 보수적이다. 새로운 사유 체계를 받아들이는 일은 기존의 사유 체계를 버리는 것을 전제한다. 버리는 것은 두려운 일이다. 세계는 알이다. 태어나려고 하는 자는 하나의 세계를 파괴해야만 한다.

"전에 보았던 것들이 더 진실한 것이라고 생각하지 않을까?"(국, 515d)

소크라테스가 글라우콘에게 묻듯이 인간은 의식의 관성으로부터 자유롭지 못하다. 결박당한 자들이 보고 있는 그림자는, 그림자가 아니다. 죄수에게 그림자는 실재이며, 실재보다 더 뚜렷한 실재이다.

　오직 풀려난 자만이 자신의 결박된 모습을 인지할 수 있다. 그림자가 실재의 그림자에 불과한 것이었음을 인지하는 사람은 동굴 바깥으로 나가본 사람이다. "당신은 동굴 안에 있는가?"라고 물을 때, 죄수는 "아닌데요."라고 말한다. "내가 있었던 곳이 동굴이었소."라고 답하는 사람은 동굴 바깥을 목격한 사람뿐이다. 하이데거는 말한다.

　　"인간존재란 은폐된 것에 의해서 둘러싸여 있음을 뜻한다." [2]

　그림자는 실체의 상(像. image)에 불과한 것인데 동굴 속의 죄수는 그림자를 실체보다 더 리얼한 것으로 인식한다. 그림자와 실체의 역전을 두고 마르크스는 전도된 의식, 혹은 허위의식이라 불렀다. 그는 자본을 숭배하는 노동자의 의식을 허위의식이라 비판했다. 화폐는 인간 노동의 산물인 상품 가치의 특수한 표현에 불과하다. 그런데 이 화폐가 숭배된다. 화폐가 신적 숭배의 대상으로 격상되면서 인간은 물건으로 전락한다. 우리는 물신숭배의 동굴에서 살고 있다. 그렇지 않은가?

진리 인식을 위한
오름길에 오르다
―동굴에서 지상으로 올라가는 단계

플라톤은 언제 결박에서 풀려나는 체험을 했을까? 비극 경연 대회에 출품하기 위해 디오니소스 극장을 향해 가던 길에 플라톤은 소크라테스를 만난 적이 있었다고 한다. 그는 소크라테스의 조언을 듣고 시작에 대한 뜻을 버렸다. 플라톤은 손에 쥐고 있던 작품을 불 속에 던져 넣으며 이렇게 말했다. "헤파이스토스여, 이리로 와주십시오. 플라톤은 지금 당신을 필요로 하고 있습니다." 소크라테스의 제자가 되기로 결심한 스무 살 플라톤의 가슴속에 돈오의 사건이 일어났던 것일까?

플라톤에게 청년기나 혹은 장년기에 '갑자기' 마치 '꿈처럼' 정신적인 세계가 열렸음에 틀림없다. "그는 이후에 정신적 세계의 존재를 단 한 번도 의심할 수 없었고, 그 세계의 앎을 위해 자신의 삶을 밀어 넣었다."[3]

플라톤에게 있어서 진리 인식의 오름길은 가팔랐다. 동굴의 벽에 익숙하던 시야를 동굴의 횃불로 돌리는 과정은 고통스러운 일이었다. 그런데 동굴 밖 태양을 향해 올라가는 과정도 쉽지 않다. 플라톤에 의하면 이 과정은 폭력으로 강제로 추동해야 한다.

하이데거는 이를 다음과 같이 해석한다.

"동굴 밖 은폐되지 않은 것을 향해 나아감은 폭력적으로 일어난다. 의식의 해방은 일종의 폭력적인 해방이다. 올라감은 긴장을 요구하며 고통을 예비한다."⁴

보다 높은 존재에 이르는 철학, 배움은 고통Mathein Pathein인가?

선의 이데아를 보게 되다
― 태양빛을 보는 단계

"햇빛이 비치는 곳으로 나오면 눈이 광채로 가득 차서 아무것도 보지 못할 거야."(국, 516a)

여름날 대낮에 영화를 보고 나온 사람은 경험한다. 어둠에 길들어 있다가 갑자기 밝은 곳에 나오면 눈이 부셔 한순간 아무것도 보지 못한다. 그럴 땐 잠시 눈을 감아야 한다. 플라톤은 어둠에서 밝음으로 눈이 적응하는 과정을 점진적 이행 과정으로 보았다. 수십 년 동안 동굴의 어둠에 길든 눈으로 어떻게 하루아침에 태양빛을 바로 볼 수 있다는 말인가? 진리에 익숙해지는 과정, 곧 철학하는 과정이 요구된다.

플라톤은 몇 개의 단계를 설정한다. 처음엔 사물들의 그림자 혹은 물에 비친 상을 본다. 그다음 사물들의 실재를 보고, 다시 천상의 사물들을 보며, 밤중의 별빛과 달빛을 본다. 그리고 마침내 태양 그 자체를 보기에 이른다.

모든 것을 다스리며 모든 것의 원인이 되는 태양. 이 태양은 플라톤에게 있어서 무엇인가? 이 물음에 대한 답을 얻기 위해 우리는 잠시 '태양의 비유'로 돌아가야 한다. 플라톤은 선의 이데아를 비유적으로 표현하여 가시계의 태양이라 했다. 태양의 빛이 없으면 인간의 눈은 사물의 색깔을 식별할 수 없듯이, 선의 이데아가 없으면 인간의 지성은 가지계의 대상을 파악할 수 없다. 플라톤은 선포한다.

> "인식될 수 있는 것에 진리를 부여하고 인식의 주체에게 인식능력을 부여하는 것이 선의 이데아라네."(국, 508e)

빛은 태양에서 나온다. 태양은 신적인 어떤 것이다. 태양은 빛보다 우위에 있다. 진리는 선의 이데아에서 나온다. 선의 이데아는 신적인 어떤 것이다. 선의 이데아는 진리보다 우위에 있다.

실천으로 세계를 변화시키다
—내려가는 단계

"어떤가? 그는 전에 자기가 살던 곳이
나 그곳에서의 지혜나 당시의 동료 수감자들을 회상하면서 그들을 불쌍히 여
기지 않을까?"(국, 516c)

만일 동굴의 비유가 태양을 관조하는 삶에 머무는 것으로 끝났다면,
플라톤의 철학은 관념적인 철학으로 끝났을 것이다. 철학의 궁극적 존
재 이유는 세계를 변화시키는 데에 있다. 동굴의 비유에서 지상으로
올라간 죄수가 다시 지하의 동굴로 내려오듯, 플라톤이 태양을 보려고
올라간 것은 다시 동굴 속으로 내려오기 위한 것이었다.

우리는 젊었을 때 플라톤의 초월적 경향을 싫어했다. 군사독재가 국
민의 기본권을 유린하는 상황에서 군사독재에 대항하여 투쟁하는 것
은 역사의 소명이었다. 이런 상황에서 현실의 모순에 눈감길 요구하는
사상에 대해 우리는 비판적이었다. 서양에서는 플라톤이 싫었고 동양
에서는 장자가 싫었다. 플라톤은 이 세계에서 저 세계로 올라가길 요
구한다. 상승하자는 거다. 나는 이 상승이 싫었다. 그런데 이번에 공부
해보니 그게 아니었다. 올라가는 것은 내려오기 위한 것이었다. 올라
가는 것이 이론적 탐구라면, 내려오는 것은 실천이다. 플라톤에 있어

서 이론적인 노력은 실천하기 위한 것이었다.[5]

불교에선 중생들을 위해서 동굴 속으로 내려오는 사람을 보살이라고 한다. 산스크리트어 보디사트바^{Bodhisattva}가 한자로 음역되면 보살^{菩薩}이 된다. 깨달음을 얻었으나 열반에 들어가지 않고 중생들과 어울리면서 중생을 제도하는 사람이 보살이다. 보디사트바에서 보디^{Bodhi}는 진리이고, 사트바^{sattva}는 자비이다. 대승불교에선 '상구보리^{上求菩提}하고 하화중생^{下化衆生}하라'고 가르친다. 진리를 찾고, 중생을 구하라는 이야기이다. 진리를 추구하는 마음과 중생을 보살피는 자비심 이 두 가지가 통일되어 있는 개념이 보디사트바, 곧 보살의 개념이다. 동굴을 오르고 내려오는 플라톤의 상승과 하강도 보살의 개념과 유사하다.

소크라테스가 자신의 행복만을 위해 산 철학자였다면 그는 돌조각을 깨며 조용히 살다 조용히 죽었을 것이다. 마치 안경알을 제작하면서 외로운 삶을 산 스피노자처럼. 하지만 소크라테스는 동료 죄수들을 잊을 수 없었다. 다시 동굴 속으로 내려가는 길을 걸었다. 장터에 선 소크라테스, 많은 동료들의 비웃음을 샀다. 동료들의 미망을 깨우쳐주고자 혼신의 노력을 다하는 철학자에게 아테네 시민이 준 것은 죽음이었다.

"위쪽으로 올라가더니 눈이 상해서 돌아왔군. 위쪽으로 올라가려고 하는 것 자체가 잘못이지. 쇠사슬을 풀어주며 위쪽으로 데려가려는 자는 잡아 죽일 수만 있으면 모조리 죽여야 해."(국, 517a)

8.
플라톤, 호메로스를 겨냥하다

'동굴의 비유'는《국가》라는 준봉
의 정상이다. 동굴의 비유에 이르러《국가》의 정상을 보았으면 이제
내려가자. 하산하는 길은 좀 서두르려고 한다. 제8권과 제9권은 정치
체제의 변화에 관한 이야기다.[1] 고대 아테네의 역사를 모르는 사람이
읽기엔 어렵다. 초행자는 지나가자. 제10권에 나오는 '세 가지 침대'
와 '에르의 신화'가《국가》에서 줍는 마지막 두 알의 이삭이다.

플라톤은 세 가지 침대가 있다고 말한다. '이데아로서의 침대', '현
실의 침대' 그리고 '그림 속의 침대'를 설정한다. 침대의 본인 이데아

로서의 침대는 창조주인 신이 만든 것이고, 현실의 침대는 제작자인 목수가 만든 것이며 그림 속의 침대는 모방자인 화가가 만든 것이다.

플라톤에 의하면 실재하는 것은 이데아이다. 현실에 존재하는 사물은 가상^{假像}이다. 현실의 침대가 가상이라면 그림 속의 침대는 가상의 가상인 셈이다. 신은 하나의 침대를 만들었다. 그 침대가 이데아의 침대다. 이 이데아를 보고 만든 목수의 침대가 가상일진대, 이 가상을 보고 그린 화가의 침대는 진리와는 두 단계나 떨어져 있는 허상이다. 여기까지가 플라톤이 제10권에서 펼치는 저 유명한 세 가지 침대 이야기이다. 세 침대 이론을 구상한 플라톤의 내심은 무엇인가?

제10권이 '세 가지 침대'로 시작되는 이유는 무엇인가? 현실의 침대가 가상이고, 그림의 침대는 가상의 모방이라며 자꾸만 화가의 모방 행위를 격하하는 이유는 다른 데 있지 않다. 플라톤이 활시위에 매운 화살의 끝은 화가의 그림을 겨냥한 것이 아니다. 화가의 그림은 시인의 시에 대한 비유이다. 플라톤이 격하하는 화가의 예술 행위는 시인의 시작을 은유한 것이다. 그리고 그 시인은 다름 아닌 호메로스이다. 그러니까 구두장이나 목수는 구두나 침대를 만드는 기술을 알고 있지만 화가는 구두나 침대를 만드는 기술이 없다면서 애꿎게도 화가의 무능을 자주 들추는 것도 사실은 화가의 무능을 겨냥한 이야기가 아니었다. 플라톤이 도마 위에 올려놓고 자근자근 씹고 있는 화가란 곧 시인이었고, 호메로스가 바로 '그 시인'이었다.

제3권에서 호메로스 검열 운동을 전개한 플라톤, 아직도 성이 풀리지 않았나 보다. 제10권에서 플라톤은 호메로스 추방 운동을 전개한다.

"나도 어릴 때부터 호메로스를 사랑했어. 존경도 했고. 하지만 할 말은 해야겠네."(국, 595b~c)

제10권의 서두에 나오는 이 말은 결코 호메로스에 대한 공치사는 아닐 것이다. 아이스킬로스, 소포클레스, 에우리피데스는 아테네인이 자랑하는 3대 비극작가요, 고대 그리스인의 아이돌이었다. 이 비극시인들을 제친 최고 시인이 호메로스였으니, 호메로스의 시는 무엇이었던가? 호메로스의 시는 그리스인의 성경이었다. 공자와 석가모니처럼 호메로스는 인류의 정신을 창조한 이였다.

하지만 플라톤은 그 어떤 인간보다 더 위대한 것은 진리란다. 호메로스의 시가 아무리 위대하다고 할지라도 그것이 진리가 아니라면 폐기되어야 한다. 할 말은 하자. "호메로스를 폐위하라!" 그리고 호메로스를 끌어내려 비게 된 왕좌에 앉힐 것은 진리이고 철학이라고 플라톤은 외치고 있다.

예술은 모방이다. 시도 모방이다. 시인은 모방할 뿐 아무것도 모른다. 리쿠르고스는 스파르타에 법을 제정해주었고 솔론은 아테네에 법을 만들어주었다. 호메로스가 법을 만들어주었던가? 아니다. 탈레스

는 발명을 했다. 호메로스가 발명을 했던가? 아니다. 피타고라스는 제
자들을 훌륭하게 키웠다. 호메로스가 제자를 키웠던가? 아니다. 프로
타고라스는 젊은이들에게 지혜를 전수했다. 호메로스는 지혜를 가르
쳤는가? 아니다. 호메로스가 한 건 모방일 뿐이고 호메로스가 이룬 성
취는 아무것도 없다고 비난하더니 급기야는 외롭게 떠돌아다니며 살
았던 호메로스의 유랑 생활까지 험담한다.

"호메로스가 사람들을 미덕으로 이끌었다면 동시대인들이 그를 음유시인
으로 떠돌아다니도록 내버려두었을까요?"(국, 600d)

아직도 분이 풀리지 않았나? 플라톤의 호메로스 격하 투쟁은 더 나
간다. "시인이 원하는 것은 대중적 인기"(국, 605a)이다. 시인은 혼의 열등
한 부분인 욕망을 자극하는 사람이다. 잠재워야 할 욕망을 자극하여 도
리어 강화시키는 이 시인, "시인을 추방한 우리의 결정은 정당하다."(국,
605b) 애욕과 분노 따위야 시들어야 하는데 시는 자꾸 이것들에게 물을
준단다. 다시 한 번 선언한다.

"시인을 추방한 것은 당연한 일이었다."(국, 607b)

호메로스를 향한 플라톤의 비판은 질투심을 감추지 못했다. 너무 나

갔나? '주인을 향해 깽깽 짖어대는 개' 취급을 당하지 않기 위해 슬그 머니 꼬리를 내린다. "철학과 시는 옛날부터 사이가 나빴다."(국, 607b)라 나 어쨌다나? 이 발언은 호메로스에게 품어온 자신의 질투심을 은폐 하기 위한 입발림이었다.

도덕적 삶을 위한 사생관

마지막으로 '에르의 신화'에 대해 한마디 하자. 제10권 맨 끝에서 꺼낸 에르의 신화는 제1권 맨 앞에서 꺼낸 인간 실존의 물음에 대한 플라톤의 답변이다. 동시에 에르의 신 화는 호메로스적 사생관으로 설명할 수 없었던, 정의로운 삶의 정당성 을 증거하기 위해 고안된 미토스이다.

호메로스에게 저승은 퀴퀴한 냄새가 진동하는 곳, 거처하고 싶지 않 은 곳이다. 호메로스의 사후 세계는 아무 생명력도 없는 곳이다. 뒤에 서 살펴볼 것처럼 저승의 아킬레우스는 개똥밭에 살더라도 이승에 살 고 싶다고 말한다. 호메로스의 세계에서는 인간이 도덕적으로 살 이유 가 없다. 호메로스적 세계관이 지배하는 곳에선 염세주의와 쾌락주의, 도덕적 타락이 불가피하다고 플라톤은 본 것이다. 현세에 잘못을 하면 죽어서 더 큰 벌을 받고, 현세에 착하게 살면 죽어서도 좋은 곳에 갈

수 있으며 신 곁에 갈 수 있다.[2] 그런 새로운 신을 만들어야 도덕적 삶
의 토대가 확보된다. 그래서 고안한 것이 에르의 신화이다.

"하루살이 혼들이여, 죽게 마련인 족속의 죽음을 가져다줄 또 다른 주기가
시작된다. 수호신이 너희를 선택하는 것이 아니라, 너희가 수호신을 선택할
것이다. 첫 번째 제비를 뽑은 자가 먼저 삶을 선택하라. 일단 선택하면 그는
반드시 그 삶과 함께해야 한다. 미덕은 누구의 지배도 받지 않는다. 각자가
미덕을 존중하느냐 경시하느냐에 따라 미덕을 더 많이 갖거나 더 적게 가질
것이다. 책임은 선택한 자에게 있고, 신은 아무 책임이 없다."(국, 617d~e)

여기가 재미있는 대목이다. 저승에서 이승으로 환생하는 과정에서
무엇으로 환생할 것인지 내가 결정한다. 이것이 불교의 윤회와 좀 다
르다. 불교의 인간은 현생의 업보에 따라서 환생한다. 그런데 플라톤
은 윤회의 과정에 인간의 선택, 곧 의지를 설정한다. 그래서 윤리가 필
요한 거다. 더 자세히 설명해보자. 죽음은 필연^{Necessity} 즉 아낭케이다.
저승과 이승의 모든 일이 필연, 아낭케에 의해서 결정된다면 우리는
아무런 고민을 할 필요가 없을 것이다. 그렇기 때문에 플라톤은 현세
로 환생하는 과정에서 현세의 삶을 인간이 선택한다고 설정한 것이다.
레테^{lethe}는 망각이다. 그리스어로 진실이 아레테^{alethe}이다. 'a'는 부정
이다. 그러니까 진실, 아레테는 망각을 깨우친다는 뜻이겠다. 현세로

돌아가기 위해 망각의 들판에 모인 영혼들이 목이 타니까 물을 마신다. 그런데 물을 많이 마실수록 멍청한 사람이 되고, 덜 마시면 머리가 좋은 사람이 된단다. 원래 우리의 정신 속에 진리가 있는데 망각의 물을 많이 마셔 진리를 잊어버렸다는 것, 이것이 플라톤의 상기론想起論이다. 《국가》는 무슨 말로 끝나는가.

"우리는 혼이 불멸하고, 온갖 선악을 감당할 수 있다는 것을 믿고 끊임없이 향상의 길로 나아가면서 지혜와 정의를 추구해야 하네. 그래야만 우리는 이승에 머무르는 동안에도, 경기의 우승자들이 상을 타가듯 우리가 나중에 정의의 상을 탈 때도, 우리 자신이나 신들과 친구가 될 수 있을 것이네. 이승에서나 또한 천 년의 여로에서나 우리는 행복할 수 있을 걸세."(국, 621c~d)

II

호메로스, 그리스 정신을 대변하다

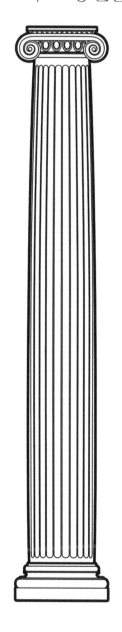

《일리아스》와 《오디세이아》를 쓴 것으로 알려진 호메로스는 고대 그리스인의 종교와 사상에 가장 중요한 영향을 미친 사람이라 할 수 있다. 그런데 시인 호메로스는 후대의 철학자 소크라테스와 플라톤으로부터 배격을 당했다. 앞에서 살펴보았듯이, 그가 묘사하는 신이 도덕적이지 못하다는 것이 배격의 이유였다.

　하지만 호메로스로서는 억울할 노릇이다. 선과 악, 정의와 불의, 도덕성과 부도덕성은 인간의 특정 관점에 기준을 둔 규정인데 호메로스의 신은 그것들을 넘어선, 그야말로 신적인 존재이기 때문이다. 우리는 호메로스의 시를 읽을 때 호메로스의 신이 인간의 합리적 사유와 도덕적 판단을 초월한다는 것을 염두에 두어야 한다.

호메로스의 작품을 읽을 때에 주목해야 할 다른 한 가지는 그의 작품이 신화가 본격적으로 문학과 철학 그리고 역사로 분화되기 이전에 나왔다는 사실이다. 그러한 이유로 호메로스의 작품에는 고대 그리스인의 신관, 인생관, 세계관은 물론 고대 그리스의 역사가 고스란히 담겨 있다. 따라서 호메로스의 작품을 문학으로만 이해하는 것은 일면적이다.

이에 따라 《일리아스》를 재미있게 읽기 위해서는 먼저 호메로스의 세계관을 이해해야 한다. 플라톤의 신이라 할 '선의 이데아'와 달리 호메로스의 신들은 인간사에 개입하여 사사건건 방해를 하곤 한다. 호메로스는 인간사가 인간의 합리적 판단대로 전개되지 않는 이유가 신들의 개입에 있다고 보는 것이다. 하지만 신이 만드는 비극에도 불구하고 호메로스의 작품에 등장하는 인물들은 비극의 고통을 한가운데로 통과하는 낙천성을 보여준다.

한편 《오디세이아》는 한 영웅의 실존 드라마라고 형용할 수 있는 작품이다. 고대 그리스인들은 오디세우스의 모습을 본받아야 할 인물의 전형으로 여겼다. 탁월한 영웅 오디세우스는 하늘에 닿은 명성을 얻고도 살아남아 장수의 복까지 누렸기 때문이다. 게다가 그가 떠도는 동안 많은 여성들이 오디세우스와 사랑에 빠진다. 그의 매력 탓일 게다. 그러한 탁월성에도 불구하고 오디세우스는 신이 되기를 마다하고 필멸의 인간으로 남기를 택한다. 그는 자유인이었기 때문이다.

우리가 《일리아스》와 《오디세이아》에서 읽게 되는 신들에 관한 이야기에는 고대인의 사유가 반영되어 있다. 이 신관은 기독교의 신관과 달리 자유롭다. 그리고 호메로스의 신들은 도덕적이라기보다는 인간의 친근한 동반자의 모습이다. 호메로스의 신들은 인간을 통해 뜻을 집행하고 있는 것이다.

《일리아스》와 《오디세이아》에는 고대 초기 그리스의 상황이 풍부하게 담겨 있다. 고대 초기 국가의 형태나 민중들의 삶의 모습을 이 작품들을 통해 짐작할 수 있다는 뜻이다. 그뿐만 아니라 이 작품들에는 고대 그리스인의 의식이 반영되어 있기도 하다. 《일리아스》와 《오디세이아》를 읽으며 고대 초기 그리스의 상황에 대해 퍼즐 맞추기를 해보는 것도 또 하나의 즐거움이 될 것이다.

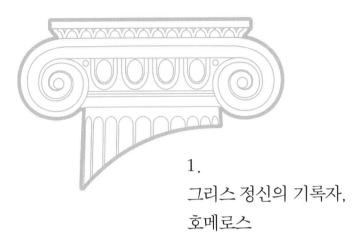

1.
그리스 정신의 기록자,
호메로스

호메로스의 고향은 터키?

마빈 페리Marvin Perry와 앨런 스콜Allan H. Scholl의 《세계사History of the World》는 오늘날 미국의 고등학생들에게 널리 읽히고 있는 교재이다. 이 책은 호메로스의 서사시를 이렇게 소개한다.

그리스인의 종교와 사상에 가장 중요한 영향을 미친 사람들 중의 한 명이 시인 호메로스였다. 아마도 그는 기원전 8세기에 살았을 것이다. 호메로스의 삶에 대해 알고 있는 이는 아무도 없다. 전설에 따르면 호메로스는 맹인이었다. 그는 오늘날의 터키에서 살았다.[1]

호메로스의 고향²은 스미르나라고 한다. 오늘날 터키에서 두 번째로 큰 항구 이즈미르의 옛 이름이 스미르나이다. 우리는 호메로스가 그리스인의 조상이라고 알고 있는데, 왜 그의 고향이 터키에 있을까? 이와 마찬가지의 의문이 탈레스의 경우에도 생긴다. 탈레스의 고향 밀레투스는 오늘날 터키 국경 안쪽에 있다. 《일리아스》의 무대인 트로이 역시 오늘날 터키 지역에 속해 있다.

나는 2008년 트로이를 찾아가면서 내가 왜 터키를 가는 것인지 그 이유를 몰랐다. 스미르나와 밀레투스와 트로이에 관련된 혼선은 모두 현대의 국경 개념으로 과거의 역사를 재단하는 데서 발생하는 오류였다. 고대 그리스인들은 오늘날 근대 국민국가 그리스³의 강토와는 비교되지 않을 만큼 광대한 영역을 경영하고 있었다. 동쪽으로는 터키의 서쪽 해안⁴과 인근 섬들을 경영했고 서쪽으로는 이탈리아반도 남부와 시칠리아섬을 경영했다. 그러니까 펠로폰네소스반도에 거주하던 헬라스인은 척박한 땅을 떠나 지중해 전역에 흩어져 있는 섬들을 침공하여 식민지 개척을 한 야심가들이었다.

고향은 부모님이 계시는 곳이어서 젊은이들이 자유롭지 못하다. 고향은 전통이 서식하는 곳이다. 하지만 고향을 떠나 타지에 진출한 젊은이들은 자유롭다. 인습에 얽매이지 않는다. 더더욱 상공업은 그 발달의 과정에서 필연적으로 미신적 사고를 버리고 과학적 사고를 키우도록 사람들을 종용한다. 이오니아에서 시와 철학이 발달한 연유를 학자들은 이렇게 풀이한다.

서사시의 본격적인 전개와 발전은 소아시아의 서쪽 해안과 그 앞에 놓인 작은 섬들을 중심으로 이루어졌다. 기원전 10세기 이전에 그리스 혈통의 사람들이 이미 여기에 정착하여 살고 있었다. 그리스 상고기 전체를 통틀어 이오니아 사람들은 다른 그리스 지역 사람들보다 일반적으로 한 단계 더 앞서 나아갔다. 이주민의 후예들은 힘차고 개방적이며 진취적이었으며, 그리스 본토 사람들보다 더 빠르게 성장했다.[5]

근대 국민국가 그리스의 국경을 기준 삼아 고대 그리스인들의 활동 영역을 재단하지 말자. 터키의 서쪽 해변 이오니아 지역과 이탈리아반도 남부와 시칠리아섬에 이르는 지역이 모두 고대 그리스인의 활동 영역이었다.

《일리아스》와
《오디세이아》의 성립 과정

지금 우리는 천병희가 한국어로 옮긴 《일리아스》와 《오디세이아》를 읽고 있다. 천병희는 그리스어로 쓰인 텍스트를 보고 두 작품을 우리말로 옮겼을 것이다. 그 그리스어 텍스트는 언제 책으로 확정되었을까? 인쇄된 책의 원형은 1488년 이탈리아 피렌체에서 최초로 확정되었다[6]고 한다. 그러면 소크라테스와 플라톤이 어린 시절 읽은 호메로스의 서사시는 어떤 형태의 텍스트였을까? 양피지에 적힌 두루마리 필사본이었다. 기원전 6세기 피시스트라투스는 호메로스의 서사시를 대량으로 유포했다.

그러면 호메로스의 서사시가 양피지의 텍스트로 확정된 최초의 시기는 언제인가? 학자들은 《일리아스》는 기원전 750년 무렵에 쓰였고, 《오디세이아》는 그 이후에 쓰인 것으로 추정한다. 원래 《일리아스》와 《오디세이아》는 입에서 입으로 전승되어온 구송시[7]이다. 그러니까 호메로스는 이들 구송시를 모아다 한 편의 텍스트로 집대성한 시인이었다.

그리스에는 두 종류의 시인이 있다. 호메로스처럼 창작하는 시인을 아오이도스[aoidos][8]라 하고, 확정된 텍스트의 시를 암송하고 다니는 시인을 랍소도스[rapsodos]라 한다. 관객 앞에서 고수의 북소리에 맞춰 흥부가를 부르는 우리의 소리광대, 가객은 그리스의 랍소도스에 해당한다. 플라톤의 대화록 《이온》은 이 랍소도스에 대해 꽤 유익한 정보를 준다.

소크라테스는 곱게 차려입고 호메로스의 시를 읊는 랍소도스의 직업이 부럽다면서 이렇게 묻는다.

"음유시인은 시인의 사상을 청중에게 전달해야 하는데, 시인의 말뜻을 알아차리지 못하면 어떻게 그 일을 제대로 해낼 수 있겠소?"[9]

여기에서 소크라테스가 말하는 '음유시인'은 랍소도스이고, '시인'
은 창작하는 시인 즉 아오이도스이다. 음유시인 이온은 말한다.

"내 그대에게 솔직히 말하겠소. 슬픈 이야기를 할 때면 내 두 눈에는 눈물
이 가득 고이고, 두렵고 무서운 이야기를 할 때면 나는 모골이 송연하고 가슴
이 팔딱팔딱 뛴다오."[10]

호메로스의 서사시를 직업적으로 부르고 다니는 음유시인들을 호머
리대homeridae라 한다. 호메로스의 서사시를 완창하려면 어린 시절부터
집중적으로 암송 훈련을 받아야 할 것이다. 우리의 판소리에도 지방에
따라 동편제와 서편제가 있듯이 상상컨대 트로이전쟁에 관한 서사시
도 여러 판본으로 전승되고 있었을 것이다. 여러 판본의 이야기들을
한데 모으고 통일된 문체와 플롯으로 서사시를 재구성한 사람, 입으로
전하는 이야기를 모아 텍스트로 전환시킨 과정의 한 중심에 있던 사람
이 호메로스였다. 짐작컨대 호메로스는 부르고 필경사들이 받아 적었
을 것이다.

2대 서사시의 작자 논쟁

《일리아스》와 《오디세이아》가 호
메로스라 부르는 시인의 단독 작품인가 하는 물음[11]이 있다. 1795년
독일의 호메로스 연구자 볼프[Wolf][12]는 선언한다. 호메로스의 두 서사시
가 단일 인물의 작품이라는 견해는 하나의 신화에 불과하며, 두 서사
시는 여러 명의 시인들이 짜깁기하여 만든 작품이라고 말이다.[13] 분석
론자인 볼프의 주장은 명확하다. 호메로스는 글을 모르는 시대에 산
인물이었고, 그의 서사시는 입에서 입으로 전달된 구송시라는 것이다.
그렇다고 하면 저 방대한 서사시를 어떻게 한 사람이 기억하고 암송할
수 있겠는가? 호메로스의 서사시를 호메로스라는 단일 인물의 작품으
로 볼 것이 아니라, 여러 가객에 의해 전승되어오다가 글자를 쓰기 시
작한 이후 특정 시기에 오늘의 텍스트로 집대성된 것으로 보아야 한다
는 것이다.

유럽은 호메로스라고 하는 지존을 옥좌에서 끌어내린 볼프 앞에서
떨었다. 호메로스의 두 서사시를 단일 인물의 작품으로 보는 단일론자
들은 둘 중의 하나를 입증하지 않으면 안 되었다. 글쓰기가 호메로스
의 시대만큼 오래된 것임을 입증하거나, 인간이 방대한 분량의 시를
기억해두었다가 그 내용을 틀리지 않고 그대로 말할 수 있다는 것을
입증해야 했다. 어느 쪽도 당시엔 입증할 수 없었다.

패리^{Milman Parry}는 호메로스 연구에 있어서 전환점을 마련한 인물이다. 패리의 연구[14]에 의하면 호메로스는 서사시를 작성하기 위해 굳이 글쓰기 능력을 갖출 필요가 없었다. 패리는 세르비아의 구송 서사시들을 광범하게 수집하여 기록했다.[15] 이 기록을 통해서 볼프가 제기한 물음에 대해 반박했다. 세르비아의 가객에 관한 연구 결과 공식구의 도움을 받으면 구송을 무한히 길게 할 수 있음이 입증되었다.

호메로스는 구송 전승의 절정기와 기록문학의 도입기에 살았다는 의미에서 과도기의 인물이다. 호메로스의 창작 양식은 처음부터 끝까지 엄격히 구송시의 양식이다. 그러던 그가 늘 구송하던 것을 펜을 들어 기록한다는 것은 하나의 변화를 가정한다.

기원전 8세기 말 무렵에 축제가 대중화되었다. 호메로스는 축제에서 자신의 작품을 보여주고자 했을 것이다. 그런데 그의 걸작을 완창하려면 적어도 두 주가 걸린다. 사흘 동안 진행되는 축제에서 서사시의 완창은 극복할 수 없는 문제였다.[16] 만일 《일리아스》와 《오디세이아》가 호메로스 당대의 축제 공간에서 공연되었다고 한다면, 여러 명의 가객들에 의해 공연되었음이 틀림없다. 그런데 가객들이 저마다 자기 방식대로 시를 재창조한다면 시의 통일성은 상실된다. 따라서 호메로스가 자신의 작품을 공연에 올리기 위해 제자들을 훈련했을 것이다.[17] 학생을 훈련하기 위해서 고정된 텍스트가 요구되었다. 호메로스는 불러주었고, 서기는 받아 적었고, 학생들은 배웠다. 이렇게 하여 구승문학과 기록문학은 결합되었다.

한 명의 가객이 평상시보다 느린 속도로 노래하면서 자신의 대본을 서기더러 받아쓰게 하는 작업은 그 나름의 이점을 갖는다. 받아쓰게 하는 가객은 대본을 자주 정정할 수가 있다. 호메로스는 받아쓰기의 이점을 많이 누렸을 것이다. 모든 구승문학에 묻어 있는 사소한 실수와 불일치가 호메로스에겐 놀랍게도 적다. 호메로스의 탁월성은 받아쓰기의 신중한 속도와 연관되어 있을 것이다. 《일리아스》와 《오디세이아》는 한 개인이 만든 심오한 창작이다.

2.
비극을 넘어선
낙관의 세계, 《일리아스》[1]

최고의 책 《일리아스》

　　한 권의 책이 10년의 세월을 넘겨 독자의 사랑을 받는다는 것이 얼마나 힘든 일인지. 작가들은 그 세월의 의미를 안다. 세월과 함께 인심이 변하고, 인심이 변하면서 베스트셀러의 영광을 누리던 책도 쓰레기가 된다. 3,000년의 세월을 넘기고도 사랑을 받는 책이 있다면 우리는 그 책에 예우를 표해야 한다. 그것은 책이 아니다. '책의 신'이다.

　　동양 문명권에서 '책의 신'은 《시경》이다. 《논어》를 뒤적이면 공자가 아들에게 "《시경》을 읽었는가? 《시경》을 읽지 않으면 사람 구실을 할 수 없다." 하고 말하는 대목이 나온다. 《맹자》를 뒤적이면 《논어》에 대한 언급은 없고 《시경》이 언급된다. 그런데 우리는 《시경》을 가까이하기 힘들다. 《시경》이 동양 문명 최고最古의 책이지만 과연 최고最高의 책이기도 할까? 확언하기 곤란하다.

서양 문명권에서 책의 신은 《일리아스》이다. 소크라테스의 제자 크세노폰이 남긴 이야기에 따르면 고대 그리스의 소년들은 호메로스의 시를 암송하며 자랐다 한다. 아마 소크라테스도 호메로스의 시를 암송하며 자랐을 것이며, 플라톤 역시 호메로스의 시를 암송하며 자랐을 것이다. 물론 소크라테스·플라톤은 《국가》에서 호메로스의 시를 배격했다.

그렇다면 《일리아스》가 최고最古의 책이자 최고最高의 책이라고 말할 수 있을까? 기원전 330년 알렉산드로스대왕 시절 그리스의 통치 하에 놓인 이래 이집트인들은 일천 년 동안 그리스어로 글을 썼다. 지금도 사막의 모래 밑에서 파피루스 고문헌들이 출토되고 있는데, 이 고문헌들은 호메로스가 얼마나 막강한 영향력을 발휘하고 있었는지 잘 보여준다.

1963년경 그동안 출간되어온 파피루스 문헌들을 세어보니 총 1,596권이었다.[2] 그 1,596권 중 거의 절반이 《일리아스》와 《오디세이아》였다. 《일리아스》는 《오디세이아》의 세 배에 달했다. 《일리아스》가 600여권, 《오디세이아》가 200여 권 출토되었다는 것이다. 웅변가 데모스테네스의 책이 83권, 에우리피데스의 책이 77권, 헤시오도스의 책은 72권 출토되었다. 플라톤의 책은 42권, 아리스토텔레스의 책은 8권이 출토되었다.

이쯤 되면 《일리아스》를 최고의 책이라고 부르는 데에 동의하지 않기란 힘들 것이다. 그런데 이 최고의 책 《일리아스》를 처음부터 끝까지 정독해낸 독자는 많지 않을 것이다. 이유가 있다. 첫째, 영웅들의 이름이 생소하다. 둘째, 전투 이야기가 지루하다. 셋째, 신들의 이야기가 멍멍하다.

그리하여 나는 《일리아스》에 쉽게 접근하는 하나의 방안을 제안한다. 먼저 아킬레우스가 《일리아스》의 주인공이라는 고정관념을 버리자. 그리고 헥토르를 《일리아스》의 주인공으로 설정하고 그를 따라 내용을 읽어나가 보자. 제3권 '맹약' 편과 제6권 '헥토르와 안드로마케의 만남' 편을 먼저 읽자고 나는 제안한다. 두 권을 통해 우리는 헥토르와 안드로마케의 애절한 모습을 만날 것이다. 이어 제10권 '돌론의 정탐' 편을 읽은 다음 제16권 '파트로클로스의 죽음' 편을 읽자. 이렇게 건너뛰어 읽어가다 보면 헥토르를 중심으로 하는 《일리아스》의 줄거리가 쉽게 손에 잡힐 것이다.

아킬레우스가 《일리아스》의 무대에 본격적으로 등장하는 것은 파트로클로스가 죽고 난 후 제19권부터이다. 제3권과 제6권, 제10권과 제16권을 읽었으면 이제 처음으로 돌아가자. 제1권 '역병' 편을 읽고, 건너뛰어 제9권 '아킬레우스에게 사절을 보내다' 편을 읽고, 제19권 '아가멤논과 화해하는 아킬레우스' 편을 읽자는 것이다.

이제 제22권 '헥토르의 죽음' 편에서 《일리아스》의 두 주인공 아킬레우스와 헥토르의 대결이 펼쳐진다. 이어 마지막인 제24권 '몸값을 주고 헥토르의 시신을 돌려받다' 편을 읽으면 된다. 전체 24권 중 9권을 먼저 읽자. 그래도 입문자가 《일리아스》의 맛을 느끼기에는 충분할 것이다.

방해하는 신들

제3권 '맹약' 편은 파리스가 메넬라오스에게 일대일 결투를 신청하며 그 내용이 시작된다. 헬레네의 남편인, 기생오라비 같은 파리스가 스파르타의 왕 메넬라오스에게 결투를 신청하기까지는 헤아릴 수 없이 많은 전사들이 죽어갔을 것이다. 이 전쟁이 한 여인의 납치에서 비롯된 것이라면 전쟁을 초래한 장본인 파리스가 자신의 목숨을 걸고 좌우간 결판을 내야 하는 것 아닌가? 이런 문제 제기가 파리스의 귀에 수도 없이 들렸을 것이다.

그를 보고 헥토르가 꾸짖었다.

"가증스런 파리스여, 외모만 멀쩡하지 계집에 미친 유혹자여! 너는 차라리 태어나지 말았거나 장가들기 전에 죽었어야 해. 며느리인 미인을 데려와 네 아버지와 도시와 모든 백성들에게는 큰 고통이, 적에게는 기쁨이, 그리고 너 자신에게는 굴욕이 되게 했더란 말이냐? 어서 메넬라오스와 맞서지 못하겠 느냐?"(3, 39~52)

헥토르가 두 진영의 중간에서 결투의 요청을 전달한다. 아가멤논과 프리아모스가 새끼 양의 목을 쳐서 제우스에게 맹약한다. 창과 방패를 든 전사들이 결투를 벌인다. 심각한 순간들이다. 그런데 '맹약'은 온데 간데없고 이날의 결투는 파리스와 헬레네의 밀애로 끝난다. 어찌된 일 인가? 이날의 맹약대로 일대일 결투에 의해 전쟁이 종료되었다면 트 로이전쟁의 비극은 더 길게 이어지지 않았을 것이다. 왜 인간사는 인 간의 합리적 판단대로 전개되지 않는가? 이것이 《일리아스》 전편에 녹 아 있는 호메로스의 물음이다. 신이 인간사에 개입하여 사태의 흐름을 뒤틀어놓는다[3]고 호메로스는 풀이한다.

아프로디테는 위기에 처한 파리스를 안개에 감싸 피신을 시켜버린 다. 아프로디테의 개입은 일대일의 결투에 의해 전쟁을 끝장내버리려 던 인간들의 의지를 뒤틀어 놓는다. 아프로디테는 헬레네에게 남편의 침상에 오르라고 유혹한다. 그런데 지금 헬레네는 괴롭다. 헬레네의 가슴에는 전남편 메넬라오스에 대한 그리움이 일고 있었으며, 동시에 자신의 불장난을 질책하는 트로이 여인들의 손가락질이 가슴을 아프게 한다. 메넬라오스가 이길 경우 그가 맹약에 따라 자신을 다시 데려가게 되는 상황이 눈앞에 벌어지고 있는 것이다. 이 국면에서 파리스 곁에 가 잠 시중을 들라고?

아무리 달콤한 것이 남녀의 사랑이라지만 인간은 즐거움의 원리대로만 살 수 없는 존재이다. 인간의 삶에는 즐거움의 원리와는 또 다른 도덕의 원리가 있다. 트로이의 여인들이 두 남녀의 밀애를 인지한다면 헬레네에게 무엇이라고 손가락질할 것인가?

호메로스의 신은 인간 위에 군림하는 절대적 지배자가 아니었다. 헬레네는 아프로디테에게 대든다. "당신이나 파리스의 잠 시중을 들어라. 나는 그렇게는 못 하겠다." 호메로스의 신은 인간의 내면에서 울려나오는, 자신의 의지에 반대되는 또 다른 음성이 아닐까? 여신의 화는 무섭다.

"나를 자극하지 마라. 무모한 여인이여! 내가 성나는 날에는 그대를 버릴 것이고 그대는 비참한 운명을 맞게 되리라."(3. 414~417)

아프로디테는 사랑과 아름다움의 여신이다. 헬레네는 겁이 났다. 아프로디테에게 버림받는 날은 곧 자신의 눈부신 미모와 모든 매력이 시드는 날이다. 할 수 없이 면사포로 얼굴을 가리고 남들의 눈에 띄지 않게 여신의 뒤를 따라갔다.

전쟁터에서 결투를 하다가 도망쳐 나온 남편 파리스를 본 여인의 심
리 또한 복잡하다. "죽고 말지 왜 도망쳤어요? 다시 가세요." 하지만 남
편을 아끼는 마음도 없지 않다. "그대가 메넬라오스와 일대일로 싸우
거나 무모하게 덤비는 일은 그만두라고 권하고 싶네요."(3. 434~435)

맹약을 깨고 싸움터에서 도주한 파리스, 정말 뻔뻔하다.

"우리 잠자리에 누워 사랑이나 즐깁시다. 일찍이 이렇듯 욕망이 내 마음을
사로잡은 적은 없었소."(3. 441~442)

신이 내린 선물은 물리쳐서는 안 된다. 파리스에게 헬레네는 여신이
준 선물이었다.[4]

전쟁터에서도 이처럼 사랑의 밀회를 나누는 파리스의 낙천성, 정말
솔직하다. 호메로스가 묘사하는 인간의 낙천성은 삶의 고통을 외면하
며 사는 졸부의 천박한 낙천성이 아니다. 삶의 지독한 비극을 있는 그
대로 보고 그 지독한 고통의 한가운데를 통과하는 자가 발휘하는 낙천
성이다.

스카이아이 성벽 위에서 아들의 싸움을 내려다보는 프리아모스가 헬
레네에게 뭐라고 하던가? "이리 오너라. 아가! 내 앞에 앉아 네 전남편
과 친척들과 친구들을 보도록 해라."(3. 162~163) 프리아모스는 이 전쟁에
서 50명의 자식들을 다 잃는 비극의 왕이다. 며칠 뒤엔 총애하는 아들

헥토르마저 아킬레우스의 밥이 된다. 이 모든 비극은 며느리 헬레네에게서 비롯되었음이 분명하다. 그런데 프리아모스는 말한다.

"네게는 잘못이 없다. 잘못은 신들에게 있다."(3. 164~165)

프리아모스의 경지는 세상을 외면하여 얻는 초탈이 아니었다. 눈앞에서 사랑하는 아들들이 죽어가는 것을 보면서도 이 모든 고통을 껴안는 늙은 왕의 초탈이다. 헥토르가 죽고 아들의 시신을 찾으러 가면서 프리아모스가 뭐라고 말하던가. "나는 참으로 불행한 사람이다. 드넓은 트로이에서 나는 가장 훌륭한 아들들을 낳았건만 그중 한 명도 안 남았으니 말이다. 신과 같은 메스토르도, 전차를 타고 싸우는 트로일로스도, 인간들 사이에서 신이었던 헥토르도 가고 없구나."(24. 255~258)

호메로스가 읊는 삶은 비극의 바다 위에 외롭게 떠 있는 낙천의 섬이다. 범상치 않다.

"만일 어떤 사람이 날카로운 청동에 맞거나 찔리지 않고 싸움터의 한가운데를 두루 돌아다닐 수 있다면, 그는 이때 싸움터에 들어가 보고 어느 편도 못 싸웠다고 비난하지는 않았으리라. 수많은 트로이인들과 아카이오이족이 이날 얼굴을 먼지 속에 처박고 나란히 누워 있었으니 말이다."(4. 539~544)

사실주의적 문필가 호메로스

《일리아스》는 처음부터 주검의 협곡이다. 이곳을 통과하지 않으면 신과 영웅들의 대서사시를 감상할 수 없다. 제4권 '맹약의 위반'에서 피에 굶주린 전신戰神의 파노라마는 시작된다. 맨 먼저 안틸로코스가 에케폴로스를 죽인 것이 죽임 1호이다. 웬만한 해부학자도 흉내 내기 힘들 만큼 인체에 관한 호메로스의 지식은 정밀하다.

> "안틸로코스가 먼저 창을 이마로 밀어 넣자, 청동 창끝이 뼛속을 뚫고 들어갔다. 그리하여 어둠이 에케폴로스의 두 눈을 덮자 그는 탑처럼 쓰러졌다."(4. 459~462)

플라톤의 죽음은 영혼의 풀려남이었으나, 호메로스의 죽음은 육신에 검은 어둠이 내리는 것이었다.

아이아스가 창을 들었다. 목표는 시모에이시오스. "청동 창이 그의 어깨를 뚫고 나가자 포플러나무처럼 그는 땅 위 먼지 속에 쓰러졌다."(4. 481~483) 아이아스의 창이 시모에이시오스의 오른쪽 가슴 위 젖꼭지 옆을 뚫은 순간 창끝의 시린 아픔이 나의 폐부에 전해진다. 호메로스가 그려내는 전신의 잔혹은 점입가경이다.

"페이로오스가 그의 배꼽 옆을 찌르자 창자가 모두 땅 위로 쏟아졌고, 어둠이 그의 두 눈을 덮었다."(4. 524~526) 디오레스를 죽인 페이로오스도 살아 돌아가지 못한다. 죽고 죽이는 살육의 연속이 《일리아스》이다. 호메로스는 트로이인들과 아카이오이족이 얼굴을 먼지 속에 처박고 나란히 누워 있었다고 담담하게 적을 뿐이다.

제5권 '디오메데스의 무훈' 편에서도 죽음의 행렬은 계속된다. 그것은 신들의 장난이었다. 다시 한 번 호메로스의 해부학이 전쟁의 냉혹을 묘사한다. "메리오네스가 그의 오른쪽 엉덩이를 치자, 창끝이 곧장 방광을 지나 치골 밑을 뚫고 나왔다."(5. 65~67) 잔혹하다. 헌데 이 죽음은 또 무엇이란 말인가.

"날카로운 창이 이빨 사이를 뚫고 나가며 혀뿌리를 잘랐다. 페다이오스는 차가운 청동을 이빨로 깨문 채 먼지 속에 쓰러졌다."(5. 73~75)

죽음의 순간, 사람의 눈에 무엇이 보이는가? 산 사람은 보지 못하고 죽은 사람은 말이 없다. 호메로스는 삶과 죽음의 경계를 오고간 시인이었다. 제5권에서 "두 눈은 검은 죽음과 강력한 운명이 내리 덮쳤다."(5. 83)라고 했고, "칠흑 같은 밤이 그의 두 눈을 내리덮었다."(5. 659)라고 호메로스는 기술한다. 죽음은 밝음이 아닌 어둠으로, 흰 빛깔이 아닌 검은 빛깔로, 낮이 아닌 밤으로 묘사되고 있다. 인간의 살해 장면을 이토록 사실적으로 묘사하는 호메로스의 철학적 의도는 무엇일까?

"인간은 나뭇잎과 같아서 불꽃처럼 타오르는가 하면, 때로는 생명을 잃고 시들어간다."(21. 464~466) 삶의 무상함을 보라는 건가? "그들은 서로 덤벼들어 죽였고 어느 편도 패주를 생각지 않았다."(16. 770~771) 삶의 맹목성을 보라는 건가? "대지 위에 숨 쉬며 기어 다니는 만물^{萬物} 중에서도 인간보다 더 비참한 것은 없다."(17. 446~447) 인간존재의 타고난 비참을 자각하라는 것인가?

《일리아스》의 주인공은 아킬레우스이지만, 호메로스가 가장 사랑하는 영웅은 트로이의 헥토르인지 모른다. 동생 때문에 터진 이 전쟁을 치르면서도 동생을 보호해주는 형의 위치를 잊지 않는다. 왜 그도 번민이 없었겠는가?

아버지 프리아모스가 애원했다. "헥토르야, 내 아들아! 제발 아킬레우스와 맞붙지 마라. 그는 너보다 훨씬 강하다. 성벽 안으로 들어오너라, 내 아들아! 이 가련한 아비를 불쌍히 여겨라!"(22. 38~59) 노인은 손으로 머리에서 흰 머리털을 쥐어뜯었으나 헥토르의 마음을 움직일 수 없었다.

이번에는 또 어머니가 눈물을 흘리며 애걸했다. 옷깃을 풀어헤쳐 젖가슴을 드러내 보였다.

"헥토르야, 내 아들아! 이 젖가슴을 두려워하고 나를 불쌍히 여겨라. 내 일찍이 네게 근심을 잊게 하는 젖을 물린 적이 있다면. 내 아들아! 그 일을 생각

하고 성벽 안에 들어오라. 선두에서 그와 맞서지 마라."(22. 82~85)

아버지가 말리고, 어머니가 말린다. "아아! 내가 만일 성벽 안으로 들어간다면 폴리다마스가 맨 먼저 나를 꾸짖겠지. 하지만 만약 내가 아킬레우스를 찾아가서 헬레네는 물론이고, 알렉산드로스가 트로이로 가져온 모든 재물들을 아트레우스의 아들들에게 내주고 이 도시의 모든 것을 양분南分하겠다고 약속한다면?"(22. 109~118)

죽음 앞에서 누구나 약해진다. 공동체의 수장으로서 그에 걸맞은 영웅적 행동을 해야 하지만, 죽음은 속삭인다. "이상을 버리고 현실을 택해!" 아킬레우스에게 쫓기면서 성을 세 바퀴나 도는 헥토르의 번뇌를 보라.

"하나 내 마음은 왜 이런 생각을 하는 것일까? 내가 그를 찾아가더라도 그는 나를 동정하거나 존중하기는커녕 내가 무구들을 벗자마자 벌거벗은 나를 아무 거리낌 없이 그 자리에서 여자처럼 죽이고 말 것이다. 지금은 처녀 총각이 서로 밀어密語를 속삭이듯, 그와 밀어를 속삭일 때가 아니다. 되도록 빨리 어우러져 싸우는 편이 더 나을 것이다! 올림포스의 제우스께서 누구에게 명성을 주실지 어디 보자꾸나."(22. 122~130)

3.
신이란 어떤 존재인가?

《일리아스》에 나타난 신의 개념

호메로스 읽기의 장애물

호메로스가 서술하는 신들의 이야기가 나에겐 귀신 씻나락 까먹는 푸닥거리로 들리던 때가 있었다. 나는 아예 신들의 이야기는 건너뛰면서 《일리아스》를 읽은 적도 있었다. 내가 호메로스의 신에게 마음의 문을 열게 된 것은 호메로스의 일관된 리얼리즘 때문이었다. 죽음의 장면을 그려나가는 호메로스의 묘사는 앞서 확인했듯이 현대의 해부학 전문의를 뺨친다.

죽고 죽이는 살육의 연속이 《일리아스》가 전해주는 이야기의 전부이다. 우리의 문호 호메로스는 담담하게 적었다.

"트로이인들과 아카이오이족이 이날 얼굴을 먼지 속에 처박고 나란히 누워 있었다."(4. 544)

호메로스 문학이 우리에게 말하고자 하는 삶의 진실은 무엇일까? 진실은 주검과 함께 입을 다물고 있을 뿐이다.

나는 곰곰이 생각했다. 신의 존재를 당연시했던 고대인들의 사유, 과연 이게 미신일까? 과연 그들의 사유가 비과학적이라고 단정할 수 있는 것인가? 도리어 신의 존재에 대해 아무 '생각 없음thoughtlessness'의 상태에 있다는 것이야말로 과학에 중독된 현대인의 또 다른 문맹이지 않을까? 고대인들이 신을 통해 세계와 소통했다면 현대인들은 그들이 무소불위하다고 생각하는 과학으로 인하여 그만큼 세계와 단절된 삶을 살고 있는 것은 아닐까?

호메로스 독해의 장애물은 과학만이 아니었다. 호메로스의 신에 대한 뿌리 깊은 나의 불신은 기독교의 유일신 사상에 터를 잡고 있었다. 어렸을 때 교회로부터 배운 여호와 하느님에 관한 신앙이 나의 호메로스 독해를 방해하고 있었다. 이태수는 이렇게 말한다.

"특히 오랜 기독교의 전통 속에서 교육받은 서구인들은 호메로스가 그린 신들의 세계를 일단은 너무나 이질적인 것으로 느낄 것이 당연하다. 기독교의 유일신관에 익숙해진 후대의 서구인으로서는 고대 그리스인의 신관을 쉽게 받아들이지 못하는 것이 당연할 것이다."[1]

세계는 신의 현현[2]

"이른 아침에 태어난 장밋빛 손가락을 가진 새벽의 여신이 나타나자, 멀리 쏘는 아폴론이 그들에게 순풍을 보내주었다."(1. 477~479)

《일리아스》제1권에서 아폴론의 마음을 달래기 위해 크리세이스를 돌려주고 돌아오는 오디세우스 일행이 잠에서 깨어났을 때 목격한 사태이다. '이른 아침에 태어난 장밋빛 손가락을 가진 새벽의 여신'이라, 참 아름답다. 이 새벽의 여신은 천신만고를 견디고 20년 만에 귀향한 오디세우스가 페넬로페와 해후할 때에도 다시 등장한다. 또 빛나는 눈의 여신 아테네는 밤을 서쪽 끝에다 붙들어 두고 황금 옥좌의 새벽의 여신을 오케아노스에다가 붙들어 두었다고도 한다. 호메로스에게 새벽은 신적 현상이다.

"꿈은 제우스의 명령을 듣고 길을 떠났다. 꿈이 재빨리 함선들이 있는 곳으로 가서 아가멤논을 찾아가 보니, 그는 막사에서 자고 있었다. 그 주위에는

신성한 잠이 쏟아지고 있었다."(2. 16~19)

꿈도 신적 현상이요, 잠도 신적 현상이다. 그렇잖은가? 사람의 의지대로 되지 않는 것이 꿈이요, 잠이다. 아가멤논은 제우스가 보낸 꿈의 거짓말에 넘어가 아카이오이족 전사들에게 철수 명령을 내린다. 비겁한 명령이다. 전사들은 동요한다. 호메로스는 이때 일어난 전사들의 술렁거림을 바람과 물결에 비유했다.[3] 바람도 물결도 신적 현상이다.

밤과 낮[4]의 들고 남도 신적 현상이고, 무지개[5]와 안개[6], 천둥[7]과 번개, 바람과 눈[8]도 모두 신적 현상이다. 심지어 새[9]와 뱀[10]도 신적 현상이다.

이처럼 호메로스의 신은 삼라만상의 변화 속에서 자신의 모습을 드러낸다. 그뿐만이 아니다. 직접 인간사에 뛰어들어 자신의 의지를 관철한다.[11] 대개 사람의 모습을 빌려 자신을 드러낸다. 제3권에서 아프로디테는 노파[12]의 모습으로 헬레네에게 접근하고, 제24권에서 헤르메스가 프리아모스를 만나러 갈 때 그는 "이제 갓 수염이 나기 시작한 한창때의 젊은 귀공자의 모습을 하고 길을 걸어갔다."(24. 347~348)라고 한다.

신이 직접 인간에게 나타나는 것은 위급한 상황에서이다. 제1권에서 분노를 참지 못한 아킬레우스가 아가멤논을 향해 큰 칼을 빼는 사이 아테네가 내려와 아킬레우스의 금발을 잡아당긴다. 이때 호메로스는 아테네가 "그에게만 보일 뿐 다른 사람은 보지 못했다."(1. 198)라고 썼다. 깜짝 놀라 뒤돌아선 아킬레우스, 아테네의 두 눈이 무섭게 빛났다고 한다.

어지간해서는 신은 인간에게 직접 모습을 드러내지 않거니와, 인간은 신을 식별할 능력이 부족하다. "인간이 아는 것이 아무리 많다 해도 사실 그대를 알아보기는 어려울 것입니다. 그대는 온갖 모습을 다 취하시니까요."(오, 13. 312~313) 오디세우스는 아테네 여신을 향하여 이렇게 말했다.

아버지가 돌아왔다. 아버지 옆에는 수호신 아테네가 있었다. 텔레마코스는 아버지를 알아보았으나, 여신을 알아차리지 못했다. 개들도 신을 알아보는데, 사람은 알아보지 못한다는 호메로스의 문학이 흥겹다.

"개들도 보고는 짖지 않고 낑낑대며 농장의 저쪽으로 꽁무니를 뺐다."(오, 16. 162~163)

호메로스의 신은 인간의 심리를 변화시킨다. 자연현상만이 인간의 힘 너머에 있는 것이 아니라, 인간의 마음도 인간의 능력 밖에 있음을 호메로스는 간파했다. 전사들의 사기, 그것의 오르고 내려감을 신적 현상이라 보았다. 《일리아스》 제5권에서 아테네는 디오메데스에게 힘과 용기를 주어, 모든 아르고스인들 중에서 그가 가장 돋보이게 하고 훌륭한 명성을 얻을 수 있게 해준다. 최고의 장수, 제1의 용장 디오메데스가 아테네의 수호를 받으며 전쟁터로 나가는 모습을 보라.

"여신은 그의 투구와 방패에서 지칠 줄 모르는 불꽃이 타오르게 했으니,
그것은 가장 찬란하게 떠오르는 늦여름의 천랑성^{天狼星}과도 같았다."(5. 4~6)

신은 전사들에게 용기만 불어넣어 주는 것이 아니라 전사들의 분별
력을 빼앗아버리기도 한다. 제6권에서 글라우코스가 디오메데스에게
자신의 황금 무구를 벗어줄 때, "제우스가 글라우코스의 분별력을 빼
앗아버렸다."(6. 233~234)라고 했다.

세계는 신의 개입에 의해 흘러간다. 해와 달이 뜨고, 바람이 불고, 파
도가 치는 자연현상도 신적 현상이며, 인간의 마음에서 일어나는 미묘
한 변화도 다 신적 현상이다. 화살의 빗맞음도, 여인의 매력도, 목소리
도. 아니 난데없이 나타나는 나그네도 제우스가 보낸 신의 전령이다.
인간이 바로 신의 현현^{顯現}이다.[13] 이 모든 신적 현상은 마법이 아닌, 현
실의 필연에 의해 전개된다.

그리스 신의 원리

신은 인간의 동반자이다. 신은 인
간을 통해 인간사에 개입한다.[14] 인간은 신의 뜻을 통해 인간의 의지로
해결되지 않는 삶의 오묘를 이해한다. 고대인들은 신을 통해 인간 심

리의 복잡성을 풀이했으며, 역사의 뒤틀림을 이해했다.

현대인이 호메로스의 서사시를 읽어나갈 때 독자들을 가장 당혹하게 만드는 것은 신들의 기이한 이야기이다. 고대 그리스인들이 친숙하게 받아들인 다신교[15]도 다신교이지만 그들 특유의 신인동형론神人同形論적 신관[16]은 우리를 난처하게 만든다.

호메로스의 신은 어떤 신인가? 호메로스 신의 원리는 무엇이고, 그 특질은 무엇인가? 어떤 점에서 기독교의 신과 다른가?

현대인은 유신론의 개념에서 자동적으로 인격성의 개념을 연상하지만 고대인은 두 개념을 결합시키지 않았다.[17] 신이라는 단어를 사용할 때 우리는 부지불식간에 신을 인격적 존재의 이름으로 간주한다. 우리가 신에 대한 기독교적 해석에 얽매여 있기 때문이다. 호메로스의 견해에 의하면 신은 인격적 존재에 제한되지 않았다.[18] 뒤에 살펴볼 것처럼 테오스theos라는 그리스어 단어는 익명의 비인격적인 신적 힘을 가리키기 위해 사용된다.[19]

호메로스가 신성을 부여하는 자연의 힘들은 모두 다 열거할 수 없다. 오케아노스는 세계를 둘러싸고 있는 신적인 강이며 존재의 근원이다. 오케아노스의 아내 테티스는 신들의 어머니인 신적 유모이다. 태양과 달, 강의 신과 바람의 신은 오케아노스와 테티스의 자손들이다. 죽음과 잠은 또 다른 종류의 위대한 자연의 힘이다. 죽음에는 타나토스, 잠에는 히프노스의 신성이 부여된다.

《일리아스》의 제21권에는 자연의 힘에 신성을 부여하는 예가 나온
다. 호메로스는 아킬레우스를 덮치는 크산토스 강을 이렇게 묘사한다.
"그러자 강물이 솟구치며 그에게 덤벼들었다. 강은 황소처럼 울부짖
으며 시신들을 뭍으로 내던졌다. 위대한 신은 시커멓게 부풀어 오르며
그에게 덤벼들었다."(21. 234~250) 이어 헤파이스토스의 불이 강물을 제압
한다. 물과 불의 싸움, 자연의 힘들이 벌이는 위대한 쟁투(21. 343~380)가
우리의 눈앞에 생생하게 전개된다. 물과 불은 고대인들에게 살아 있는
신적인 힘들이었다.[20]

신에 관한 호메로스의 개념은 체계적인 개념이 아니며, 다양한 편차
를 지닌 의미들로 가득 차 있다. 일반적으로 말할 수 있는 것은 호메로
스의 신들은 인격적 특성을 신의 속성으로 여기고 있지 않다는 점이
다.[21] '제우스'라는 말이 운명과 동일한 의미로 사용되는 경우가 있는
데, 이때의 제우스는 인격체가 아니라 세계를 지배하는 힘이다.

신들에 관해 호메로스가 가진 견해의 일관된 핵심은 바로 신성의 실
체가 힘[22]이라는 것이다. 호메로스의 신들은 힘의 소유자이다. 신이 불
멸인 까닭은, 신은 힘이고 힘은 죽지 않기 때문이다.[23] 호메로스는 인
간사에 나타나는 일련의 힘들까지 모두 신적인 존재로 취급한다. 전율
은 데이모스, 불화는 에리스, 소문은 오사, 정의는 테미스이다.

호메로스는 신들에게 경외심을 품지 않았다. 신을 숭배의 대상으로
보지 않은 것이다. 호메로스의 정신은 세속적이었고, 반종교적이었으

며, 심지어 불경스럽기조차 했다. 호메로스는 철두철미 신성모독적이
었다.[24] 크세노파네스와 플라톤이 '신들이 이렇게 부도덕할 수는 없다'
며 호메로스가 만든 신들의 부도덕성을 맹공한 것도 충분히 일리가 있
는 일이었다.

그리스인의 사고방식을 이해하려면 헬라스어에 대한 지식이 필요하
다. 예컨대 '테오스'라는 단어는 주어로 사용되는 것이 아니라 서술어
로 사용되었다. 그리스인이 "태양은 테오스야."라고 말하면 '태양은 꺼
지지 않는 불멸의 빛'이라고 말하고 있는 것이다. 그리스인들은 삶이나
자연에서 몹시 감화를 받거나 외경의 마음을 갖게 하는 대상을 보면
"이것은 신이다."라고 말했다. 기독교도들에게 '신은 사랑'이지만, 그
리스인들에게 '사랑은 신'이다. 그들이 사랑을 신이라고 말하는 것은
곧 사랑이 불후의 존재라는 게다. "우리와 더불어 태어나지 않았으며
우리가 사라지고 난 뒤에도 존속하게 될 세계에 작용하는 모든 힘은
하나의 신이다."[25]

호메로스에서 헤로도토스까지 고대 그리스인은 자연 속에 초자연적
인 간섭이 있다고 믿었다. 그런데 헤라클레이토스를 필두로 그리스 자
연철학자들이 반기를 들었다. 자연철학자들은 일상인의 자연 개념을
그대로 수용하면서 초자연은 버렸다. 이제 모든 것은 자연의 영역에
속한다. 인간의 이성은 이 자연을 모두 이해하고 파악할 수 있다. 필연
적 인과관계만 인정했던 데모크리토스의 자연철학이야말로 자연철학

자들의 합리적 세계관의 절정을 보여준다.

하지만 초자연적 신이 사라진 자연 세계, 고대 유물론자의 세계를 고대 그리스의 일반인들은 받아들이기 어려웠다. 플라톤은 대안을 제시한다. 우주 창조의 과정에서 데미우르고스라는 신이 일회적으로 개입했다는 것이다.

플라톤의 신은 자연 세계를 가능한 한 좋게 만들고자 하는 '좋은 신'이다. 플라톤은 데미우르고스의 신화를 제안함으로써 초자연적인 존재에 대한 일반인의 믿음을 수용하면서 동시에 인간이 자연을 이성적으로 생각할 수 있는 길을 열어주었다.

플라톤의 신은 차라리 이신론理神論. deism[26]에 가깝다. 플라톤의 신은 범신론汎神論. pantheism[27]과 달리 신의 초월성을 인정하면서도, 유신론과 달리 자연을 제작하는 일회적 사건에서만 신의 초월적 간섭을 인정한다.[28]

인간의 운명을 결정하는
황금 저울

신은 인간의 삶을 지배한다. 신은 세계에 자신의 기획을 관철한다.[29] 제15권에서 호메로스는 《일리아스》 전편을 일이관지一以貫之하는 제우스의 계획을 이렇게 드러낸다.

　"그러면 아킬레우스가 그의 전우 파트로클로스를 일으켜 세울 것이고 파트로클로스는 내 아들인 고귀한 사르페돈을 포함하여 많은 젊은이들을 죽인 뒤 일리오스 앞에서 영광스런 헥토르의 창에 죽게 될 것이오. 그러면 또 고귀한 아킬레우스가 그 때문에 화가 나서 헥토르를 죽일 것이오."(15. 49~77)

　그러니까 제15권에서 드러내는 천기(天機)는 처음부터 제우스의 계획 안에서 형태를 갖추고 있었다. 사르페돈이 파트로클로스에게 죽고, 파트로클로스가 헥토르에게 죽고, 헥토르가 아킬레우스에게 죽는《일리아스》의 플롯은 애당초 제우스가 그의 마음속에 품고 있었던 각본이었다. 일리오스 성 앞에서 죽어간 수많은 전사들, 아카이오이족의 전사들과 트로이 전사들 모두가 제우스의 편애를 실현하기 위해 사용한 소품에 불과했다는 것이다. 어찌된 영문인지 몰라도 제우스는 지독하게 테티스를 편애했다. 테티스의 탄원 앞에서 제우스는 거침없이 약속한다.[30] 숱한 영웅들의 굳센 혼백을 하데스로 보내면서까지 자신과 테티스의 밀약만 중시한 이 신은 무엇인가?

　처음부터 제우스가 자신의 뜻을 이루기 위해 사용한 방법도 기만적인 것[31]이었다. "제우스와 포세이돈이 심한 불화로 만인에게 공통된 전쟁의, 부술 수도 풀 수도 없는 밧줄을 잡고 양군의 머리 위에서 번갈아 끌어당기니, 이 밧줄이 많은 사람들의 무릎을 풀었다."(13. 355~360) 신들은 인간사에 개입하여 인간의 운명을 조종했다. 그것은 유희였을까?

"아카이오이족이 이곳에서 이름 없이 죽는 것이 막강하신 제우스의 즐거움인가 봅니다."(13. 226~227)

제우스는 신들의 제왕이고 인간 운명의 궁극적 결정권자이지만, 인간의 죽음의 운명만큼은 자신의 뜻대로 좌지우지할 수 없었다.[32] 호메로스는 제우스의 손에 '황금 저울'을 쥐어주고 저울추가 어디로 기우는지를 통해 인간의 죽음의 운명을 알아보도록 했다. 제8권에서 제우스는 황금 저울을 저울질하여 아카이오이인과 트로이인이 벌이는 백병전의 향배를 알아본다.

"해가 중천에 이르자 아버지가 황금 저울을 펼쳐 들고 그 안에 사람을 길게 뉘는 죽음의 운명 두 개를 올려놓으니, 하나는 말을 길들이는 트로이인들의 것이고 하나는 청동 갑옷을 입은 아카이오이족의 것이었다. 그가 저울대 중간을 잡고 저울질하자, 아카이오이족의 운명의 날이 기울어지며 아카이오이족의 죽음의 운명은 풍요한 대지 위로 내려앉고, 트로이인들의 그것은 넓은 하늘로 올라갔다."(8. 68~74)

황금 저울이 시사하는 것은, 제우스조차도 인간의 죽음의 운명을 어찌할 수 없다는 것이다. 세계를 창조했으며 인간의 생사를 좌우하는 전지전능한 기독교의 신과 달리 올림포스교의 제우스에겐 할 수 있는 일과 할 수 없는 일이 있다. "아아, 슬프도다! 내가 가장 사랑하는 인간인

사르페돈을 운명이 메노이티오스의 아들 파트로클로스의 손으로 제압하다니! 나는 아무리 생각해보아도 양단간에 마음을 정할 수가 없구려."(16. 433~435)

제우스가 필멸의 인간의 목숨을 구하는 것은 그의 능력에 비추어 아무 문제가 되지 않는 일이다. 신은 불멸의 존재요, 인간은 필멸의 존재이다. 이것이 신과 인간의 경계이다. 만일 제우스가 사르페돈을 편애하여 사르페돈을 죽음의 위기에서 구출해준다면 어찌되는가? 그것은 신과 인간의 경계를 허무는 것이요, 우주의 질서를 교란하는 것이다. 우주의 궁극적 질서를 책임져야 할 제우스가 나서서 자신의 아들에게 편애를 보일 경우, 이 하나의 행위로 우주는 무질서가 된다. 늘 제우스를 감시하고 경계하는 헤라는 제우스에게 쓴소리를 한다.

"가장 두려운 크로노스의 아들이여! 무슨 말씀을 하시는 거예요? 이미 오래 전에 운명이 정해진 한낱 필멸의 인간을 가증스런 죽음에서 도로 구하시겠다는 것인가요? 뜻대로 하세요."(16. 440~442)

제우스의 황금 저울은 한 번 더 등장한다. 사르페돈 못지않게 제우스가 총애한 헥토르, 그가 아킬레우스에게 쫓기며 성벽을 돌고 있을 때였다. 두 사람은 프리아모스의 도시를 세 바퀴나 빠른 걸음으로 돌았고, 모든 신들이 그들을 보고 있었다. 제우스가 신음했다. "아아! 내가 사랑하는 인간이 성벽 주위로 쫓기는 꼴을 내 두 눈으로 보아야 하다니. 헥토르 때문에 나는 마음이 아프구나."(22. 168~169)

바로 아테네가 달려들었다. "무슨 말씀을 하시는 거예요? 이미 오래 전에 운명이 정해져 있는 한낱 필멸의 인간을 가증스런 죽음에서 도로 구하려 하시다니요."(22. 179~180)

아무리 신들의 제왕이라 하지만 인간의 죽음만큼은 자신의 편애에 따라 결정해선 안 된다. 제우스도 황금 저울을 펼쳐 들고 인간의 운명을 물어볼 수밖에 없었다.

> "하지만 그들이 네 번째로 샘물가에 이르렀을 때 아버지가 황금 저울을 펼쳐 들고 그 안에 사람을 길게 뉘는 죽음의 운명 두 개를 올려놓으니 하나는 아킬레우스의 것이고 하나는 말을 길들이는 헥토르의 것이었다. 그가 저울대 중간을 잡고 저울질하자 헥토르의 운명의 날이 기울어져 하데스의 집으로 떨어졌다. 그러자 포이보스 아폴론이 그의 곁을 떠났다."(22. 208~214)

트로이인의 수호신이던 아폴론마저 황금 저울의 결정을 존중하지 않을 수 없었나 보다. 호메로스는 헥토르의 최후가 결정되는 순간 아폴론이 슬쩍 자리를 떴다고 노래했다. 호메로스의 신은 인간 운명의 계획자요 조종자이지만 인간에 대해 무소불위의 전횡을 할 수 있는 절대적 지배자는 아니다.

호메로스, 그리스 정신을 대변하다

인간 심리에 대한 신의 개입

아마도 이 세계에서 가장 복잡한
영역은 우주의 거시 세계도 아니요, 양자의 미시 세계도 아닐 것이다.
인간의 사회와 역사도 복잡한 것이지만, 그보다 더 복잡한 것은 인간
의 뇌에서 일어나는 뉴런들 간의 상호작용일 것이다.

인간이 제어할 수 없는 초자연적 힘들을 신적인 것으로 보았던 고대
그리스인들이 아침이면 떠오르는 태양과 저녁이면 보이는 달을 신적
존재로 간주했던 것은 그들의 사유 체계 안에서 생각할 때 지극히 당
연한 일이었다.

오늘날 우리의 삶을 되짚어보면 나의 의지대로 제어되는 일들이 뜻
밖으로 적다는 사실 앞에 우리는 당혹한다. 인간의 마음에서 발생하는
오만 가지 심상들, 욕망하고 의지하고 사랑하고 슬퍼하고 질투하고 증
오하고 분노하고 용서하는 따위의 감성적 활동과 추리하고 상상하고 판
단하고 검증하는 따위의 이성적 활동을 가만히 들여다보면 그러하다.

내 마음의 의지 주체가 내가 아니라 내가 아닌 그 누구, 타자였던 것
이다. 특히 합리적 판단을 내리는 것으로 간주되었던 경제적 인간이,
삶의 향방을 좌우하는 중대사 앞에서 하찮은 기호나 취향, 도무지 이
해할 수 없는 헛된 기대, 참으로 나도 그러하길 싫어하면서도 이끌려
가는 명예에 대한 충동 따위에 판단을 내맡기는 경우가 많다는 것만

봐도 그러하다. 인간 심리를 핍진하게 묘사한 작가 도스토예프스키는 그의 소설《죄와 벌》에서 일찍이 '인간의 이성은 열정의 노예'라고 선포하지 않았던가?

아폴론과 아르테미스, 아테에게는 인간과 짐승, 대지의 재생 과정을 관장하는 능력뿐 아니라 인간의 정신적 과정을 조작하는 능력도 있다고 사람들은 믿었다.[33] 아테[Ate]의 일차적 의미는 '신이 보낸 현혹 내지 맹목으로 인해 당황하거나 얼빠진 상태'이다. 더욱 확장된 파생적 의미는 '파멸, 파괴, 재난'이다. 아가멤논은 자신의 잘못을 미망의 여신 아테의 탓으로 돌린다. 자신이 아킬레우스의 여자를 빼앗은 것은 아테의 탓이란다.

> "나는 아니오. 내가 이런 짓을 한 탓은 나에게 있지 않고, 제우스와 운명의 여신과 어둠 속을 헤매는 복수의 여신에게 있소이다. 아킬레우스에게서 내가 손수 명예의 선물을 빼앗던 그날 바로 그분들이 회의장에서 내 마음속에 사나운 광기를 보내셨기 때문이오. 신이 모든 일을 이루어놓으셨는데 난들 어쩌겠소?"[34]

아가멤논이 이렇게 말한 것을 두고, 몇몇 성미 급한 현대 독자들은 그가 시원찮은 변명을 늘어놓은 것이라거나 책임을 회피하려는 것이라고 치부하기도 한다. 그러나 생각이 깊은 독자라면 그러지 않을 것이다. 아가멤논이 이렇게 말한 것은 공적인 의미에서 보아도 확실히 책임 회피가 아니다. 왜냐하면 아가멤논은 자신의 연설 막바지에서 정확히 다음과 같은 이유로 보상금을 내놓기 때문이다. "하나 내가 이렇게 마음이 눈멀고 제우스께서 내 지혜를 빼앗으셨으니 나는 이를 바로잡기 위해 많은 보상금을 내놓겠소."[35]

아가멤논이 자신의 오만을 아테의 탓으로 돌리는 데서 알 수 있듯이 고대 그리스인들은 신들이 인간의 심리에 개입할 수 있다고 보았다. 아가멤논만이 아테에 붙들려 미망에 빠진 것이 아니다. 《일리아스》 제6권에는 디오메데스와 글라우코스가 서로의 가계를 확인하는 도중 조상들이 친구였음이 확인되자, 싸움을 하지 않고 서로 우정의 선물을 교환하는 장면이 있다. 이때 글라우코스는 황소 백 마리의 값어치가 있는 황금 투구를 디오메데스에게 주고 디오메데스로부터 황소 아홉 마리의 값어치가 나가는 청동 투구를 받는, 말도 되지 않는 교환을 한다. 이를 두고 호메로스는 제우스가 글라우코스로부터 분별력을 빼앗아버렸다고 노래했다.(6. 233~236)

제18권에서 헥토르가 트로이인들의 전의를 독려하면서 아킬레우스와 당당하게 맞서자고 하자, 호메로스는 이를 두고 아테네 여신이 트로이인들의 지혜를 빼앗은 것이라고 노래했다.

"이렇게 헥토르가 말하자 트로이인들은 어리석게도 크게 갈채를 보냈으

니, 팔라스 아테네가 그들의 지혜를 빼앗았기 때문이다."(18. 310~312)

호메로스에 의하면 "미망은 제우스의 맏딸로 모든 이의 마음을 눈멀 게 하는 잔혹한 여신이다. 그녀는 발이 가벼워 결코 땅을 밟는 일이 없 다. 그녀는 사람들의 머리를 밟고 다니며 사람들을 넘어뜨리는데 둘 중 하나 꼴로 걸려들게 마련이다. 인간들과 신들 가운데 으뜸간다는 제우스께서도 한때 마음이 눈먼 적이 있었다."(19. 90~96)라고 한다.

아테는 정상적인 의식이 잠시 흐려지거나 당혹감에 빠진 상태이다. 그것은 부분적이고도 일시적으로 제정신이 아닌 상태이다. 모든 제정 신이 아닌 상태에 대해 그리하듯이 고대 그리스인들은 아테의 동인도 신체적이거나 심리적인 것에 돌리는 것이 아니라 외부에 있는 '신적 인' 것으로 돌린다.[36]

호메로스의 작품에 자주 등장하는 또 다른 종류의 심리 개입에 대해 살펴보자. 전투 중에 어떤 인물에게 갑자기 힘이 솟는 장면이 있는데, 이 는 신으로부터 인간에게 힘이 전해지는 전형적인 예이다. 아테네는 자 신이 보호하는 디오메데스의 가슴에 세 배의 힘(메노스)을 불어넣었 고,(5. 125~136) 아폴론은 상처 입은 글라우코스의 가슴에 힘을 불어넣었 다.(16. 527~529) 엄밀히 말하자면 메노스는 신체적 힘이 아니고 아테처럼 일종의 심리 상태이다. 사람은 자기 가슴에서 기운을 느낄 때, 에너지 가 신비롭게 상승되는 것을 의식한다. 이 순간 그의 생명력은 강해지고 그는 새로운 자신감과 열의로 가득 채워진다. 인간에게서 메노스는 왔다가 사라진다. 호메로스에게 있어서 메노스는 인간의 능력을 늘였다 줄였다 하는 신의 작용이다.[37]

용기나 공포도 모두 신이 인간의 마음에 개입해 일어난 현상이라고 볼 수 있을 것이다. 고대 그리스인들이 재채기나 방귀 혹은 허튼소리 따위마저 신의 전조로 간주하는 데서 알 수 있듯이 그들은 인간의 상식으로 이해할 수 없거나 그 원인을 파악할 수 없는 모든 현상들을 초자연적 동인의 탓으로 보았다. 갑자기 닥쳐온 형언할 수 없는 힘에 대한 느낌, 혹은 설명하기 힘든 갑작스러운 판단 상실 등을 해명하기 위한 의도에서 신을 동원한 처리 장치[38]가 발전하게 되었다.

이제 불특정한 다이몬daimon(신)은 특정한 인격신으로 구체화되어야 했다. 헤로도토스가 말하듯이 시인들은 점차 신의 인격성을 구체화해 갔다.[39] 때로는 신들도 사람의 모습으로 나타나고, 때로는 사람도 신적인 특성을 지닌 힘을 가질 수 있다. 호메로스의 작품에서는 인간성과 신성을 떼어놓는 뚜렷한 경계선을 찾아볼 수 없다.[40]

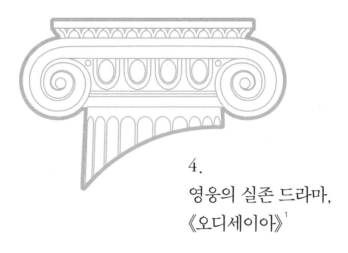

4.
영웅의 실존 드라마,
《오디세이아》[1]

'괜찮은' 세계시민이
되기 위하여

지금 한국은 일인당 국내총생산[GDP] 3만 달러의 시대를 지나가고 있다. 지난 20세기 서양인들로부터 과학기술 문명을 수입하느라 바빴던 우리가 놓친 것이 하나 있다. 서양인의 과학기술은 어느 정도 배웠으나, 서양인의 인문 정신은 모른다. 나는 서양 예찬론자가 아니다. 아시아적 가치를 강조하고 싶고 조상의 시[詩]와 문[文]을 한껏 자랑하고 싶은 한국인이다. 하지만 서양인의 인문 정신을 오롯이 배우고 나서야 우리는 괜찮은 세계시민이 될 수 있고,

세계시민의 교양을 갖추고 나서야 한국인의 문화를 자랑할 자격이 생긴다고 나는 생각한다.

현재 서양인과 한국인을 비교했을 때, 가장 현저한 차이를 보이는 대목은 아마도 인문학일 것이다. '서양은 물질문명, 동양은 정신문명'이라는 이분법이 언제부턴가 우리의 사고 속으로 들어와 자리를 잡게 되었다. 어리석은 표어이다. 서양의 문명 속에는 동양인이 쉽사리 넘보기 힘든 정신문명, 즉 수학과 과학이 있다. 동시에 서양인에게는 오랜 전통을 자랑하는 역사와 문학과 철학이 있다. 그런데 축적된 서양인의 인문학 중에도 동양인이 도저히 따라잡을 수 없는 과목이 하나 있다. 그 과목은 '호메로스 연구'이다.

서양인이 2,500년이 넘는 주역 연구를 따라잡기 힘들듯이, 동양인도 2,500년에 달하는 호메로스 연구를 따라잡기 힘들 것이다. 축적된 호메로스 연구서의 높이가 에베레스트산이라면 한국인의 호메로스 연구는 아이들이 모래밭에서 고사리손으로 만드는 모래언덕이다. 그중 돋보이는 것으로 천병희의 준수한 번역 작품 두 권[2]과 강대진의 괜찮은 해설서 두 권[3]이 있다.

그렇다면 호메로스에 대한 연구는 어디에서부터 시작해야 할까? 고전일수록 맛을 느끼는 것이 중요하다. 먼저 흥미를 느끼고 즐기시라. 이런 맥락에서 나는《오디세이아》를 먼저 읽을 것을 추천한다.《오디세이아》를 세 번 이상 읽고 그 맛을 흠뻑 느껴라. 그 다음《일리아스》

를 읽고 싶은 탐구심을 누를 수 없을 때 조심스럽게 《일리아스》의 신전을 기웃거리길 당부한다. 사유에 있어서 《일리아스》는 《오디세이아》보다 훨씬 깊고 무겁다. 《일리아스》는 초심자에게 쉽게 신전의 비밀을 보여주지 않는다.

《일리아스》가 흑백영화라면 《오디세이아》는 총천연색영화이다. 《일리아스》가 죽음의 잔치라면 《오디세이아》는 사랑의 잔치이다. 《일리아스》가 헥토르의 장례식으로 끝나는 전쟁 이야기라면 《오디세이아》는 페넬로페와의 해후로 끝나는 사랑의 노래이다. 《일리아스》가 길이 남는 명예를 얻는 대신 단명한 삶을 택하는 아킬레우스의 이야기라면 《오디세이아》는 하늘에 닿은 명성을 얻고도 살아남아 장수^{長壽}의 복까지 누리는 오디세우스의 이야기이다.[4] 《일리아스》가 인간을 데리고 노는 신들의 인형극이라면 《오디세이아》는 신에게도 대드는 영웅의 실존 드라마이다.

오디세우스의 모험은 신의 뜻

마빈 페리와 앨런 스콜의 《세계사》를 다시 들춰 호메로스의 서사시를 어떻게 소개하고 있는지 찾아보자.

《일리아스》와《오디세이아》는 고대 그리스인들이 가진 삶의 양식과 가치를 기술한다. 호메로스에게 있어서 영웅은 용기와 지략을 겸비한 자이다. 호메로스는 전사의 품격 높은 행실을 노래한다. 그의 전사는 전쟁터에서 용감하고 능란하며, 자신의 명예와 자존을 지키는 자이다.[5]

그리스인의 세계관은 무엇이고 그리스인의 인품은 무엇인가? 초심자에게《일리아스》와《오디세이아》를 읽고 그리스인의 삶의 양식과 가치관을 찾아낼 것을 요구하는 것은 무리다. 인물의 성격을 고찰하며 비교, 논의하려면 적어도《오디세이아》를 다섯 번 이상은 읽어야 한다. 텔레마코스가 아버지를 찾아 방문한 메넬라오스의 궁전이 나의 머릿속에 구축되고, 오디세우스를 감싸고 있었던 칼립소의 섬인 오기기아의 환상적 풍경화가 내 마음에 들어서려면, 스무 날을 파도에 실려 떠돌다가 파이아키아섬에 도착하여 어느 덤불 속에 쓰러진 오디세우스의 몰골을 떠올리고, 떠나는 영웅을 회랑 사이에서 마주하며 고향에 가더라도 생명의 은인을 잊지 말라고 인사하는 나우시카의 순정을 느끼려면,《오디세이아》를 여러 번 읽어야 한다.

호메로스의 시를 사랑하는 사람들은 호메로스가 창조한 인물의 특성을 해석하고 싶어 하고, 그가 구사하는 빛보다 더 찬란한 문체의 비밀을 규명하고 싶어 하며, 그가 구축한 시의 건물 속에 내장된 복잡한 플롯을 풀어내고 싶어 한다. 하지만 작품을 처음 읽는 독자들에겐 이야기의 줄거리가 중요하다. 우선 이야기가 어떻게 시작해서 어떻게 끝나는지 알고 싶어 한다.

《오디세이아》제1권에서 제4권까지는 오디세우스의 아들 텔레마코스가 오지 않는 아버지를 찾아나서는 여행기이다. 아들이 성장하면 오이코스oikos(집)의 주인이 된다. 아버지가 집을 나간 뒤 20년의 세월이 흘렀다. 아버지가 죽었다면 무덤을 쌓고 장례를 치러야 한다. 그뿐만 아니다. 어머니 페넬로페가 편한 마음으로 재혼하도록 도와드려야 한다. 텔레마코스에겐 108명의 구혼자들을 물리쳐 내야 하는 힘든 일이 있다. 이 모든 일의 선결 과제가 아버지의 생사 여부를 확인하는 일이다.

제1권에서 제4권까지는 오디세우스의 모험담을 빨리 듣고 싶어 하는 초심자에겐 인내심을 요구하는 이야기가 이어진다. 제2권에서 필로스의 나이 든 왕 네스토르는 텔레마코스에게 중대한 정보를 알려준다. 트로이전쟁을 끝내고 돌아오던 아카이오이족 전사들 간에 내분이 일어났다는 것이다. 아카이오이족 전사들은 신들에게 제사를 올리고 가자는 아가멤논파와 그냥 떠나자는 메넬라오스파로 양분되었다. 이때 오디세우스는 처음엔 메넬라오스 편에 서서 그와 동행하다가 다시 뱃길을 돌려 아가멤논에게 돌아갔다는 것이다. 이는 오디세우스의 귀향에 관한 이야기의 줄거리를 찾고자 하는 초심자에게 놓칠 수 없는 중요한 정보이다.

그런데 이 대목에서 초심자는 간과한다. 아카이오이족의 내분을 일으킨 신들의 뜻을 놓치고 가는 것이다.

"그때 제우스께서는 마음속으로 아르고스인들에게 참혹한 귀향을 생각해 내셨으니 그들 모두가 사려 깊고 올바르지는 못했던 탓이지. 그리하여 그들 중에 많은 자들이 강력한 아버지의 따님이신 빛나는 눈의 여신의 잔혹한 노여움으로 비참한 최후를 맞았지."(오, 3. 132~135)

여기에 나오는 '빛나는 눈의 여신'은 아테네 여신을 말한다. 아테네 여신은 오디세우스의 수호신이다. 오디세우스의 귀향이 파란만장한 까닭은 포세이돈의 저주 때문이었다. 그런데 왜 아테네는 오디세우스를 도와주지 않고 방치했던가? 그 이유는 트로이를 함락한 후 아카이오이족이 보인 행태에 대해 아테네가 분노한 탓이었다. 인간의 괘씸한 행동에 대해 신은 실망한다. 아무리 귀여운 손주일지라도 손주의 행동이 섭섭하면 할아버지 할머니도 애정을 거두어들이듯, 신들도 삐진다. "신들의 마음이란 갑자기 돌아서지 않는 법"(오, 3. 147)이다.

삐진 아테네가 마침내 오디세우스 앞에 나타나는 것은 제13권이다. 귀여운 양치기 젊은이의 모습을 하고 다가온 아테네는 어깨에 외투를 걸치고 있었고, 발밑에는 샌들을 신고 있었고, 손에는 투창을 들고 있었다. 수호신 아테네에 대해 오디세우스가 어떻게 생각하고 있었는가?

"여신이시여! 나는 전에 그대가 내게 상냥하셨다는 것을 잘 알고 있습니다. 그러나 우리가 프리아모스의 가파른 도시를 함락하고 나서 나는 그대를 뵙지 못했습니다."(오, 13. 312~319)

그러니까 오디세우스의 모험은 신의 뜻이었다. 《오디세이아》 제1권은 신들의 회의에서 아테네가 아버지 제우스에게 오디세우스의 구출을 탄원하는 이야기로 시작한다.

"내 마음을 아프게 하는 것은 현명한 오디세우스 바로 그 불운한 사람이에요. 그는 벌써 오랫동안 가족들과 떨어져 바닷물에 둘러싸인 섬에서, 바다의 배꼽에서 고통당하고 있어요. 오디세우스는 고향 땅의 연기가 오르는 것이라도 보기를 열망하며 차라리 죽기를 바라고 있지요."(오, 1. 48~58)

신들의 회의에서 아테네의 탄원이 동의를 얻자, 제우스의 전령 헤르메스가 움직인다. 오디세우스가 유폐되어 있는 오기기아섬으로 달려가 헤르메스가 칼립소를 만나는 것이 제5권이다. 제5권에서 오디세우스는 칼립소와 이별하고, 제6권에서 나우시카 공주를 만난다. 제7권에서 오디세우스는 나우시카의 아버지 알키노오스 왕을 만나고 제8권에서 오디세우스는 알키노오스로부터 이별의 연회를 받는다.
제9권에서 오디세우스는 마침내 자신의 정체를 밝힌다.

"나는 라에르테스의 아들 오디세우스올시다! 나는 온갖 지략으로 사람들에게 존경받았고 내 명성은 이미 하늘에 닿았소."(오, 9. 19~20)

영웅이 자신의 목숨을 내어주고 얻는 것이 명성이었다. 그 명성이 이미 하늘에 닿았다고 밝히는 이 사람을 보라! 호메로스의 영웅들은 약탈을 부끄럽게 생각하지 않았던 모양이다. "그곳에서 나는 도시를 약탈하고 그들 자신을 죽였소."(오, 9. 40)

그 뒤에 오디세우스는 전 세계 소년 소녀의 가슴을 쥐어짜기에 충분한 이야기인 외눈박이 키클롭스와 벌인 대결을 회고한다. 제10권에선 마녀 키르케의 이야기를 다루고, 제11권에선 무시무시한 저승 이야기를 다루며, 제12권에선 환상적인 세이렌 이야기를 다루면서 《오디세이아》의 절정을 이룬다. 그의 모험에 빨리 동승하고 싶은 독자라면 바로 제9권에서 시작하여 내친김에 제12권까지 먼저 읽어도 좋을 것이다.

나우시카와의 아름다운 이별

《일리아스》에 출연한 가장 착한 마음씨의 여인이 헥토르의 아내 안드로마케라 한다면, 《오디세이아》에 등장하는 가장 청초한 아가씨는 공주 나우시카이다. 나우시카는 빨래하러 강가에 나갔다 덤불 속에 벌거벗은 채로 웅크리고 있는 남자를 만난다. 바로 오디세우스였다. 그런데 나우시카는 낯선 남자를 보고서도 한 치의 두려움이 없다. 나우시카가 오디세우스를 돌보도록 한 것은 누구의 뜻이었을까?

나우시카로 하여금 오디세우스와 만나도록 주선한 이는 여신 아테네였다. 여신은 바람의 입김처럼 재빨리 소녀의 침상으로 가서는 나우시카의 머리맡에 서서 말했다고 한다.

"나우시카! 어째서 네 어머니께서는 이렇게 칠칠치 못한 딸을 두셨을까? 번쩍이는 옷들이 손질도 않은 채 여기저기 널려 있는데 결혼식 날은 가까이 다가왔으니 말이야. 자 날이 밝는 대로 가서 빨래를 하는 게 좋겠다."(오, 6. 25~31)

혼처가 정해진 것인지 아직 정해지지 않은 것인지는 몰라도 아테네는 속삭인다. "나우시카, 어서 혼사를 준비해야지."

소녀들이 더없이 아름답게 흐르는 강에 도착했을 때 그곳에는 과연 물이 넉넉한 빨래터들이 있었고, 아무리 더러운 옷들도 깨끗이 빨 수 있을 만큼 맑은 물이 콸콸 솟아오르고 있었다. 그곳에서 소녀들은 노새들을 짐수레 밑에서 풀어 소용돌이치는 강가로 몰고 가 꿀처럼 달콤한 토끼풀을 뜯어 먹게 했다.(오, 6. 85~90) 깨끗한 강물과 빨래하는 소녀들의 이미지가 겹치고 있다.

소녀들은 가져간 옷들을 빨아 때를 모두 뺀 다음 바다의 기슭을 따라 나란히 널어놓았다. 그곳은 바닷물이 해안에 부딪치며 조약돌들을 깨끗이 씻는 곳이었다. 그런 다음 소녀들은 목욕하고 올리브유를 바르고 나서 강둑에서 점심을 먹었고, 옷들이 햇볕에 마르기를 기다리면서, 머릿수건을 벗어놓고 공놀이를 시작했다. 흰 팔의 나우시카가 노래를 선창했다. 칼립소의 섬이 신의 낙원이었다면, 나우시카와 여인들이 공놀이하면서 노래 부르는 이곳 스케리아섬은 분명 인간의 낙원이다.

그때 공주가 한 시녀에게 던진 공이 깊은 소용돌이 속으로 굴러가 버렸다. 소녀들이 요란하게 소리를 지르자 고귀한 오디세우스가 깨어났다. 빛나는 눈의 여신 아테네가 생각한 실수였다. 그녀는 오디세우스가 깨어나 고운 얼굴의 소녀를 보게 하고, 소녀가 그를 마을로 인도하게 할 참이었다. 스무 날을 너울에 실려 바다를 떠돈 오디세우스, 그대로 잠들어 있었더라면 더 나았을까? 추위를 녹이고자 불 피웠던 화로의 재 아래에 불씨가 쌔근쌔근 자고 있듯이, 오디세우스는 덤불 밑에서 쓰러져 자고 있었다.

"아아, 괴롭구나! 나는 또 어떤 인간들의 나라에 온 것일까?"(오, 6. 119)

떠도는 것도 괴롭지만, 떠도는 자신이 어디에 있는지 모를 경우, 삶은 당혹 그 자체다. 반가웠을 것이다. "방금 소녀들의 앳된 목소리 같

은 것이 주위에서 울렸는데 요정들의 목소리였을까?"(오. 6. 122~124)

오디세우스는 덤불 밑에서 기어 나와 억센 손으로 나뭇가지 하나를 꺾어 몸에 둘렀다. 그는 마치 산에서 자란 사자처럼 걸어갔다. 이때 오디세우스는 알몸임에도 머리를 곱게 땋은 소녀들과 어울리고 싶어 했다고 호메로스는 노래한다. 어울리고 싶다는 것은 살을 섞고 싶다는 원초적 본능을 에둘러 표현한 것이다. "필요가 그를 엄습했기 때문이다."(오. 6. 136)란다.

굶주린 사자 같은 오디세우스를 보고 소녀들이 질겁하여 뿔뿔이 달아난 것은 당연했다. 오직 알키노오스의 딸만이 혼자 머물러 있었다. 그녀는 그의 앞에 버티고 서 있었다. 그래서 오디세우스는 상냥하고도 영리한 말을 하기 시작했다.

"그대는 여신이오. 나는 그대를 생김새와 키와 몸매에 있어 누구보다도 위대한 아르테미스에 견주고 싶군요."(오. 6. 149~152) 지금 오디세우스는 지푸라기라도 잡고 싶을 처지이다. 곤궁에 처한 사람이 살기 위해서 무슨 빈말이라도 하지 못할 것인가? 당신처럼 아름다운 여인은 난생처음이란다. 칭찬은 고래도 춤추게 한다. 빈말이든 참말이든, 미인이 되고 싶은 여인에게 미인이라는 말은 즐거운 말이다. 한 번 더 아부하자. "여인이여! 나는 지금 그대를 보고 놀라고 감탄할 따름이오."(오. 16. 168)

오디세우스가 바라는 것은 헌 옷 한 벌이었다. 가는 것이 있으면 오는 것이 있어야 한다. 상대로부터 물질을 얻으면 마음의 축복을 건네는 것이 구걸하는 사람의 도리일 것이다. 화목한 가정의 의미를 노래한 호메로스의 축복은 '땅별'인 지구에 인간이 사는 한, 그 인간과 함께 영원할 것이다.

"남편과 가정과 금실지락을 신들께서 그대에게 베풀어주시기를! 부부가 한마음 한뜻이 되어 금실 좋게 살림을 살 때만큼 강력하고 고귀한 것은 없기 때문이오."(오. 6. 181~183)

아테네가 강가로 빨래하러 가라며 나우시카를 불러낸 구실도 결혼 준비였는데, 오디세우스도 좋은 남편 만나 금실지락을 누리란다. 둘 다 아가씨의 심리를 자극하는 수법을 쓰고 있다.

씩씩한 아가씨, 나우시카는 말한다. 애들아, 어디로 도망가는 거니. "우리는 멀리 떨어져 큰 파도가 치는 바다 한가운데, 세상의 끝에 살고 있어 다른 인간들은 우리와 친교가 없어."(오. 6. 204~205) 강대진은 나우시카의 혀끝에서 쏟아지는 어휘에 대해 민감하다. 그리스어로 '친교'란 '섞이는 것'이란다. 무심코 뱉은 아가씨의 이 말은 '사람들이 오고 가지 않는 오지의 섬'에서 살고 있는 탓으로 외지인과 섞이지 못하고 있음을 자탄하는 말이 된다. 강대진은 한술 더 뜬다. '아무도 섞이지 않는다'는 데 여기서 '아무도'는 나중에 오디세우스가 키클롭스 중의 하나인 외눈박이 거인 폴리페모스를 만나 그의 눈을 찌르고 동굴을 탈출하면서

거인이 "너는 누구냐?"라고 묻자, "나는 아무도 아니다."라고 눙칠 때
사용한 '아무도 아닌 자^{outis} [6]'를 연상시킨단다.

오디세우스와 나우시카의 만남은 미묘하다. 둘은 서로 한눈에 반한
사이다. 빈말이 아니었다. 오디세우스가 나우시카를 보고서 여신과 같
은 자태라고 고백했던 것은. 마찬가지였다. 나우시카도 오디세우스를
보고 한눈에 반했다.

> "흰 팔의 시녀들아, 내가 할 말이 있으니 내 말 좀 들어봐. 저런 남자가 내
> 남편이라고 불리며 이곳에 살고 또 이곳에 계속하여 머물기를 원한다면 좋으
> 련만!"(오, 6. 239~245)

혼기에 찬 아가씨의 마음에 쏙 들어온 이가 오디세우스였다는 것이
다. 하지만 둘은 손도 잡지 못한다. 기회가 오는데, 기회는 간다.

여인이 불우한 이웃을 도와주는 것을 모성애의 발로하고 하는데, 모
성애도 사랑이고 이성애도 사랑이다. 사랑하는 마음이 있기에 돕는 것
이다. 게다가 나우시카는 둘도 없이 착한 아가씨가 아니었던가? "작은
보시^{布施}도 소중한 법이지. 자, 시녀들아, 너희는 나그네에게 먹을 것과
마실 것을 주고 강물에 목욕을 시켜주어라."(오, 6. 208~210)

친교를 주고받을 기회는 오는데, 기회는 간다. 목욕을 시켜준다는
것은 여자들이 남자의 몸을 씻어준다는 것을 의미한다. 이것이 고대의

접대법이다. 몸이 섞이는 것이다. 하지만 오디세우스는 기회를 버린다. 그는 혼자 씻길 선택한다.

> "시녀들이여, 그대들은 저만치 떨어져 서 있도록 하시오. 나는 그대들이 보는 앞에서는 목욕하지 않을 것이오. 처녀들 사이에서 벌거벗기가 부끄러우니까요."(오, 6. 218~222)

역시 절제의 사나이 오디세우스이다.

나우시카의 아버지 알키노오스 왕과 어머니 아레테는 오디세우스를 극진하게 접대했다. 아버지는 혼기가 찬 딸의 결혼식을 염두에 두고 있었을 것이다. 알키노오스는 오디세우스에게 떠나지 말고 머물러 함께 살 것을 권유한다. "그대같이 훌륭한 사람이 나와 생각이 같아 이곳에 머물며 내 딸을 아내로 삼고 내 사위라고 불렸으면 좋으련만! 나는 그대에게 집과 재산을 줄 것이오."(오, 7. 311~314) 나우시카도 마음이 없지 않았다. 오디세우스와 같은 사내를 남편으로 모시면서 함께 살길 원했다.

니체는 이렇게 말한 적이 있다. "사람들은 오디세우스가 나우시카와 이별했을 때처럼, 연연하기보다는 축복하면서 그렇게 삶과 이별해야만 한다."[7] 도대체 두 사람은 어떻게 헤어졌던 것인가? 오디세우스의 귀향을 위해 베푼 환송연이 벌어지고 있었고, 오디세우스는 막 목욕을 끝내고 연회장으로 가는 순간이었다. 그때 신들에게서 아름다움을 받은 나우시카가 튼튼하게 지은 지붕의 기둥 옆으로 다가섰다. 눈앞의 오디세우스를 보고는 감탄을 금치 못하며 말했다.

> "편히 가세요. 손님! 고향 땅에 가더라도 이따금 나를 생각하세요. 누구보다 내가 그대에게 생명의 은인이니까요."(오. 8. 461~462)

지금 무슨 대화가 오고 가는가? "편히 가세요."라는 나우시카의 작별 인사에는 미묘한 울림이 있다. 여인의 말은 반어이다. 헤어지자는 말은 붙들어 달라는 말이다. '조아그리^{zoagri}'라는 고대 그리스어 단어를 우리말 번역서는 '생명의 은인'으로 옮겼다. 대단한 말이다. 그런데 영어 번역서는 이 말을 '인질의 몸값^{ransom}'으로 옮겼다.[8] 지금 나우시카는 오디세우스에게 말한다. "당신은 몸값을 치르지 않았잖아요." 어쩌자는 것이냐? 여인의 중의법을 못 알아들었을 오디세우스가 아니었다. 잡아 말아? 그의 답사는 천연덕스럽다.

> "나우시카여, 고향에 돌아가면 언제까지나 날마다 여신께 기도하듯 그대에게 기도할 것이오. 그대가 나를 살려주셨기 때문이오. 아가씨!"(오. 8. 464~468)

그러니까 '여신으로 모시겠다'는 것이다. 누가 여신으로 모시랬어?

II

호메로스, 그리스 정신을 대변하다

하늘이 준 본성, 사랑

사랑은 아무나 할 수 있는 것이 아
니다. 아프로디테가 내 가슴에 와 움직여야 하는 것이 사랑이다. 신도
그렇다. 여신 헤라마저도 아프로디테에게 사랑의 가슴띠를 달라고 간
청한다. "나에게 애정과 욕망을 주어요. 그대는 신들과 인간들을 모두
정복하니까요."(14, 198~199) 대단하다. 사랑은 신들도 정복한다. 아프
로디테는 거침없이 가슴띠를 풀어준다. "그 안에는 아무리 현명한 자
의 마음도 호리는 사랑의 밀어와 설득이 들어 있었다."(14, 215~217) 사랑
의 밀어와 설득이라.

아프로디테의 가슴띠를 둘렀으니 신의 제왕 제우스도 헤라 앞에 굴
복할 수밖에 없다. 제우스는 그녀를 보자마자 애욕이 솟구치는 것을
제어할 수 없었다.[9] 신도 여인 앞에선 어쩔 수 없는가. 눈치코치 없이
서둘러 침대에 오르자고 졸라대니 말이다.

"일찍이 여신이나 여인에 대한 애욕이 이렇듯 강렬하게 내 가슴속 마음을
사로잡은 적은 한 번도 없었소."(14, 314~316)

《오디세이아》 제8권에서는 오디세우스가 알키노오스 왕의 환대를
받으면서 가인 데모도코스의 노래를 듣는다. 아레스가 헤파이스토스

167

의 집에서 아프로디테와 밀애를 나누는 이야기를 담은 노래이다. 아내의 불륜을 알게 된 헤파이스토스, 괘씸한 아레스를 현장에서 포획하기 위해 사슬 그물을 만든다. 이 그물은 아주 섬세하여 누구의 눈에도 보이지 않으면서도 아무도 끊을 수 없다. 헤파이스토스는 외출한 척하여 아레스를 집으로 유인한 뒤, 아레스가 아내 아프로디테와 동침하는 현장을 포착한다. 호메로스는 헤파이스토스에 대해 이렇게 기술한다.

"사나운 노여움이 그를 사로잡았다. 그는 무시무시하게 고함을 지르며 모든 신들에게 외쳤다. '신들이여! 이리로 오셔서 이 참을 수 없는 짓들 좀 보시오. 아프로디테는 내가 절름발이라고 해서 언제나 업신여기며 아레스를 사랑하고 있어요. 그대들은 이들이 내 침상에 올라 대체 어디서 사랑의 동침을 하고 있는지 보시게 될 것이오.'"(오, 8. 304~314)

이러한 고발을 듣고 남신들은 모두 구경하러 달려왔으나 여신들은 보기가 민망하여 각자 집 안에 머물러 있었다고 한다. 둘 다 나체로 잡힌 것이다. 이게 뭐냐? 사랑하는 마음이야 남자와 여자 간에 무슨 차이가 있겠는가? 남자의 사랑이 쉽게 타오르다 쉽게 꺼지는 불이라면 여자의 사랑은 은근하게 끓어오르는 물과 같은 경우가 많다는 점에서 정도의 차이가 있을 뿐이다. 하지만 사랑하는 이의 품에 안겨 잠들고 싶은 욕망에는 성별의 차이가 없다. 다만 아무래도 여성은 비밀스런 사랑을 추구하는 성향을 보이는 것 같다. 여성은 욕망을 은근하게 드러내는 반면 남성은 욕망을 직설적으로 드러낸다.

"그가 이렇게 말하자 신들은 모여들었다. 포세이돈도 왔고 헤르메스도 왔으며 아폴론도 왔다. 그러나 여신들은 부끄러워서 각자 집 안에 머물러 있었다. 그리하여 신들은 대문간에 들어섰고 헤파이스토스의 솜씨를 보았을 때 축복받은 신들 사이에서 그칠 줄 모르는 웃음이 일었다."(오, 8. 321~327)

내가 하면 사랑이요, 남이 하면 스캔들이다. 맞는 말이다. 법적으로 정해진 배우자가 아닌 사람과 나누는 성적 교합을 간통이라 하는데, 이 오랜 '법과 사랑의 대결'은 역사의 유물로 사라졌다. 사랑의 발목에 채운 이 쇠사슬은 짐짓 고대에서는 없었던, 중세적인 금기에 불과했음을 호메로스는 증거한다.

아폴론 왕이 헤르메스에게 어떻게 말하던가? "제우스의 아들 헤르메스여, 그대 같으면 설사 강력한 쇠사슬에 꼭 붙들린다 해도 침상 위에서 황금의 아프로디테 옆에 눕고 싶겠소?"(오, 8. 335~337)라고 물으니 헤르메스는 대답한다. "그랬으면 오죽이나 좋겠소, 세 배나 많은 사슬들이, 이루 헤아릴 수 없는 많은 사슬들이 나를 감는다 해도 그리고 모든 여신들이 들여다본다 해도 그래도 나는 황금의 아프로디테 옆에 눕고 싶소이다."(오, 8. 339~342)

헤파이스토스의 사슬은 도덕적, 법적 금기를 상징한다. 아프로디테
와 사랑을 나누는 죄행으로 헤아릴 수 없는 사슬에 감기게 된다 하더
라도 황금의 아프로디테 옆에 눕고 싶다는 헤르메스의 고백이야말로
하늘이 준 본성에 부합하는 솔직한 발언이 아닐까? 그리하여 포세이
돈은 헤파이스토스에게 아레스를 풀어줄 것을 요구했고, 합당한 벌금
을 자기가 대신 지불할 것을 약조했다.

갈대처럼 흔들리는
페넬로페의 내면

흔히들 오디세우스의 아내 페넬로
페를 정절의 대명사로 칭송한다. 그녀가 시아버지 라에르테스의 수의
를 짰다가 밤이면 다시 그것을 풀어버리는 계략으로 구혼자들의 눈을
속인 것은 남편 오디세우스 못지않은 지략과 수완을 과시한 흥미로운
기만술이었다. 우리는 이 기만술을 비난하지 않는다. 우리의 마음은
이미 구혼자들의 횡포에 분개하고 있기 때문이다. 하지만 호메로스의
노래를 따라 페넬로페의 내면을 있는 그대로 추적해 보면, "여인이여,
그대의 이름은 갈대이노라."라는 말처럼 페넬로페도 여인이었고, 심하
게 흔들리는 갈대였다는 것을 알 수 있다. 페넬로페는 겉으로 보기엔

남편을 향한 정절을 완강하게 지켜낸 여인이지만 그 여인의 속살을 있는 그대로 추적하는 것도《오디세이아》의 흥밋거리이다.

아테네 여신은 텔레마코스에게 다가가 어머니가 갈등하는 이유를 이렇게 제시한다. 에우리마코스가 구혼 선물을 크게 늘린 까닭에 외가 식구들이 어머니에게 에우리마코스와 결혼하라 재촉하고 있다는 것이다. 한술 더 떠 아테네는 텔레마코스에게 여인의 심리를 설파한다.

> "여자란 자기를 아내로 삼은 남자의 살림을 늘리기 원하며 일단 사랑하는
> 남편이 죽고 나면, 전남편과의 사이에서 태어난 자식들이나 전남편은 더 이
> 상 기억하지도 묻지도 않는단다."(오, 15. 21~23)

아테네의 여성 심리학은 모든 여성에게 공통된 생존의 현실을 반영하는 것이며, 말만 바꾸면 남성에게도 똑같이 적용되는 이치이다. 아테네의 예고 그대로 페넬로페의 마음속에선 구혼자들을 호리고 싶은 욕망이 인다. 구혼자들 앞에 나타나 그들의 마음을 온통 희망으로 들뜨게 하여 전보다도 더 존경을 받고 싶어 했단다. "에우리노메여! 지금 내 마음은 비록 그들이 밉기는 하지만 내가 그들 앞에 나서기를 바라는구려."(오, 18. 164~165) 구혼자들의 행실이 밉지만 그들을 유혹하고 싶어지는 이 마음은 무슨 마음인가?

오지 않는 남편을 기다리며 독수공방하는 여인의 쓸쓸함을 누가 알 것

인가. 한두 해의 기다림은 희망이 있기에 가능하지만 집을 나간 지 10년이 넘었고, 함께 출정한 메넬라오스도 네스토르도 아가멤논도 다 귀향했는데, 갓난아기가 코밑에 검은 수염이 나도록 자랄 때까지 남편은 돌아오지 않는다. 그런데 페넬로페는 여전히 살결이 고왔고, 뭇 남성들의 구혼을 받는 처지였다. 남편의 침상과 백성들의 평판을 두려워해야 하는지, 구혼 선물을 주는 가장 훌륭한 아카이오이족을 따라가야 하는지 헷갈리는 것은 너무 당연하다.

"내 마음도 꼭 그처럼 두 갈래로 나뉘어 이랬다저랬다 한다오."(오, 19. 524)

인간을 통해
뜻을 집행하는 신들

초심자의 《오디세이아》 읽기는 고향 이타케에 돌아온 오디세우스가 108명의 구혼자들을 일망타진하는 복수의 통쾌함에 관심이 쏠린다. 나는 중학교 1학년 학생일 때 《오디세이아》를 읽었는데, 오디세우스 일행이 키클롭스의 동굴에서 양들의 배에 달라붙어 동굴 밖으로 빠져나가는 스릴 넘치는 장면과 페넬로페가 제안한 활 시합, 즉 열두 개의 도끼 구멍을 관통하는 활 시합이 생생하게 기억난다. 어른이 되어 다시 읽으니 고대인의 사유를 반영하는 신들에 관한 이야기가 흥미롭다. 신들에 관한 표현이 여기저기 흩어져 있는데, 기독교의 신관과는 너무나 다른 고대인의 자유로운 신관을 수집하는 재미가 쏠쏠했다.

《오디세이아》에서 두드러지게 나타나는 아테네 여신의 모습은 근엄하고 완벽한 도덕적 신이 아니라, 오디세우스의 사업을 기획하고 도와주는 삶의 친근한 동반자[10]이다. 이타케에 도착한 오디세우스에게 나타난 아테네 여신은 귀여운 양치기 젊은이의 모습을 하고 있었다.

"우리가 어떻게 하는 것이 상책인지 궁리해보도록 하자꾸나."(오, 13. 365)

아테네는 오디세우스에게 명령을 내릴 수도 있었지만 오디세우스의 뜻을 존중해준다. 함께 궁리해보자는 거다.

이어 아테네는 오디세우스의 변신을 돕는다. 아테네 여신의 조력이 있었기에 오디세우스는 힘든 복수극을 완료하지만, 거꾸로 뒤집어 보아 오디세우스가 없다면 신은 어떻게 하여 자신의 뜻을 집행할 수 있을까? 인간은 신의 도움을 필요로 하지만, 신도 인간의 손과 발을 필요로 하는 존재가 아닌가? 인간의 세계가 없다면 신은 어느 세상에서 싸우고 화해하고 웃고 울까?

물론 호메로스의 신 역시 전지전능한 신이었다. "신은 모든 것을 다

아신다."(오. 4. 378~379) "부자가 되는 것은 신들에게 달려 있다."(오. 18. 19) 그렇기 때문에 인간은 누구나 자기를 돕는 신, 수호신을 필요로 한다. "인간이라면 누구나 신들을 필요로 하니까요."(오. 3. 48) 고대인들이 신에게 기도를 올리고, 봉헌물을 바치는 것은 철두철미 교환 관계였다. 신에게 지극정성을 올렸건만 만일 신이 도움의 손길을 내어주지 않으면 어쩔 셈인가?

《오디세이아》 제1권은 신들의 회의로 시작하는데, 회의석상에서 제우스는 인간들에 대한 불평을 털어놓는다. 인간들은 걸핏하면 신들을 탓하곤 한다는 것이다. 재앙이 신에게서 비롯된다고 하지만 사실은 인간들 자신의 못된 짓으로 인해 정해진 몫 이상의 고통을 당하는 것을 모르고서 말이다.

고대인들은 자신에게 불운이나 재앙이 닥치면 그 원인이 신들에게 있다고 보았던 모양이다. 돌아온 주인 오디세우스는 떠돌아다니며 구걸하는, 행색이 초라한 거지였다. 일꾼들의 우두머리 필로이티오스가 주인을 알아볼 턱이 없다. 하지만 거지의 행색이 남달라서, 불행한 사람이지만 그 모습은 왕이나 통치자 같다고 말한다. 왕이 거지가 되어 떠돌아다니는 불운을 겪기도 하는데, 고대인들은 이 경우 역시 신의 탓이라고 생각한 모양이다.

이어 필로이티오스는 고대인의 신관을 명확히 밝힌다.

"아버지 제우스시여! 다른 어떤 신도 그대보다 잔혹지는 않을 것입니다.

그대 자신이 인간들을 태어나게 하시고는 인간들을 불쌍하게 여기시기는커

녕 재앙과 고통 속에 빠뜨리시니 말입니다."(오, 20. 201~203)

삶이 고해^{苦海}라면 이 고해에 인간을 처박아놓고서 허우적거리게 하

는 자가 제우스라는 것이다. 그리스인에게 신은 삶에 대한 그들의 비

관적 태도와 모든 것을 체념하고 묵묵히 운명을 받아들이는 숙명론적

태도를 절묘하게 통합시킨 고리였다.

20년 동안 독수공방한 여인, 남편이 살아 돌아와 말을 하고 있어도

남편이라 부르지 않는 이 냉혹한 여인을 어이할까? 올리브나무의 우

듬지를 자르고 밑동을 뿌리에서부터 다듬은 다음 두루 깎고 먹줄을 치

고 똑바르게 말려 침대 기둥으로 만들었고, 침상이 완성되자 금과 은

과 상아로 정교하게 장식하고 그 안에 자줏빛 찬란한 소가죽 끈을 졸

라맸다면서 "이것이 우리 침상의 특징이오."라고 말하는 오디세우스

앞에서 마침내 페넬로페의 무릎과 심장이 풀렸다고 호메로스는 노래

했다. 그녀는 울면서 오디세우스에게 달려가 두 팔로 그의 목을 끌어

안고는 머리에 입을 맞춘다.

"오디세우스! 우리에게 슬픔을 주신 것은 신들이세요. 우리가 함께 지내며

청춘을 즐기다가 노년의 문턱에 이르는 것을 신들께서 시기하셨던 거예요."

(오, 23. 209~212)

오디세우스의 이야기,
《오디세이아》

여러 세기 동안 그리스의 아이들은 호메로스의 작품을 외우면서, 전설적 인물의 행실을 통해 그리스인의 세계관과 인품을 배우면서 자랐다. 호메로스의 영웅들이 보여준 자질들을 계발하는 것이 그리스인의 교육이 지향하는 목표였다.[11]

마빈 페리와 앨런 스콜의 《세계사》에 따르면 호메로스의 영웅들이 보여준 자질들을 계발하는 것이 그리스인의 교육목표였다고 한다.《일리아스》의 영웅은 아킬레우스이다. 죽음의 운명을 알면서도 친구 파트로클로스의 죽음을 복수하기 위해 무구를 입고 나서는 아킬레우스는 고대 그리스인들의 아이돌이었나 보다. 하지만 동양의 문화와 전통 속에서 자란 우리에게 아킬레우스는 좀 거북스럽다. 너무 오만하고 무례하며, 즉흥적이고 잔혹하다. 오히려 그의 손에 죽는 헥토르가 훨씬 매력적이다. 동생 파리스 때문에 일어난 전쟁임에도 불구하고 트로이를 지키기 위해 자신의 목숨을 바치는 이런 모습을 가리켜 살신성인이라 했던가. 부인 안드로마케의 애절한 만류에도 불구하고 아들 아스티아낙스를 안아보고 다시 전쟁터로 나가는 사나이를 보라. 그도 번민이 없었던 게 아니다. 아킬레우스에게 쫓기느라 성벽을 세 번이나 돌면서

얼마나 심하게 좌고우면^{左顧右眄}했던가.《일리아스》에선 이들 두 영웅 말
고도 아가멤논과 메넬라오스, 디오메데스와 아이아스 등 여러 영웅이
출현하는데,《오디세이아》는 다르다. 단 한 명, 오디세우스만이 출현
한다.《오디세이아》는 오디세우스의 이야기이다.

도대체 오디세우스라는 인물의 어떤 점이 탁월하기에 그의 명성이
하늘에 이르렀던 것일까? 용맹 때문인가? 지략 때문인가? 오디세우스
의 탁월함, 그 실체는 무엇인가?

5.
영웅이란 어떤 존재인가?

《오디세이아》에 나타난 영웅관

오디세우스의 매력은
무엇인가?

"바람은 나를 이스마로스로 실어다주었소. 그곳에서 나는 도시를 약탈하고 그들을 죽였소. 우리는 도시에서 그들의 아내들과 많은 재산을 갖고 와 나눠 가졌는데 어느 누구도 정당한 제 몫을 받지 못하고 가는 일이 없게 하려는 것이었소."(O. 9. 39~43)

오디세우스의 귀향길은 약탈의 연속이었다. 가는 곳마다 사람들의 아내와 재산을 강탈했음을 오디세우스는 숨기지 않고 자랑한다.

또한 마녀 키르케의 유혹을 떨쳐내고, 세이렌의 고혹적 음성을 이겨내고, 칼립소의 품에서 7년 동안 놀다 떠나고, 나우시카에 의해 구원을 받고, 마침내 페넬로페와 해후하기까지 오디세우스가 거치는 여성 편력은 화려하다.[1]

단도직입적으로 묻자. 오디세우스의 매력은 무엇인가? 무엇 때문에 많은 여성들이 오디세우스와 사랑에 빠지는 걸까? 이 여인들이 오디세우스의 부와 권력을 탐했을까?

알고 보면 오디세우스의 왕이라는 지위는 대단한 게 아니었다. 뒤에서 살펴볼 것처럼, 암흑시대의 왕 바실레우스는 특정 지방의 강자를 의미하는 개념이었다. 아가멤논이야 그리스 방방곡곡에서 몰려온 주먹들이 공인하는 왕 중의 왕이었으나, 오디세우스가 과시할 수 있는 힘은 고작 함선 열두 척이었다.

페넬로페를 제외한 다른 여인들이 목격한 오디세우스는 누더기 한 벌 달랑 걸치고 있는 알거지였다. 더더욱 고향에 돌아가 왕의 지위를 다시 찾으리라는 보장보다 가다가 바다에서 숨을 거둘 확률이 높았다.

그렇다면 여인들의 마음을 휘어잡은 오디세우스의 매력은 무엇인가? 우리의 주인공 오디세우스가 발휘한 탁월성은 무엇이었던가? 명성이 하늘에 이르렀다는 오디세우스의 됨됨이는 무엇이 핵심인가? 고대인의 숭배를 한 몸에 받았던 오디세우스의 숨은 매력은 무엇일까?

용기와 지략

《일리아스》 제10권 '정탐' 편에서 디오메데스는 자신이 트로이 진영을 정탐하러 가겠다면서 동행할 영웅으로 오디세우스를 천거한다.

> "그대들이 진실로 나더러 손수 전우를 고르라시면 내 어찌 신과 같은 오디세우스를 잊을 수 있겠소. 그의 용기와 씩씩한 기상은 어떠한 노고에 임해서도 극히 열성적이며 또 팔라스 아테네가 그를 사랑하고 계시오."(10. 242~245)

디오메데스의 증언에 따르면 오디세우스는 용감한 사내였다. 과연 오디세우스의 용기는 대단했다. 《오디세이아》에서 그는 술에 취해 쓰러진 키클롭스의 안구에 시뻘건 나무 말뚝을 집어넣는다.[2] 키클롭스의 눈에 올리브나무 말뚝을 밀어 넣는 오디세우스의 용맹은 독자의 가슴을 휘어잡기에 충분하다. 그런데 솔직히 말해 용맹이 오디세우스만의 자랑은 아닐 것이다. 용맹은 전사의 기본 덕목이다.

오디세우스의 탁월성은 무엇인가? 《일리아스》 제3권 '맹약' 편에서 프리아모스는 며느리 헬레네를 불러 그리스 측 전사들의 면면을 알려달라고 부탁한다. "자, 아가! 저 남자가 누군지도 말해보아라. 저기 저 아가멤논보다 머리 하나쯤 작으나 어깨와 가슴은 더 넓어 보이는 사람 말이다."(3. 192~194) 시아버지의 청에 따라 헬레네는 답한다. 오디세우스는 지략이 뛰어난 사람이라고. "저 사람은 라에르테스의 아들 지략이 뛰어난 오디세우스로 온갖 계략과 영리한 생각에 능한 사람이에요."(3. 200~202)

리더십의 외화, 언변

헬레네의 답변을 이어받은 안테노르의 발언은 의미심장하다. 오디세우스의 탁월성은 또한 능수능란한 언변에 있다는 것이다. 오디세우스가 전에 헬레네를 돌려달라고 요청하기 위해 이곳 트로이에 메넬라오스와 함께 사절로 온 적이 있었는데, 지략이 뛰어난 오디세우스가 자리에서 벌떡 일어서서 말했다고 한다.

> "가슴에서 우렁찬 목소리로 겨울날의 눈송이와도 같은 언변을 토하자, 필멸의 인간은 아무도 오디세우스와 겨룰 수 없었다."(3. 221~223)

언변은 단순한 말재주만은 아닐 것이다. 언어는 인격의 총체이다. 오디세우스의 언변이 회의장에서 먹혀들었던 것은 그의 판단이 현실의 흐름을 예의 주시하면서 사태의 복잡을 잘 풀어헤쳐 지혜로운 결정을 내리도록 해주었기 때문이다. 한마디로 말하여 오디세우스의 언변이 능수능란했다는 것은 그의 리더십이 전시에나 평시에나 동료들에게 존중받을 만큼, 말 한마디 한마디가 진중하고 슬기로웠음을 의미한다.

언변은 리더십의 외화이다. 전쟁터에서 아가멤논을 이끌어가는 오디세우스의 리더십을 보라. 할 말은 한다. 《일리아스》 제4권에서 오디세우스는 아가멤논의 실언을 꾸짖는다. 아가멤논은 사죄한다. "제우스의 후손인 라에르테스의 아들이여, 지략이 뛰어난 오디세우스여! 자, 내가 방금 실언을 했다면 고치도록 합시다. 신들께서 그것을 모두 무효가 되게 해주시기를!"(4. 358~363) 이 대사는 아가멤논이 물렁한 인물임을 시사함과 동시에 할 말을 하는 오디세우스의 당당함을 보여준다.

전세가 불리하게 내몰리자 코가 석 자나 빠진 아가멤논, 바다에 배를 띄우고 도망가자고 한다. "그러니 자, 모두들 내가 말하는 대로 합시다! 바다에서 가장 가까운 곳에 끌어올려 놓은 함선들을 모조리 끌어내려 신성한 바다에 띄운 다음 물 위에 떠 있도록 돌닻을 내려 매어둡시다. 야음을 타서라도 파멸을 피하는 것은 결코 나무랄 일이 아니오. 파멸을 피해 달아나는 것이 붙잡히는 것보다는 더 나으니까요."(14. 74~81) 가만히 있을 오디세우스가 아니다. 전쟁터에서 싸우다 죽는 것이 전사의 운명이다. 도망치자니? 아가멤논이 그 말을 철회하도록 해야 한다.

"아트레우스의 아들이여! 무슨 말씀을 그렇게 함부로 하시오? 그대는 영광도 없는 다른 군대나 지휘하고 우리를 다스리지 말았어야 할 것이오. 우리는 젊어서부터 늙을 때까지 그리고 마지막 한 사람이 쓰러질 때까지 비참한 전쟁의 실타래를 감도록 제우스께서 정해주셨으니 말이오. 우리는 트로이인 들의 길 넓은 도시 때문에 많은 고초를 겪었거늘 그대는 그토록 이곳을 떠나 고 싶단 말이오?"(14. 83~89)

물렁한 아가멤논은 또 물러선다. "오디세우스여! 그대의 준열한 질 책이 내 폐부를 찔렀소. 하나 나는 아카이오이족의 아들들에게 훌륭한 갑판이 덮인 함선들을 그들의 의사에 반해서 바다로 끌어내리라고 명 령하지는 않겠소. 이제 그보다 더 나은 계략을 말해줄 사람이 있다면 나는 기꺼이 받아들이겠소."(14. 104~108) 이 정도면 누가 왕인가? 아가멤 논인가, 오디세우스인가? 어깨가 떡 벌어진 오디세우스의 가슴은 대 장부의 체격을 갖추었음을 의미하고 안테노르의 표현대로 "우렁찬 목 소리로 겨울날의 눈송이와도 같은 언변"을 토했다는 것은 오디세우스 의 능수능란한 말솜씨를 증거한다.

강인한 체력과 노작 능력

오디세우스의 탁월성은 여기에 그 치지 않는다.《일리아스》제23권은 파트로클로스의 죽음을 기리는 운동 대회 장면을 보여준다. 여기에서 오디세우스는 레슬링 경기와 달리기경주에 출전한다. 레슬링 경기에서 장사인 아이아스를 기술로 제압했고, 달리기경주에서도 그의 라이벌 아이아스를 또 제압한다. 그러니까 오디세우스는 현란한 지략과 함께 튼튼함 몸매와 이에 기초한 강인한 체력을 두루 갖춘 인물이었던 셈이다.

그뿐인가? 칼립소의 섬을 떠나면서 뗏목을 만드는 과정을 보라. 도끼 한 자루와 자귀 한 자루로 나무를 벌목하고, 먹줄을 치고, 자르고, 나사송곳으로 구멍을 뚫고, 나무못과 꺾쇠로 잇고, 늑재^{肋材}에 붙여 측벽을 세우고, 방향을 잡기 위한 키를 만드는, 이 능수능란한 목수는 누구였던가? 이 목수가 이타케의 왕 오디세우스였던가? 젊은 시절 부인 페넬로페를 맞이하여 오디세우스가 만들었다는 그 침대, 페넬로페가 마주한 늙은 거지가 돌아온 자신의 남편인지 아닌지 확인하는 과정에서 오디세우스가 술회하는 그 침대의 표징은 황금으로 치장한 신전처럼 찬란하다. 이 침상은 누가 만들었던가?[3]

세이렌의 유혹을 이긴 절제

오디세우스는 문과 무를 겸비한 영웅이었고 정신노동과 육체노동의 총화인 전인격적 인물이었다. 그 인격의 완전함이 언변으로 외화된 것이다. 하지만 문과 무에 출중하고 운동경기며 노작에도 능수능란한 이 인물을 팔방미인라고 한정해 부른다면 정작 오디세우스 자신은 동의하지 않을 것이다.

마녀 키르케를 꼼짝 못하게 제압한 오디세우스의 진짜 매력은 무엇이었을까? 바로 담대한 절제였다. 《오디세이아》 제10권에서 헤르메스는 마녀 키르케가 오디세우스 일행에게 주는 음식물에 약을 타리라는 것을 오디세우스에게 미리 알려준다.

"여기 이 훌륭한 약을 가지고 키르케의 궁전으로 가도록 하라. 이 약은 그대의 머리에서 재앙의 날을 물리칠 것이다. 키르케가 긴 지팡이로 그대를 때리려 하거든, 그대의 넓적다리에서 날카로운 칼을 빼어 들고 죽일 듯이 키르케에게 덤벼들도록 하라."(오, 10. 287~295)

오디세우스의 부하들은 키르케의 마법에 걸려 돼지가 된다. 그런데 오디세우스만 마법에 걸리지 않았다. 왜일까? 사태의 추이를 다시 추적해보자. 키르케는 치즈와 보릿가루와 노란 꿀과 프람네산* 포도주를 함께 섞은 것을 오디세우스 일행에게 주면서 여기에 해로운 약도 섞었다. 고향 땅을 잊어버리게 하려는 환각제였다. 부하들은 그녀가 준 것을 다 받아 마셨다. 그리고 나서 키르케가 지팡이로 부하들을 때리니 그들은 돼지로 변했다. 그러니까 오디세우스의 부하들은 '치즈와 보릿가

루와 노란 꿀과 프람네산 포도주'에 눈이 멀어 벌컥벌컥 마실 줄만 알
았지, 이 음료에 무슨 음모가 들어있는지 경계하지 않았던 것이다. 반면
오디세우스는 다가올 사태를 예의 주시했고, 만일의 마법에 대해서도
충분한 비책을 마련해두었다. 오디세우스는 한시도 긴장을 늦추지 않았
고, 늘 경계하며 살았다. 이 뒤에 오디세우스의 담대한 절제를 보여주는
이야기가 이어진다.

키르케가 지팡이로 오디세우스를 때리자 오디세우스는 넓적다리에
서 칼을 빼어 들고 죽일 듯이 키르케에게 달려들었다. 여기에서 키르케
는 오디세우스의 무릎을 잡고 울면서 서로를 믿을 수 있도록 동침을 하
자고 애원했다.⁴ 하지만 오디세우스, 그는 절제의 영웅이었다.

"나는 그대의 침상에 오르고 싶지 않소이다. 여신이여! 나에게 다른 고통
과 재앙을 꾀하지 않겠다고 그대가 엄숙히 맹세하는 것을 감수하지 않겠다면
말이오."(오, 10. 342~344)

마녀 키르케의 마음을 사로잡은 것은 바로 오디세우스의 담대한 절
제였으리라.

《오디세이아》를 읽은 독자들에게 가장 강렬하고도 오래도록 기억되
는 한 장면을 고르라고 한다면 나의 경우 오디세우스가 세이렌의 유혹
을 이기기 위해 부하들의 귀를 밀랍으로 틀어막고 자신의 몸을 돛대에

결박하는 장면이었다고 대답할 것이다. 건너편에서 요정 세이렌이 뱃사람들을 호린다. "어서 오세요, 오디세우스."

세이렌의 신화는 한 쪽의 지면도 채우지 못할 정도로 간결한 이야기이다. 물론 세 번 반복되는 이야기라고는 해도, 이렇게 짧은 스토리텔링이 그렇게 강렬한 환상을 불러일으키다니. 호메로스의 마력 앞에 혀를 내두를 따름이다.

> "자! 이리 오세요, 칭찬이 자자한 오디세우스여, 아카이오이족의 위대한 영광이여! 이곳에 배를 세우고 우리 두 자매의 목소리를 듣도록 하세요. 우리 입에서 나오는 감미롭게 울리는 목소리를 듣기 전에 검은 배를 타고 이 옆을 지나간 사람은 아직 아무도 없어요. 그 사람은 즐긴 다음 더 유식해져서 돌아가지요. 우리는 넓은 트로이에서 아르고스인들과 트로이인들이 신들의 뜻에 따라 겪었던 모든 고통을 다 알고 있으며 풍요한 대지 위에서 일어나는 일은 무엇이든 다 알고 있으니까요."(오, 12, 184~191)

세이렌의 이야기에서 신화적 요소를 벗겨보자. 세이렌은 무엇일까? 항해에 지친 뱃사람들이 그냥 지나칠 수 없는, 거역하기 힘든 홍등가의 아가씨였을까? 아니면 뱃사람들의 미래를 말해주는 무녀였을까? 오디세우스는 무엇 때문에 파멸의 위험을 감수하면서까지 세이렌의 노래를 듣고자 했을까?[5]

세이렌 자매가 앉아 노래하는 풀밭 주위에는 온통 썩어가는 남자들의 뼈들이 쌓여 있고 뼈 둘레에는 살갗이 오그라들고 있다. 그럼에도 불구하고 오디세우스의 호기심을 자극한 세이렌의 이 노래는 과연 무엇인가? 인간에게 가장 근원적인 욕망 중 하나는 인정 욕구이다. 나이가 들수록 고개 숙이는 성욕과 달리 이 욕구는 나이가 들수록 더 왕성해지는가.

지금 세이렌은 사나이의 인정 욕구를 자극하고 있다. 나는 당신의 무용담을 다 알고 있다. 당신의 위업을 말해볼 터이니, 들어보시라. 당신은 트로이전쟁의 최고 전사 아니던가? 사람은 과거의 향수를 자극하면 현재의 고난에 눈감고 싶어지는 것이 보통이다. 당신은 이미 위업을 이루어놓았고, 가야 할 미래는 산더미만한 파도를 뚫는 것인데, 오디세우스여, 나의 품에서 잠시 쉬다 가시라.

세이렌의 품에서 하룻밤 즐기면 미래에 대한 지식까지 얻어 간다. 가야 할 미래의 파고는 높고 몸은 고단할 때 여인의 품 안에서 잠들고 싶어진다. 이 잠들고 싶은 욕구의 속삭임을 이기지 못하고 잠시 눈을 감으면 저승사자가 온다.

세이렌의 신화에서도 오디세우스는 그 탁월함을 유감없이 보여준다. 그런데 오디세우스는 거기에서 그치지 않는다. 세계의 모든 것을 다 경험하고 싶은 왕성한 호기심의 소유자인 오디세우스는 자신의 운명을 알기 위해 저승에 가기도 한다. 예언자 테이레시아스를 만나려고 말이다. 운명을 알기 위해 갔던 저승을 탈출하여 나오고, 거부할 수 없는 목소리로 유혹하는 세이렌에게서 빠져나온다. 그 비결은 무엇인가? 역시 그것은 담대한 절제였다.

"그래서 나는 전우들에게 눈짓으로 풀어달라고 명령했으나 그들은 몸을 앞으로 구부리며 힘껏 노를 저었소. 그리고 페리메데스와 에우릴로코스가 당장 일어서더니 더 많은 밧줄로 나를 더욱 꽁꽁 묶었소."(오, 12. 193~196)

자신의 의지로 절제하지 못할 경우엔, 오디세우스는 타인의 힘까지 동원했던 것이다.

필멸의 존재를 선택한 자유인

그렇게 강인한 의지를 보유한 사나이가 키르케의 품에서 1년의 세월을 보낸 것은 누가 뭐래도 그냥 바람을 피운 것이다. 마녀 키르케가 자신의 거처에서 마시고 먹으면서 피로를 씻고 원기를 회복하란다. "제우스의 후손 라에르테스의 아들이여, 지략이 뛰어난 오디세우스여! 그대들이 얼마나 많은 고생을 했는지는 나도 알고 있어요. 자, 그대들은 음식을 들고 포도주를 마시도록 해요. 그대들이 처음 고향 땅을 떠날 때와 같은 기력을 느끼게 될 때까지 말예요."(오, 10. 456~462) 오디세우스 일행은 만 1년 동안 많은 고기와 달콤한 술로 잔치를 벌였다. 전쟁터에 나간 전사들이 누린 환락이었다.

칼립소의 섬에서 보낸 7년의 세월은 또 무언가? 설령 오디세우스가 자신의 의지와 무관하게 칼립소의 섬에 유폐당했다손 치더라도, 원하지 않는 남자가 원하는 여자의 곁에 누워 있었다는 호메로스의 변명은 설득력이 적다. 하루 이틀도 아니고 어떻게 그 무수한 날을 원하지 않는 여인과 동침할 수 있었을까? 헤아려보자. 텔레마코스를 낳고 집을 떠났기 때문에 오디세우스가 부인 페넬로페와 동침한 것은 3년을 넘지 않았을 것이다. 그런데 칼립소의 품에서 보낸 세월이 7년이다. 칼립소만 오디세우스를 일방적으로 좋아한 것은 아니었을 것이다.

오디세우스를 풀어주라는 제우스의 명령을 헤르메스가 전하러 왔을 때, 칼립소는 정녕 서운한 감정을 숨기지 않았다.[6] 칼립소는 오디세우스에게 불멸의 신으로 만들어줄 터이니 함께 살자며 매달렸다. 페넬로페를 잊지 못하는 사나이 앞에서 "나의 몸매와 체격이 그녀보다 못할 게 있느냐?"라며 항변도 했다. 대체 오디세우스의 무슨 매력이 칼립소를 뒤흔들어 놓았을까? 호메로스는 오디세우스를 향한 칼립소의 일방적 애정 공세만을 이야기할 뿐, 오디세우스의 매력에 대해선 침묵한다. "낮이면 그는 바닷가 바위들 위에 앉아 눈물과 신음과 슬픔으로 자신의 마음을 괴롭히고 있고 눈물을 흘리며 추수할 수 없는 바다를 바라다보곤 했다."(오, 5. 156~158)

따지고 보면 오디세우스도 칼립소를 좋아했을 것이다. 고대 그리스인에게 아내란 '같이 침대에 오르는 짝^{bedmate}'을 의미한단다. 비록 페넬로페가 법적 부인이었다 할지라도 칼립소는 가장 긴 시간 오디세우스를 품에 안은 오디세우스의 짝이었던 셈이다. 이 점을 염두에 두면 마지막 헤어지기 전 칼립소가 오디세우스의 앞날을 걱정하며 들려준 이야기가 의미심장하다.

"제우스의 후손 라에르테스의 아들이여, 지략이 뛰어난 오디세우스여! 그대는 정말로 지금 당장 이대로 사랑하는 고향 땅에 돌아가기를 원하시나요? 그렇다 하더라도 편히 가세요. 그러나 만약 그대가 고향 땅에 닿기 전에 얼마나 많은 고난을 겪어야 할 운명인지 마음속으로 안다면 날마다 그리는 그대의 아내를 보고 싶은 열망에도 불구하고 이곳에, 바로 이곳에 나와 함께 머물며 이 집을 지키고 불사의 몸이 되고 싶어질 거예요."(오, 5. 203~210)

그것은 사랑하는 여인이 사랑하는 남정네에게 건네는 진심의 충언이었다. 여기에 이어 나오는 몸매와 체격 이야기는 애달프다. 얼마나 붙들고 싶었더란 말이냐? 호메로스는 오디세우스의 매력에 대해 끝내 침묵하지만 다른 방식으로 그의 됨됨이를 보여준다.

"존경스런 여신이여, 그 때문이라면 화내지 마시오. 사려 깊은 페넬로페가 생김새와 키에서 마주 보기에 그대만 못하다는 것은 나도 잘 알고 있소. 그녀는 필멸하는데 그대는 늙지도 죽지도 않으시니까요. 하지만 그럼에도 나는 집에 돌아가서 귀향의 날을 보기를 날마다 원하고 바란다오. 설혹 신들 중에 어떤 분이 또다시 포도줏빛 바다 위에서 나를 난파시키더라도 나는 가슴속에 고통을 참는 마음을 갖고 있기에 참을 것이오. 나는 이미 너울과 전쟁터에서 많은 것을 겪었고 많은 고생을 했소. 그러니 이들 고난들에 이번 고난이 추가될 테면 되라지요."(오, 5, 215~224)

오디세우스는 불멸의 존재로 남기보다 필멸의 존재로 살아가기를 택했다. 오기기에섬의 안락에 머물기보다 저 포도줏빛 바다의 산더미만한 너울을 뚫고 나아가는 미래의 파란만장을 택했다. 그 어떤 고난이 버티고 있다고 할지라도 오디세우스의 귀향을 막을 순 없다. 하나의 뜻을 이루기 위해 죽음을 건 불굴의 사나이, 집념의 투사. 그가 오디세우스였다. 눈앞의 명백한 재앙을 보고도 포기하지 않는 사람, 보장된 안락을 버리고 자유를 찾아 뗏목에 몸을 싣고 떠나는 고독한 사나이를 바라보는 칼립소의 애끓는 정은 어떠했을까?

다가오는 것은 난파와 표류였다. "오오, 나야말로 비참하구나! 드디어 내게 무슨 일이 일어나려는 것일까? 여신이 한 말이 모두 사실이 아닐까 두렵구나. 내가 고향 땅에 닿기 전에 바다에서 많은 고초를 겪게 될 것이라고 여신이 말했거늘 이제 그것이 모두 이루어지는구나.

꼭 그렇게 제우스께서 넓은 하늘을 구름으로 둘러싸시고 바다에 파도를 일으키시니 온갖 바람의 폭풍이 한꺼번에 몰려오는구나. 이제 나의 갑작스런 파멸은 의심할 여지가 없어."(오, 5. 299~305)

이 절체절명의 위기에서 요정 이노 레우코테아가 홀연 나타난다. "불운한 이여! 자, 이 불멸의 머릿수건을 받아 가슴에 두르세요. 그러면 그대는 더 이상 고통이나 죽음을 두려워할 필요가 없을 거예요."(오, 5. 339~347) 이노 레우코테아의 조언마저 오디세우스는 의심한다. 마지막까지 자신의 머리로 판단하고 책략을 구하는 인간이었다.

"아아, 괴롭구나! 그녀가 나더러 뗏목을 떠나라고 명령하니 불사신들 중 어떤 분이 또 내게 음모를 꾸미시는 게 아닌지 두렵구나. 나는 아직은 그 명령에 따르지 않을 거야."(오, 5. 356~358)

오디세우스는 그 특유의 경계와 신중을 잃지 않은 집념의 사나이였다. 오디세우스는 원치 않은 삶에 묵종하지 않았고, 보장된 행복에 안주하지 않았다. 그가 선택한 것은 긍지 있는 삶이었다. 그 무엇에도 붙들려 있기를 거부한 사람, 끊임없이 삶의 새 바다를 열어간 사람, 오디세우스는 바로 자유인이었다!

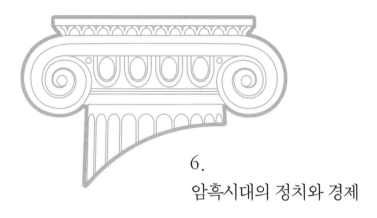

6.
암흑시대의 정치와 경제

2대 서사시의 역사적 배경

본시 남녀 간의 애정 관계에는 도
둑질도 없고 약탈질도 없다. 사랑하는 사람들 간에 눈이 맞지 않고서
야 어떻게 사랑이 일방적 행위로 이루어질 수 있겠는가? 남녀 관계의
시작은 약탈이었다. 하지만 청춘의 불장난은 혼례를 통해 인류의 세계
로 들어온다. 남녀가 사랑하고 아이를 낳고 키우면서 인간의 역사는
도도하게 흐르고 흘러 지금에 이른 것이다. 서양 역사의 아버지, 헤로
도토스는《역사》의 맨 처음을 '여인의 납치' 이야기로 연다.

페르시아인을 포함한 비헬라스인barbaros들과 헬라스인들이 서로 으르

194

렁거리며 싸우게 된 것은 페니키아인들 탓이란다. 페니키아인들이 지중해의 이곳저곳을 들러 물건을 팔아왔는데, 한번은 그리스에 도착해 물건을 팔다가 물건을 사러 온 여인들을 덮쳤다는 것이다. 이렇게 해서 그리스의 공주 이오가 이집트로 팔려가게 되었고, 다시 헬라스인들은 이에 대한 보복으로 페니키아 해변에서 에우로페 공주를 납치했다. 장군멍군한 셈이다.

이후 프리아모스의 아들 알렉산드로스가 메넬라오스의 아내 헬레네를 납치했다. 기왕의 납치 행위들도 벌을 받지 않았으니 그는 아무 일 없을 것이라 생각했다. 그런데 헬라스인들은 사절단을 보내 헬레네를 돌려주라고 요구했다.

페르시아인의 생각에 의하면 여인의 납치 사건은 덮어두는 것이 현명한 처사이다. 먼저 추파를 던졌기 때문에 납치되는 것으로 보자는 것이다. 페르시아인들은 여인의 납치를 대수롭지 않게 여겨왔는데 헬라스인들이 유독 헬레네라는 여인 때문에 대군을 이끌고 아시아로 쳐들어 왔다는 것이다. 이후 페르시아인들은 헬라스인들을 적대시했다.[1]

헤로도토스의 《역사》는 트로이전쟁의 발발 원인에 대한 고대인들의 시각을 알려주는 중요한 기록물이다. 알렉산드로스가 헬레네를 납치한 것은 늘 반복되었던 남녀상열지사의 하나였다. 그런데 유독 헬레네의 경우에만 대규모의 군사적 보복이 자행되었던 것이다. 조금만 생각해보아도 헬레네의 납치와 그에 대한 보복은 전쟁을 일으키기 위한 하나의 명분일 뿐임을 알 수 있다.

호메로스가 전하는 영웅들의 이야기는 어느 시대의 것이었을까? 에라토스테네스의 고찰에 따르면 트로이전쟁은 기원전 1183년에 발발했다.[2] 호메로스는 '그 트로이전쟁의 이야기'를 전했을까?

1975년 역사학자 핀리는 《오디세이아의 세계》라는 책을 통해 호메로스의 서사시가 전하는 시대는 기원전 10세기 '암흑시대$^{Dark Ages}$'라고 잘라 말한다. 기원전 1200년대 미케네 궁전이 파괴되고 기원전 8세기 말 새로운 문자가 등장하기까지의 시기를 우리는 암흑시대[3]라 부른다. 우리는 이 시대에 대하여 아무것도 알지 못한다. 따라서 암흑시대다.

호메로스의 서사시에서 역사적 사실을 찾는 것은 헛수고이다.[4] 역사와 시는 서로 다른 세계이다. 시는 역사적 사실을 보존하는 매체가 아니다. 그런데 역사학자 핀리가 서사시에 대해 관심을 가진 까닭은 호메로스의 시가 그리스의 암흑시대에 관한 지식을 제공하는 한 원천이기 때문이었다.

서사시들이 기원전 13세기 청동기시대의 역사적 사건들에 대해 아무런 기억을 보존하고 있지 않다면 서사시가 우리에게 전하는 것은 무엇인가? 핀리의 답변에 의하면 서사시들은 암흑시대의 사회제도와 가치를 보존하고 있다는 것이다. 핀리는 시인의 당대를 기원전 8세기 중엽으로 본다. 서사시의 역사적 배경은 암흑시대와 시인의 당대 사이이다.[5]

왕 같지 않은 왕

《삼국지》는 도원결의로 시작한다. 죽는 날까지 관우와 장비는 유비와 맺은 의리를 버리지 않는다. 마음의 진정성, 즉 충°을 다한다. 그런데 《일리아스》는 쌈박질⁶로 시작한다. 대들고 욕하고 쌈하는 것이 서양인의 기질인가? 한때 나는 이렇게 생각했다. 그런데 여기에서 나는 한 가지 착오를 범하고 있었다.

《일리아스》의 역사적 배경이 되고 있는 기원전 10세기 암흑시대 혹은 트로이전쟁과 《삼국지》의 역사적 배경이 되고 있는 기원후 3세기 적벽대전 사이에는 무려 1,200년이라는 세월의 간격이 있다. 《삼국지》에서 유비에게 바치는 관우와 장비의 충성은 고대국가의 왕과 신하 사이에서 오고가는 충성이었다. 반면 《일리아스》에 나오는 영웅들의 자유로운 발언은 아직 이렇다 할 정치권력이 정립되어 있지 않은 시기, 왕이라고 부르지만 왕이라고 칭하기 민망한, 지극히 미미한 권위를 가진 자들만 있었던 역사적 상황에서 가능하던 행태들이었다. 나는 이것을 미처 분별하지 못했던 것이다.

근래의 고고학 연구에 의하면 암흑시대 그리스 어디에도 왕권의 중심지라 할 만한 곳이 드러나지 않는다.⁷ 호메로스 시에 나오는 바실레우스basileus는 왕이 아니었다. 지방의 우두머리나 강자에 불과했다.⁸ 호메로스의 왕들은 지방에서 영향력을 행사하는 오이코스의 우두머리였다.

호메로스는 아가멤논에 대해 어떻게 말하던가? "인간들의 왕"(1. 5)이
라 했고 "백성들의 통치자"(1. 16)라고도 했다. 그런데 우리는 시를 읽어
가면서 왕의 명칭과 왕의 실상이 크게 빗나가는 꼴을 여러 번 마주한
다. 왕은 왕인데 도대체 왕 같지 않은 왕 말이다.

아가멤논은 왕임에도 불구하고 아킬레우스로부터 참을 수 없는 쌍
욕을 듣는다.[9] 막말을 듣고도 왕은 뺨따귀조차 올려붙이지 못한다. 아
킬레우스에게만이 아니다. 디오메데스에게도 여지없이 핀잔을 듣고,[10]
오디세우스에게도 질책을 듣는다.[11]

아가멤논, 이런 사람이 어찌하여 백성들의 목자가 되었고, 어찌하여
영웅들을 통솔하는 총사령관이 될 수 있었는가? 호메로스에 의하면
아가멤논의 왕위는 아트레우스로부터 물려받은 지위이며, 총사령관의
지위는 전사들의 수[12]가 가장 많았기 때문에 부여된 것이었다.

《일리아스》 제2권에선 테르시테스라고 하는 희극적 인물이 등장한
다. "수다쟁이 테르시테스는 무엇이든 웃길 수 있다고 생각되면 공연
히 왕들과 시비하려 들었다."(2. 212)라는 구절을 보면 테르시테스는 오늘
날의 개그맨이었다. 그런데 아가멤논은 개그맨에게도 씹힌다. "그가 꽥
꽥거리며 고귀한 아가멤논에게 큰 소리로 욕설을 퍼부었다."(2. 221~222)

여기에서 오디세우스는 말한다.

"모두가 왕이 될 수는 없다. 지배자가 많다는 것은 좋은 일이 아니다. 왕은

한 사람으로 족하다."(2. 203)

오디세우스가 말하는 왕의 실체는 무엇인가?

왕은 전쟁을 통솔하는 군사 지휘자였다.[13] 고대에서 전쟁은 산 자들의 일상이었다. 전쟁은 약탈전이었다. 종족의 대표에게 전리품의 분할권을 부여한 것은 관습의 하나였다. 호메로스는 그의 서사시 도처에서 왕이 전리품 분할의 결정권을 행사했음을 시사한다.[14]

《일리아스》의 줄거리를 따라가다 보면 죽고 죽이는 살해의 장면만큼이나 치고받으며 다투는 회의의 장면이 많이 나온다. 아킬레우스가 아가멤논에게 크리세이스를 돌려주라고 발언한 것은 사석에서가 아니고 모든 전사들이 지켜보고 있는 회의석상에서였다.

호메로스의 세계에서 왕이 행사한 가장 명예로운 권한은 바로 '회의 소집권'이었다.[15] 알키노오스 왕은 파이아키아인의 족장들을 소집하고선 오디세우스를 이타케로 호송하겠다는 자신의 뜻을 고지했다. 규칙은 간단했다. 회의는 예고 없이 왕에 의해 소집되었다.[16] 일상적으로 회의는 새벽에 열렸다.[17] 소집자는 원하는 사안을 의제로 제기한다. 발언하고 싶은 사람은 일어서서 홀[18]을 쥐고 발언한다.

회의에서 표결이나 결의는 없다.[19] 회의가 수행하는 기능은 왕에게 다수의 의견이 어떻게 분포되어 있는지 보여주는 것이다. 의견을 측정하는 유일한 척도는 환호나 야유이다. 왕은 표출된 다수의 견해를 무시

하고 자신의 의견을 고집할 수 있다.[20]

　귀족들은 회의를 통해 왕을 보좌한다. 원로들은 제안을 하지만 왕이 반드시 이행해야 하는 의무는 없다.[21] 제안은 귀족의 특권이었다. 조언을 내놓는 것 또한 귀족의 역할이었고, 원할 경우 왕은 이에 귀를 기울이기도 한다. 회의는 왕에게 공중의 의견을 듣는 기회를 주었다.

　학자들의 연구에 의하면 바실레우스라는 고대 그리스어 단어는 집단의 우두머리를 가리키는 용어란다. 그러니까 왕위 세습권이 없는 여느 귀족들도 동네의 강자로서 바실레우스라 불렸고, 왕 옆에서 왕과 대화를 나누는 원로 어르신들도 바실레우스라 불렸다. 오디세우스의 고향 이타케엔 다른 여러 왕들이 살고 있었다.

　한 가지 흥미로운 것은 서사시에서 왕에게 약탈물의 분할권이 있었다는 흔적은 발견할 수 있지만 자신이 통치하는 백성들로부터 정기적으로 세금을 수취했다는 흔적은 찾아볼 수 없다는 점이다.[22] 사르페돈이 글라우코스에게 촉구한 연설에 나오듯, 왕들이 향유하는 것은 술자리의 상석과 맛있는 고기요, 고작해야 좋은 몫의 영지였다. 하지만 국가의 물질적 토대인 세금에 관한 이야기가 없다. 세금을 걷지 않았다는 것은 왕의 통치를 집행하고 보좌할 관료와 정규군이 없었다는 것이다. 세금이 없었다는 것은 국가가 없었다는 것이요, 광범위한 지역을 배타적으로 소유하면서 그 지역의 주민들로부터 잉여 생산물을 수취하는 정치조직이 없었음을 의미한다.

호메로스의 시가 반영하는 그리스의 암흑시대엔 왕권을 가졌다고 말할 수 있을 만한 정치권력이 없었다. 바실레우스는 특정 지역의 전사들을 통솔하는 전쟁 지휘자, 강자, 두목, 우두머리였다. 지방의 강자들이 자신의 오이코스를 거점으로 군웅할거를 하는 시기였다. 그런데 바실레우스의 지위가 세습되고 있다. 따라서 '왕'²³이라 옮기는 것이다.

왕이라 하지만 정치권력의 물질적 토대인 세금 혹은 공물의 수취 구조가 없다. 자신의 전쟁 활동으로 약탈한 타인의 재산이 주요한 수취물이며 50여 명의 하인들을 부려서 운영하는 오이코스가 왕권의 물질적 근거이다. 왕이라 부른다 하여도 지방의 강자, 실력자일 뿐이다. 왕권의 핵심은 회의 소집권이며, 주요 쟁점에 대한 결정권이다. 누대에 걸쳐 형성된 왕의 권위는 없다. 모두 자유롭게 발언한다.

경제활동의 기본 단위, 오이코스

오디세우스가 집을 비운 사이 오디세우스의 집을 점거하며 매일 죽치고 놀았던 구혼자들 역시 왕이라고는 하지만 그 실상은 오이코스의 가장들이었다. 오이코스는 하인들과 함께 토지를 경작하며 곡물을 생산하던 경제활동의 기본 단위였으며,

외부로부터 간섭을 받지 않는 독립적 경제단위였다. 오이코스는 가정이었을 뿐만 아니라 토지와 재화를 공유하는 가정 구성원들 모두의 생활 거점이었다.

장성한 텔레마코스가 오이코스의 가장으로서 자신의 지위를 확인하면서 어머니에게 말한다.

"어머니께서는 집 안으로 드시고 베틀이든 물레든 어머니 자신의 일을 돌보시고 하녀들에게도 가서 일하라고 하세요. 연설은 모든 남자들, 그중에서도 특히 제 소관이에요. 이 집에서는 제가 주인이니까요."(오. 1. 356~358)

《오디세이아》에선 왕이 거처하던 궁이 세 군데 나온다. 스파르타의 왕 메넬라오스는 텔레마코스 일행을 궁전으로 안내했는데 일행은 왕의 집을 보고 놀라움을 금치 못했다.

"영광스런 메넬라오스의 지붕이 높다란 집은 온통 햇빛이나 달빛 같은 광채로 가득 차 있었기 때문이다."(오. 4. 45~46)

이 궁이 집이요, 오이코스다.

오디세우스가 신세졌던 알키노오스의 궁전도 알고 보면 일종의 오이코스였다. "알키노오스의 집에는 쉰 명의 하녀들이 있었는데 그중 일부는 맷돌에다 노란 알갱이를 빻고 다른 일부는 앉아서 베를 짜고 물렛가락을 돌리며 마치 키 큰 백양나무 잎사귀들처럼 쉴 새 없이 움직였다." (오, 7. 103~106) 오디세우스를 따라 알키노오스의 뜨락을 구경해보자. 그곳에는 한 폭의 무릉도원도가 펼쳐져 있다.

"안마당 밖에는 바로 대문 옆에 사 정보 넓이의 큰 정원이 있고, 그 양쪽으로 울타리가 둘러져 있었다. 그곳에는 배나무, 석류나무, 탐스런 열매가 달린 사과나무, 달콤한 무화과나무, 한창 꽃이 피어 있는 올리브나무 같은 키 큰 나무들이 꽃이 만발한 채 자라고 있었다. 이들 나무들의 열매는 겨울이고 여름이고 일 년 내내 바닥이 드러나거나 부족한 적이 없으니 사시사철 불어오는 서풍이 어떤 것들은 자라나게 하고 어떤 것들은 익게 하기 때문이다. 그리하여 배는 배 위에서 익어가고 사과는 사과 위에서, 포도송이는 포도송이 위에서 그리고 무화과는 무화과 위에서 익어간다."(오, 7. 112~121)

오디세우스의 오이코스는 목축에 토대하고 있었다. "우리마다 땅바닥에서 자는 돼지들이 쉰 마리씩 갇혀 있었는데 그것들은 새끼를 낳는 암돼지들이고, 수돼지들은 밖에서 잠을 잤다. 그런데 수돼지들은 훨씬 수가 적었으니, 돼지치기가 계속해서 모든 살진 수돼지들 중에서 가장 훌륭한 것을 들여보내면 신과 같은 구혼자들이 그것들을 먹어치웠기 때문이다. 그래도 수돼지는 삼백육십 마리나 되었다."(오, 14. 14~20) 오디

세우스의 재산 목록을 들여다보자. 충직한 하인 에우마이오스는 오디
세우스의 재산을 보고한다. "본토에는 소 떼가 스물이나 있고 그만큼
많은 양 떼와 그만큼 많은 돼지 떼와 염소 떼가 있소."(오, 14. 100~102)

인간적 대우를 받았던 노예들

암흑시대의 그리스 사회에서 귀족
과 평민은 뚜렷이 구분되었으나 평민과 평민 간의 구분은 불투명했다.
호메로스의 세계에는 뚜렷한 위계질서가 없었다. 노예와 자유민 간에
도 뚜렷한 차이를 찾기 힘든 경우도 있었다.[24]

노예는 다수 존재했다. 노예는 주인의 재산이었고 주인 마음대로 처
분할 수 있었다. 노예의 대부분은 여성이었다. 노예의 주된 공급원이
전쟁이었다. 전쟁에서 패배한 남성들은 죽이거나 인질로 잡았다.[25] 여
성들은 지위에 무관하게 포로로 데려갔다.

돼지치기 에우마이오스의 고백은 호메로스 세계에서 노예가 어떻게
공급되었는지 알게 하는 한 가지 정보를 제공한다. 에우마이오스는 어
린 나이에 낯선 상인들에게 유괴되어, 오디세우스의 오이코스에 팔려
온 것이다. 하지만 노예라고 하여 미국의 흑인 노예들처럼 잔혹하게
혹사당하지 않았다. 에우마이오스가 주인을 충심으로 존중했던 것은

거꾸로 주인에게 인간적 대우를 받고 살았음을 시사한다.[26]

여성 노예들이 거처하는 곳은 집 안이었고, 그곳에서 청소, 바느질, 세탁, 곡물 빻기, 수발들기를 했다. 그런데 젊은 여성 노예의 경우, 주인의 침상에 오르는 경우도 있었다. 아킬레우스의 브리세이스와 아가멤논의 크리세이스가 그 경우다. 오디세우스는 50여 명의 여성 노예를 두었다. 알키노오스 왕도 이 정도의 노예를 둔 것으로 보고된다.

노예도 아니고 귀족도 아닌 주민은 '자유로운' 농민이거나 목동이었을 것이다.[27] 일부 주민은 목수, 금속 세공인, 점쟁이, 가인, 의사 등과 같은 전문 기술자였다. 이들은 공동체가 요구하는 특정의 욕구를 충족시켜주었다. 사회의 위계상으로는 중간적 위치에 있었던 점쟁이, 혹은 의사는 귀족과 가까이 생활했다. 그들은 귀족계급과 친밀했고 귀족과 생활을 공유했으나 귀족이 될 수는 없었다.

초대받은 이방인들은 장인이었다.[28] 구혼자의 일원인 에우리마코스가 거지로 변장한 오디세우스에게 말한다.

> "나그네여! 그대는 멀리 떨어진 시골에서 나를 위해 품팔이할 생각은 없소?"(오, 18. 357~358)

에우리마코스는 오디세우스에게 자신에게 고용되어 담 쌓을 돌을 모으고 나무를 심으면 그 대신 배불리 먹이고 입히고 신발까지 주겠다고 약속한다.

에우리마코스의 발언에서 우리는 호메로스 세계에 대한 몇 가지 정보를 얻는다. 화폐경제가 등장하기 이전의 물물교환 경제에서도 주인에게 노동력을 제공하고 그 대가로 생계를 꾸려나간 일용공 즉 품팔이가 있었다는 것이다. 물론 화폐가 없었기 때문에 노동력의 대가는 현물로 지급되었다. 담을 쌓을 돌을 모으고 나무를 심는 일이 품팔이가 제공하는 노동이라면 음식과 옷과 신발이 노동의 대가로 지급되는 물건이었다.

가치의 척도는 소

《일리아스》제6권에는 글라우코스와 디오메데스가 싸움은 않고 서로의 족보를 캐물은 뒤 그들의 할아버지가 친구 관계였음을 확인하고, 전차에서 뛰어내려 서로 손을 잡고 우정을 다짐하는 장면이 나온다. 이때 글라우코스는 자신의 황금 투구를 디오메데스에게 벗어주고선 디오메데스의 청동 투구를 얻어 쓴다. 황소 백 마리의 값어치가 있는 황금 투구를 황소 아홉 마리의 값어치밖에 안 되는 청동 투구와 맞바꾸고 말았다며, 제우스가 글라우코스의 분별력을 빼앗아버렸다고 호메로스는 슬쩍 덧붙인다.

여기에 등장하는 황소는 '황소 백 마리의 값어치'라는 가치의 척도로 사용된 것이지, 실제로 '황소 백 마리'를 지불한 것은 아니다. 이처럼 황소가 지불 수단이 아닌 가치의 척도로 사용된 경우가 또 나온다.

아킬레우스에게 붙들린 프리아모스의 아들 리카온이 아킬레우스에게 제발 목숨만 살려달라며 애걸한다.[29] 리카온이 소 백 마리 값을 지불하고 풀려났다고 할 때, '소 백 마리'는 지불된 소의 수를 말하는 것이 아니라, 그만큼의 가치가 있는 금과 은, 혹은 청동 솥단지나 은제 술잔을 지불하고 풀려났다는 말이다. 오디세우스의 아버지 라에르테스는 유모 에우리클레이아를 소 스무 마리 값에 사왔다고 한다.[30] 이 경우의 소도 가치의 척도였다.

핀리에 따라 호메로스의 시가 기원전 10세기 암흑시대를 재현하고 있는 것으로 이해할 때, 암흑시대의 그리스는 물물교환 경제의 사회였다고 볼 수 있다. 두 편의 시 어디에도 지불수단으로 사용되는 화폐가 나오지 않는다. 물물교환의 흔적만을 만날 뿐이다.

"장발의 아카이오이족은 그곳에서 포도주를 사왔으니 혹자는 청동을 대신 주었고 혹자는 번쩍이는 무쇠를 주었으며 혹자는 소가죽을 주는가 하면 혹자는 살아 있는 소를 주었고 혹자는 포로를 주었다. 그리하여 그들은 진수성찬을 차렸다."(7. 472~425)

나그네는 신이 보낸 선물

　　우리의 조상들에게는 인생에서 빠
뜨려서는 안 되는 일이 두 가지 있었다. 하나가 제사를 지내는 일(봉제사
奉祭祀)이요, 다른 하나가 나그네를 맞이하는 일(접빈객接賓客)이다. '봉제사
접빈객'은 양반의 윤리였다. 암흑시대의 그리스인들 역시 마찬가지였
다. 늘 수호신에게 제물을 바쳤고, 오갈 데 없는 나그네를 맞이했다.
《오디세이아》는 텔레마코스가 아버지의 소식을 찾으러 떠나는 여행에
서부터 시작한다. 이 여행의 기획자는 수호신 아테네이다. 아테네는
멘토르로 변신하여 텔레마코스의 동반자가 되어주는데, 텔레마코스
일행은 가는 곳마다 환대를 받았다.

　　제3권에서 네스토르는 텔레마코스의 손을 붙들며 말한다. "내 곁을
떠나지 말아다오. 나와 내 아들들은 내 집에 오는 손님들을 환대할 것
이다."(O, 3, 355) 이어 네스토르는 암송아지를 잡게 한다. 그들은 도살의
명수였다. 즉시 암송아지를 해체하는 작업에 돌입했다. 넓적다리뼈들
을 알맞게 잘라내어 기름 조각에 싸고 그 위에 다시 날고기를 얹은 다
음 고기를 장작불에 구웠다. 뿐만이 아니었다. 네스토르는 자신의 막
내딸 폴리카스테로 하여금 텔레마코스의 목욕을 도와주게 했다. 야릇
한 분위기다. 폴리카스테는 텔레마코스가 목욕한 다음 올리브유를 발
라주었고 윗옷을 입혀준다.

나그네는 제우스가 보낸 선물이었다. 작은 보시도 아주 소중하다. 천신만고 끝에 목숨을 버틴, 파이아키아의 어느 바닷가에 표류한 오디세우스를 나우시카는 두려움 없이 구원한다.

"시녀들아, 멈춰 서도록 해. 남자를 보았다고 해서 대체 어디로 도망치는 거야? 우리는 지금 이분을 돌보아 주어야만 해. 모든 나그네와 걸인들은 제우스께서 보내신 것이니까. 작은 보시라도 소중한 법이지."(오. 6. 199~208)

나우시카의 아버지 알키노오스도 오디세우스를 환대한다. 오디세우스가 오매불망 잊지 못한 이타케의 고향으로 돌아갈 수 있었던 것은 전적으로 알키노오스의 배려 덕택이었다.

"내 말을 들으시오, 이제 잔치는 끝났으니 그대들은 집으로 가 눕도록 하시오. 내일 아침에 우리는 이 나그네를 접대하고 호송에 관해 생각해보기로 합시다. 이 나그네가 우리의 호송으로 즐겁게 빨리 고향 땅에 닿을 수 있도록 말이오."(오. 7. 186~194)

오갈 데 없는 나그네를 돌보아 주라는 것은 신의 명령이었다. 그것은 불우한 이를 보면 도와주고 싶어 하는 인간 본연의 연민에 토대한 윤리였다. 손님맞이는 불우한 날을 대비하는 고대인의 지혜였다. 인간은 누구나 불행에 직면한다. 내가 누구의 도움을 받으려면 먼저 불우한 이웃을 도우라. 목숨은 하나이다. 떠돌아다녀 본 사람은 안다. 하룻밤 잠자리를 제공해주는 것이 얼마나 커다란 선행이던가? 호메로스는 말한다.

"인간들에게는 떠돌아다니는 것보다 더한 불행은 달리 없기 때문이오."(오, 15. 343~344)

III

호메로스와 플라톤, 숙명의 대결

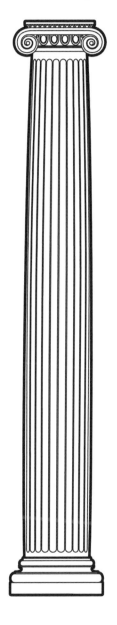

고대 그리스 철학에서 신과 죽음, 그리고 영혼은 중요한 주제였다. 그것들은 서로가 연관된 동시에 인간의 행복과도 관련된 주제였다. 고대 그리스인들은 행복의 원천을 찾기 위해 신은 무엇인지, 죽음과 영혼은 무엇인지를 사색했다. 그 사색의 결과 다양한 철학이 출현했다. 그 철학들은 이 세계를 보는 방법인 '세계관'을 담고 있었다. 세계는 신이 창조한 것인가 아니면 다른 무엇에 의해 생겨난 것인가? 어느 쪽으로 보느냐에 따라 행복의 원천은 달라진다.

플라톤과 호메로스의 불화도 이 세계관의 차이에서 비롯된 것으로 볼 수 있다. 앞서 본 것처럼 플라톤의 시인 추방론에서 '시인'은 바로 호메로스였다. 플라톤은 호메로스의 시에서 신성모독을 발견했다. 추악한 거짓말을 하고 협잡을 일삼는 호메로스의 신을 플라톤은 용납할 수 없었다. 그래서 급기야는 검열제를 주장하는 극단적 선택을 하기에 이른다. 하지만 시와 철학의 이러한 불화는 철학에 있어서 결코 무익한 것만은 아니었다. 플라톤은 호메로스로 대변되는 '시대의 문제'를 극복하기 위해 몸부림친 것이었다. 그렇기 때문에 시에 대한 철학의 도전은 곧 삶과 죽음, 저승과 영혼, 인간과 신을 둘러싼 두 세계관의 대결이라 할 수 있다.

두 사람의 세계관은 평행선을 그렸다. 먼저 플라톤은 죽음을 '인간이 쓰고 있는 껍데기를 벗어나 불멸의 신 곁으로 영혼을 보내는 일'이라고 생각했다. 그에게 있어서 죽음은 환영할 만한 일이었을 것이다. 반면 호메로스는 죽음은 '피할 수 없는 인간의 운명이지만 누구든지 피하고 싶어 하는 것'이라고 생각했다. 이러한 두 사람의 세계관 차이는 영혼과 저승의 모습에 대한 생각의 차이로 이어진다. 플라톤은 사자의 영혼이 소멸하지 않고 윤회를 한다고 보았다. 인간이 도덕적으로 살아야 할 이유를 만들어낸 것이다. 반면 호메로스는 사자의 영혼은 그림자와 같으며 저승은 영혼이 유폐되는 지하 세계라고 보았다.

평행선은 계속된다. 플라톤의 신은 철두철미 도덕적이었으며 선한 본성을 가지고 있는 이였다. 그리고 그의 신은 영혼이 자신에게 다가서는 것을 허용한다. 플라톤의 세계관에 따르면 올바름이 신적인 것이기 때문에 인간은 올바름을 추구해야 하며 인간은 신에 대해 경건해야 한다. 한편 호메로스의 신은 세계가 만들어지면서 태어난 존재들로, 세계 안에서 특정의 지위와 역할을 부여받아 세계 안에 참여하는 이들 이었다. 그러한 신들은 인간을 통해 자신의 의지를 관철하는, 인간들 의 동반자와 같은 지위에 있을 뿐이다.

호메로스의 관점에 의하면 인간은 신의 장난감과 같았다. 그야말로 하루살이와 다를 바가 없는 것이 삶이었던 것이다. 하지만 플라톤은 인간이 추구할 것은 몸의 즐거움이 아니라 영혼의 돌봄이라고 보았다. 이러한 플라톤의 관점이 기독교의 영혼관과 도덕주의로 연결된다고 볼 수도 있다. 그런데 니체에게 있어서 플라톤은 그리스 정신의 파괴 자로 여겨졌다. 니체는 플라톤의 사상에 숨겨진 신앙의 그림자를 발견 해낸다. 그리고 철학의 자유를 위해 신을 살해한다.

호메로스와 플라톤의 불화는 행복의 원천을 찾는 서로 다른 방법을 보여준다. 그래서 이 둘의 불화는 세계관의 대결이었던 것이다. 그리 고 그것은 고대 그리스 철학을 완성해가는 과정이기도 했다.

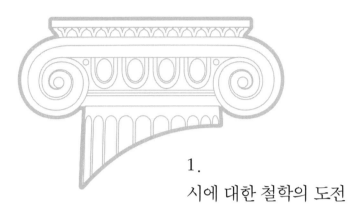

1.
시에 대한 철학의 도전

호메로스에 대한
플라톤의 애증

"누가 저승에서 일어나는 무서운 일들
을 믿는다면 전쟁에 패하여 노예가 되느니 차라리 죽음을 택하게 될까? 우리
는 그런 이야기들을 들려주는 자들을 감독하고, 그들이 저승에 관해 부정적
으로 이야기하기를 그만두고 긍정적으로 이야기하라고 요구해야 할 것 같
네."(국, 386b)

"대화편 중에서 가장 훌륭한 《국가》는, 플라톤의 사상 전체를 한 권

에 집약하고 있는, 그 자체가 완전무결한 논문이다. 이 책은 인색하지 않은 주인이 엘리트를 위해 베푼 향연이다."[1]라는 찬사에도 불구하고 《국가》로 인하여 플라톤은 "유럽이 낳은 예술의 가장 강력한 적"[2]이라는 오명을 뒤집어쓴다. 플라톤이 《국가》에서 제안한 검열제만큼은 시대를 떠나 용납할 수 없는 발상이었다. 그의 스승이 죽음을 무릅쓰고 지키고자 한 것이 진리 탐구의 자유였다는 것을 감안할 때 플라톤이 소크라테스를 앞세워 표현의 자유를 억압하고자 한 것만큼 이율배반적인 자가당착도 찾기 힘들 것이다.

플라톤, 그가 시가의 검열제를 제안하고 심지어는 그의 국가에서 시인을 추방하자고 주장[3]했을 때, 추방의 표적은 시인 일반이 아니었다. 플라톤이 그의 국가에서 한 하늘을 같이 이고 살 수 없는 사람으로 지목한 이는 딱 한 사람, 모든 헬라스인들이 '그 시인'[4]이라고 불러왔던 '호메로스'였다.

"하지만 우리는 시에 대한 가장 중대한 고발은 아직 제기하지 않았네. 시가 소수의 예외를 제외하고는 훌륭한 사람들마저도 망칠 수 있다는 것은 참으로 두려운 일이기에 하는 말일세. 내 말을 들어보고 고찰해보게. 호메로스나 비극시인들 가운데 누가 어떤 영웅이 비탄에 잠겨 장탄식을 늘어놓거나 노래를 부르거나 괴로워서 가슴을 치는 장면을 모방하는 것을 들으면, 자네도 알다시피 우리 가운데 가장 훌륭한 사람들조차 즐거워하며 우리의 감정이

이끄는 대로 따라가네."(국, 605c~d)

여기에서 언급되고 있는 영웅, '비탄에 잠겨 장탄식을 늘어놓거나 노래를 부르거나 괴로워서 가슴을 치는' 영웅은《일리아스》의 주인공 아킬레우스이다.[5] 플라톤이 시인의 추방을 주장하는 이유는 수호자들이 인간의 애욕과 분노와 같은 감정을 이성적으로 통제해야 함에도 불구하고 시인은 그러한 감정을 오히려 조장한다[6]는 데 있었다.

고대 그리스의 아이들은 호메로스의 작품들을 암송[7]하면서, 작품에 등장하는 전설적 인물들의 언행을 통해 그리스인의 특성과 세계관을 배우며 자랐다. 호메로스가 그린 영웅들의 자질을 계발하는 것, 이것이 그리스인의 교육목표였다.

"저의 아버지는 저를 훌륭한 사람으로 만들려고 애쓰셨습니다. 그래서 제가 호메로스의 모든 구절을 암송하도록 시키셨습니다. 지금도 저는《일리아스》와《오디세이아》전체를 말로 암송할 수 있습니다."[8]

고대 그리스인들은 어릴 적에 호메로스의 시를 외우면서 자랐다. 호메로스야말로 헬라스의 스승임을 플라톤 스스로 잘 알고 있었으며, 인간사를 경영하고 교육할 때에 삶의 기준을 호메로스에게서 찾아야 한다는 호메로스주의자들의 견해에 플라톤도 반대하지 않았다.[9] 플라톤 스스로 '시의 매력'을 가장 예민하게 느낄 줄 아는 시 애호가였을 것이다.[10] 아니 플라톤 스스로가 호메로스의 시를 숭배하는 호메로스 찬미자였는지도 모른다. "비록 내가 어릴 때부터 호메로스에게 품어온 사랑과 공경이 말하는 것을 방해하지만, 역시 말해야겠지. 그분은 위대한 비극시인 모두의 스승이자 지도자였던 것 같으니까."(국, 595c) 플라톤이 품은 호메로스에 대한 애증을 이해하려면 그다음에 이어지는 고백을 주목할 필요가 있다.

"하지만 할 말은 해야겠네. 어떤 인간도 진리보다 더 존중되어서는 안 되네."(국, 595c)

호메로스가 아무리 위대한 분일지라도 진리보다 더 존중되어서는 안 된다고 하는 이 말엔 여러 생각이 복합되어 있다. 호메로스는 물론 위대한 분이다. 하지만 나는 이분에게서 멈출 수 없다. 나에게 소중한 것은 진리이다. 그 어떤 위대한 인간도 진리보다 더 존중되어선 안 된다. 나는 호메로스를 버리고 떠나리라. 플라톤의 가슴 한쪽엔 스승 호메로스에 대한 존경심이 살아 있었지만 동시에 가슴의 다른 한쪽엔 스승의 권위를 넘어서고자 하는 젊은이의 패기와 열정이 맥동하고 있다. 그 패기와 열정 속엔 그동안 호메로스가 누려온 존경과 찬사에 대한 질투심도 섞여 있는 것 같다.

용납할 수 없는 추악한 신들

　　　　　　　　그가 호메로스를 떠난 이유는 무엇
인가? 호메로스의 시는 신성모독적이었다.[11] 그래서 젊은이들의 교육
에 해롭다는 것이었다. 플라톤은 《국가》에서 호메로스의 작품을 일일
이 열거한 뒤 그의 작품에 내포되어 있는 신과 영웅의 이야기는 용납
할 수 없는 것이라고 말하고 있다. "무엇보다 가장 비난받아 마땅한 점
은 신들이 추악한 거짓말을 한다는 것이네."(국, 377d)라고 말한 것은 《일
리아스》에서 제우스가 아가멤논에게 거짓 꿈을 보냈기 때문에 한 말이
다. 또 "신과 영웅들의 본성을 나쁘게 묘사하네."(국, 377e)라고 말한 것
역시 《일리아스》 전편에서 신들과 영웅들이 거짓과 위약, 속임수와 도
둑질을 일삼기 때문에 한 말이다. 플라톤은 죽음과 저승을 두렵고 무
서운 것으로 묘사한 점에 있어서도 호메로스를 거부했고, 심지어 호메
로스가 제우스와 헤라의 잠자리를 묘사한 것까지 간섭한다.

　"우리는 또한 우리 시민들이 부패하거나 탐욕스러워지게 해서도 안
되네."(국, 390e) 물론 그들이 만들고자 하는 이상 국가의 수호자들이 청
렴한 지도자로 살아가길 희구하는 플라톤의 마음에야 충분히 공감할
수 있다. 하지만 시와 현실, 문학과 정치의 경계마저 구분하지 못하는
철학자의 조바심이 안타깝다.

"그렇다면 맨 먼저 해야 할 일은 우리가 이야기꾼들을 감독해서 그들의 이
야기가 훌륭하면 받아들이고 그렇지 못하면 거부하는 것일 듯하네. 이런 이
야기들은 지각없는 사람들에게 무비판적으로 들려주어서는 안 되며, 입 밖에
내지 않는 것이 상책일세. 신들끼리 전쟁을 일으키고 서로 음모를 꾸미고 싸
움질을 한다는 이야기들도 허용해서는 안 되네."(국, 377c~378c)

검열제란 자기 패배의 비겁한 복수이다. 아무리 호메로스가 대중에
게 큰 영향을 미친다 하더라도 그의 시를 검열해야 한다고 주장하는
플라톤은 이미 패배를 자인한 것이나 다름없다. 스스로 사상과 표현의
자유를 마음껏 누린 철학자가 시인들의 입에 재갈을 물려야 한다고 주
장하는 것은 이율배반 이외에 다른 무엇으로 설명할 길이 없다. 그의
스승은 사상의 자유를 위하여 죽음을 선택하지 않았던가!

"그렇다면 우리는 다음 시구들을 모조리 삭제할 것이네."(국, 386c)라
며 제기하는 문제의 구절들은 불행하게도 호메로스 문학이 자랑하는
가장 위대한 표현들이었다. 보자. "나는 세상을 떠난 모든 사자死者들을
통치하느니 차라리 지상에서 머슴이 되어 농토도 없고 재산도 많지 않
은 가난한 사람 밑에서 품이라도 팔고 싶소."(국, 386c)라는 구절은《오디
세이아》'저승' 편에서도 가장 많이 인구에 회자되는 구절이었다. 플라
톤은 저승에 관한 이야기도 지우고, 저승을 떠도는 혼백의 이야기도 다
지우자고 한다.

"신들조차 싫어하는 무시무시하고 곰팡내 나는 그의 거처"(국, 386d)라는 시구도 지우고, "하데스의 집에도 혼백과 그림자가 있다."(국, 386d)라는 시구도 지우고, "다른 혼백들은 그림자처럼 쏘다녀요."(국, 386d)라는 시구도 지우고, "그의 혼백은 자신의 운명을 통곡하며 하데스의 집으로 날아갔다."(국, 386d)라는 시구도 지우고, "그의 혼백이 희미하게 비명을 지르며 연기처럼 땅속으로 사라졌다."(국, 387a)라는 시구도 지우잔다. 그러니까 호메로스가 남긴 저승 이야기는 통째 마음에 들지 않는다는 것이다. 지금 플라톤이 호메로스에게 요구하고 있는 것은 저승을 없애라는 주문이 아닌가?

플라톤이 제기하는 검열 항목을 보노라면 저승의 추방을 넘어서 시 자체를 불사르는 것이었다.

"우리는 저승과 관련된 섬뜩하고 무시무시한 이름들도 모두 버려야 하네. 코키토스, 스틱스, 유령, 시신, 그 밖에 이름만 들어도 소름끼치는 것들 말일세."(국, 387b~c)

시는 그리스 사람들이 어려서부터 배우게 되는 것이므로 그것을 작성할 때에는 죽음을 넉넉한 마음으로 대하는 태도를 키울 수 있도록 해야 한다는 것이 플라톤의 소망이다.[12]

플라톤의 검열은 상식의 선을 넘어간다. "우리는 저명인사들이 통곡하고 비탄하는 구절들도 지워야겠지?"(국, 387d) 죽음은 인간 모두의 운명이다. 사별은 슬픈 것인데, 플라톤은 이 상식과 싸우자고 한다. 무엇인가로부터 쫓기고 있는 것은 아닐까? 이제 플라톤은 숫제 호메로스의 작품을 토막 내기 시작한다. 사랑하는 동료 파트로클로스를 잃고 상심에 빠진 아킬레우스가 "때로는 모로 누웠다가 때로는 바로 누웠다가 때로는 엎드리기도 하면서……. 그러다가 벌떡 일어나 수확할 수 없는 바다의 기슭을 정처 없이 거닐었다."(국, 388a~b) 하는 애도의 장면도 지우고, 아들의 죽음 앞에 비통함을 금하지 못하는 프리아모스, 그가 손에 검은 먼지를 움켜쥐고 머리에 뿌리면서 "더러운 먼지 위를 뒹굴면서"(국, 388b) 슬퍼하는 것도 지우고, 심지어 아들의 사별 앞에 넋을 놓는 어머니 헤카베가 "아아, 가련한 내 신세여! 가장 훌륭한 자식을 낳은 어미의 슬픔이여!"(국, 388c)라고 하는 통곡도 지워버리고, "슬프도다! 내가 가장 사랑하는 인간인 사르페돈을 운명이 파트로클로스의 손으로 제압하다니!"(국, 388d)라며 아들의 죽음을 막지 못하는 비통한 마음을 표현한 제우스의 말도 지우잔다.

플라톤이 처음은 아니었다

플라톤이 마치 젊은 전사가 만인이 경

224

탄하는 경쟁자와 싸우듯이 호메로스와 온 마음을 다해 다투지 않았더라면 그는 자신의 철학 이론들을 그렇게까지 꽃피우지 못했을 것이다. 그는 경쟁심 때문에 지나치게 투지에 넘쳤지만, 그런 다툼은 결코 무익한 것이 아니었다. 그런 불화는 인간들에게 유익하다.[13]

호메로스와 플라톤의 불화에 대해 말한 롱기누스의 분석은 적절했다.[14] '시인 추방론'을 제창한 플라톤의 심리 이면에는 호메로스의 꺼지지 않는 인기[15]에 대한 질투심이 도사리고 있었다. 호메로스에 대한 경쟁심이 과도하게 노출된 것을 스스로도 민망하게 생각한 것인지, 플라톤은《국가》제10권에서 슬쩍 '철학과 시의 불화diaphora'[16]를 들춘다. "우리가 그때 시를 추방한 것은 당연한 일이었지. 철학과 시는 옛날부터 사이가 나빴다네. 수많은 험담이 철학과 시 사이의 오랜 불화를 입증해주고 있어."(국, 607b~c) 너무 심했나? '철학과 시의 불화'를 앞세워 호메로스와 자신의 갈등을 숨기고자 하는 플라톤, 그의 표정 관리가 애교스럽다.

우리는 플라톤보다 2세기 앞서 활동한 철학자 크세노파네스 역시 시인들을 비판했던 전례를 알고 있다.[17] 크세노파네스는 철학적 입장에서 그리스 종교의 다신을 집요하게 공격했다. 그리스 종교의 다신, 인간의 모습을 한 신들이 신의 이름에 어울리지 않는다고 그는 단언했다. 어떻게 신들이 절도를 하거나 사기를 치고, 간음을 할 수 있단 말인가? 신의 도덕성과 완전성을 확신한 크세노파네스가 호메로스와 헤시오도스를 힐난한 것은 불가피했다. "크세노파네스는 호메로스의 시에서 볼 수 있는 것과 같은 인격화된 다신교적 신관을 부도덕한 것이라고 하여 통렬히 비판하고 있다."[18]

그러니까 신의 도덕성과 완전성을 주창한 점에서 크세노파네스는 플라톤의 스승이었고, 호메로스에게 사상의 도전장을 제기한 첫 도전자였던 셈이다. 플라톤이 《국가》에서 제기한 검열제와 시인 추방론은 결코 젊은 객기의 표출이 아니었다. 만년에 작성했다고 여겨지는 《법률》[19]에서도 호메로스에 대한 경계는 일관된다.[20]

호메로스와 플라톤의 불화는 시와 철학의 불화를 넘어선다. 두 거인[21]의 대결은 고대 그리스인의 정신사를 엮어온 두 새끼줄의 엉킴이었다. 삶과 죽음, 저승과 영혼 그리고 인간과 신을 둘러싸고 두 거인은 치열한 대결을 벌였는데, 이에 버금가는 결투를 우리는 철학사의 다른 곳에서 찾기 힘들다.

한 인간이 자기의 시대가 안고 있는 문제를 극복하기 위해 얼마나 처절하게 몸부림칠 수 있을까 확인하고자 한다면, 《국가》의 플라톤을 볼 필요가 있다. 여기에서 플라톤은 헬라스인들의 영원한 스승 호메로스에게 도전했다. '시에 대한 철학의 도전'은 알고 보면 '삶과 죽음, 저승과 영혼, 인간과 신'[22]을 둘러싼 두 세계관의 대결이었다.

2.
죽음, 피할 것인가
반길 것인가?

소크라테스는
죽음에 대해 말을 아꼈다

죽음[1]은 인간의 형이상학적 사유를 충동하는 절대 현실이다. 쇼펜하우어는 인간의 형이상학적 놀라움은 죽음의 의식과 마주하고 있을 때 한층 심각해진다고 말한다.

"죽음이 없다면 철학하기 어려워질 것이다."[2]

플라톤에게 죽음의 문제는 항상 혼의 불멸성이라는 주제와 연관되어 있다. 철학은 필멸의 인간이 불멸의 존재를 경험하는 일이며, 불멸의 존재에 도달하는 길이다. 플라톤에게 철학은 불멸에 이르는 길[3]이다.

플라톤의 죽음 예찬이 누구의 것이었는지, 즉 그것이 스승 소크라테스의 지론[4]이었는지 플라톤 자신의 견해였는지 가려 밝히는 문제는 어렵다. 죽음에 대한 소크라테스·플라톤의 견해는《소크라테스의 변론》과《파이돈》에 나와 있다.[5] 소크라테스·플라톤의 죽음에 대한 견해는 사뭇 도발적이다. 죽음을 파멸적인 것, 피하고 싶은 것, 슬픈 것으로 보았던 호메로스의 견해와는 달리 플라톤은 죽음을 나쁘지 않은 것, 환영할 만한 것, 심지어는 다행스러운 것으로 보았다.

이제 소크라테스의 육성을 들어보자.

"나 자신과 남들을 탐구하며 철학자의 삶을 살도록 신께서 정해주셨을 때, 죽음이 두려워 내 자리를 뜬다면 나는 심한 자기모순에 빠지게 될 것입니다."[6]

소크라테스가 살던 아테네는 공동체의 사수를 시민들의 두 팔에 맡긴 전사 공동체였다. 공동체의 수호를 위해 목숨을 내놓는 것이 전사의 덕목[7]이라고 페리클레스는 펠로폰네소스전쟁 전사자를 기리는 추도사에서 못 박아 말했다. 명예롭게 죽는 것은 호메로스로부터 내려온 고대 그리스인들의 가치이자 이상이었다. 소크라테스는 철학자로서의 자신의 소임을 전사의 역[8]에 비유하면서 철학자 역시 목숨 걸고 자신의 역을 사수해야 한다고 말한다.

소크라테스에게 죽음은 무엇인가? 소크라테스가 죽음에 대해 말할 수 있는 것은 '죽음에 대한 무지'일 것이다. 나는 죽음을 모른다. 죽음을 두려워한다는 것은 모르는 것을 두려워한다는 것이요, 모르는 것을 안다고 착각하고 있는 것이다.[8]

어디까지가 소크라테스의 생각이고 어디부터가 플라톤의 생각인가? 설령 《소크라테스의 변론》의 모든 발언이 소크라테스의 것이었다 하더라도 플라톤의 개인적 견해가 스며들지 않았다고 장담할 수 없다. 죽음에 대해서 아는 게 없다는 것이 소크라테스적 소신[9]이었다면 사후세계에 대해 자꾸 말하고 싶어 하는 것이 플라톤의 내심이었을 것이다. 플라톤은 죽음에 관한 특유의 견해를 펼친다.

"죽음이 존재의 소멸이라면, 죽음이 꿈도 꾸지 않는 잠과 같은 것이라면, 죽음은 놀라운 이득임에 틀림없습니다."[10]

이렇게 운을 뗀 뒤 플라톤은 "죽음이 영혼의 이주라면 이보다 더 큰 축복이 어디 있겠습니까? 여러분 가운데서 누가 오르페우스, 호메로스와 함께할 수 있다면 그 대가로 얼마를 내겠습니까?"[11]라고 말하면서 우리를 슬쩍 오르페우스교[12] 쪽으로 안내한다.

내가 아는 것은 내가 모른다는 것이라는 소크라테스적 원리에 근거하여 소크라테스의 사생관을 추정할 때, 소크라테스는 제자들에게 사후 세계에 대해 말을 아꼈을 것이다. 소크라테스에게 중요한 것은 도덕적 삶이다. 살되 착하게 사는 것이다. 죽는 그날까지 철학을 하고 대화를 하는 것이 소크라테스의 삶이었다.[13]

소크라테스는 한 가지 소박한 신념을 가슴에 품고 살았던 것 같다. 신은 착하다. 신은 착하게 산 사람을 사랑할 것이다. 죽은 후 어떻게 될지 아무도 알 수 없지만 착한 삶을 산 사람은 죽어 고통을 당하지 않을 것이다.

플라톤의 죽음은
불멸의 신 곁으로 가는 일

"여보! 당신 친구들이 당신에게 말을 거는 것도 이게 마지막이에요."(파, 60a)

고함을 지르고 가슴을 치며 떠나는 크산티페의 뒷모습을 보는 철인의 심정은 어떤 것이었을까? 이 장면을 목격한 이는 파이돈이었고, 파이돈이 스승의 최후를 전달해주는 이는 소크라테스의 제자 에케크라테스였다. 파이돈은 에케크라테스에게 그렇게 전한다. 소크라테스의 최후는 보는 이로 하여금 연민의 정이 느껴지게 하지 않는 것이었단다. 몸가짐이나 말이 도리어 행복해 보였다고 한다. 그렇게 고결하고도 두려움 없이 생을 마감하는 것을 볼 때, 그의 저승길은 신의 가호를 받았을 것이라는 느낌을 떨쳐버릴 수가 없었다는 것이 파이돈의 소회였다.

그날 소크라테스는 옥을 방문한 제자 케베스더러 에우에노스에게 안부를 전해달라고 당부했다고 한다. "나는 오늘 떠날 것인데, 지혜롭다면 되도록 속히 나의 뒤를 따르라."(파, 61b)라고. 그런데 에우에노스에게 전하라는 이 말을 자살의 권유로 알아들은 케베스가 "소크라테스 선생님, 자살하는 것은 옳지 않다고 하시면서, 철학자는 죽어가는 사람의 뒤를 자진해서 따를 것이라니, 그게 대체 무슨 뜻이지요?"(파, 61d)라고 묻는다. 철인의 최후를 맞이하는 임종의 자리가 돌연 철학의 대향연으로 변모한다. 소크라테스는 신에 대한 불경이라는 이유로 자살을 반대한다.[14]

《파이돈》의 서두에서 소크라테스의 자살 반대론[15]이 전개되는 이유는 이후 전개되는 죽음 예찬을 위한 안전장치였다고도 볼 수 있을 것이다. 플라톤의 죽음 예찬은 죽음을 맞이하는 소크라테스의 당당한 태도를 풀이하는 것에서 시작한다.

"철학에 제대로 전념하는 사람들은 죽는 것과 죽음 이외에는 아무것도 추구하지 않아."(파, 64a)

왜 저승에 가서 큰 상을 받을 것이라고 낙관하는가? 운을 뗀 후 이제 본격적으로 자신의 사생관을 펼친다.

《소크라테스의 변론》에서 보여주었던 조심성과 달리 플라톤은 곧장 본론으로 돌입한다. 죽음은 신들 곁으로 가는 것이다. "죽으면 나는 지혜롭고 선한 신들 곁으로 가게 될 것이야. 그래서 나는 죽음을 슬퍼하지 않는 것이지."(파, 63b~c)

"철학은 죽음의 연습"(파, 81a)이라고 말했을 때, 이 구절은 철학이 죽음을 추구한다는 뜻이 아니라 철학이 불멸의 신 곁에 다가서는 것을 추구한다는 뜻이다. 플라톤에게 죽음의 문제는 항상 혼의 불멸을 전제한다. 철학은 불멸에 이르는 길이다.

죽음은 존재의 소멸이다. 산 자에게 소멸은 슬픈 일이다. 이것이 인간의 상식이다. 그런데 플라톤은 죽음을 예찬한다. 철학자는 죽어서 신의 곁으로 갈 것이라는 확신을 품고 있기에 하는 말이다. 플라톤에게 있어서 죽음은 소멸이 아니라 불멸의 신 곁으로 가는 일이다.

플라톤이 인간의 상식과 달리 죽음을 예찬하는 근거는 다른 곳에 있었다. 몸의 죽음은 죽음이 아니다. 몸은 인간이 쓰고 있는 껍데기[16]이며, 인간의 실체는 영혼이다. 죽음은 몸과 영혼의 분리이다. 영혼은 죽지 않는다. 철학자란 몸의 욕구로부터 혼이 자유롭게 되는 것을 추구하는 사람이다. 그러므로 철학자는 죽음을 환영한다.[17]

호메로스의 죽음은
인간의 운명

《일리아스》의 줄거리는 제16권에서 파트로클로스의 죽음을 계기로 지리한 공방전이 끝나고 박진감 넘치는 내용으로 전환한다. 제우스의 아들 사르페돈이 파트로클로스의 손에 죽고, 파트로클로스는 헥토르의 손에 죽으며, 헥토르는 아킬레우스의 손에 죽는다.

신이 인간과 다르다면 그 차이점은 신은 불멸의 존재요, 인간은 필멸의 존재라는 데 있다. 플라톤은 철학을 통해 인간이 신의 곁에 다가서는 것을 꿈꾸었으나, 호메로스는 냉정하다. 죽음은 누구도 피할 수 없는 것이므로 인간의 운명이다. 제우스가 사르페돈을 죽음의 운명에서 구하려 하자, 헤라가 비난한다.

"오래전에 운명이 정해진 필멸의 인간을 가증스런 죽음에서 구하시겠다는 것인가요?"(16. 441)

죽음은 인간의 운명이며, 피할 수 없는 것이라는 명제는 신이 영웅들에게 준 정언명령이다. 제6권 '헥토르와 안드로마케의 만남'에서 헥토르는 싸우길 만류하는 부인 안드로마케를 향하여 죽음은 피할 수 없는 것임을 확인한다.

"어느 누구도 내 운명을 거슬러 나를 하데스에 보내지 못할 것이오. 하지
만 태어난 이상 인간은 죽음을 피하지 못하오."(6. 486~489)

인간은 누구나 한 번 죽는 운명을 타고났기 때문에 도리어 전사들은
한 번 겪는 자신의 죽음을 가장 소중한 가치를 위해 바칠 필요가 있다.
호메로스는 사르페돈을 통해 고대 전사들의 가치와 태도를 설파한다.

"글라우코스여! 대체 무엇 때문에 우리 두 사람은 리키아에서 술자리와 고
기와 가득 찬 술잔으로 남달리 존경을 받으며, 모든 이들이 우리를 신처럼 우
러러보는가? 우리는 지금 마땅히 리키아인들의 선두 대열에 서서 치열한 전
투 속으로 뛰어들어야 할 것이오."(12. 310~316)

고대의 전사들이 술자리와 고기와 가득 찬 술잔으로 남다른 존경을
받는 것이나 큰 영지를 소유하는 것은 공동체의 안위를 책임지는 전사
들의 헌신의 대가였다. 이어지는 사르페돈의 발언은 주목할 만하다. "친
구여! 만일 우리가 이 싸움을 피함으로써 영원히 늙지도 죽지도 않을 운
명이라면 나 자신도 선두 대열에서 싸우지 않을 것이오."(12. 322~325) 어차
피 한 번 죽을 운명, 제대로 죽자는 것이다. 인간으로서는 피할 수 없

는 죽음의 운명이 우리를 위협하고 있으니 우리가 적에게 명성을 주든 아니면 적이 우리에게 명성을 주든 나가 싸우자.

사르페돈을 죽인 파트로클로스, 그는 아킬레우스의 무구를 빌려 입고 나간 싸움터에서 정작 헥토르의 손에 죽게 될 자신의 운명을 몰랐다. 마찬가지로 파트로클로스를 죽인 헥토르, 그 역시 아킬레우스에게 쫓겨 스카이아이 문 앞에서 죽을 줄은 몰랐다. 《일리아스》의 주연, 아킬레우스는 다르다. 그는 자신의 운명을 알고 있었다. 어머니 테티스가 일러주었다.[18]

전우 파트로클로스의 죽음 앞에서 아킬레우스는 긴 수명 대신 불멸의 명성을 선택한다. 어머니의 눈물도 아랑곳하지 않는다. 나가 싸우겠다. 막지 마라. 헥토르를 죽이면 나도 죽게 되어 있는 운명을 받아들이겠다.

죽음의 순간, 인간의 눈에는 미래가 보이나 보다. 파트로클로스는 죽는 순간 헥토르의 주위에 죽음이 어른거린다고 예고했고, 헥토르 역시 죽는 순간 아킬레우스에게 신들의 노여움을 조심하라고 경고했다. 협박이다. 하지만 아킬레우스는 당당하다. 죽음의 운명이라면 언제든 받아들이겠다는 것.

"죽어라! 내 운명은 제우스께서 이루기를 원하시는 때에 언제든 받아들이겠다."(22. 364~365)

하지만 죽음은
피하고 싶은 것

하지만 죽음은 피하고 싶은 것이다. 죽음을 피하고 싶은 것이라고 간주한 것은 고대나 현대를 따질 것 없이 보편적인 인지상정이 아닐까? 오디세우스와 디오메데스에게 붙들린 돌론의 표정을 호메로스는 이렇게 묘사한다. "창끝이 오른쪽 어깨 위로 날아가 땅에 꽂히자 돌론이 혼비백산하여 부들부들 떨며 멈춰 섰다. 그의 입안에서는 이빨들이 덜거덕거렸고 그의 얼굴은 두려움으로 파랗게 질려 있었다."(10. 373~377) 돌론은 자신을 사로잡아 달라고 애걸한다.

돌론은 공명심만 많았지 그에 상응하는 배짱이 없는 소심한 전사였다. 반면 리카온은 프리아모스의 아들다운 무용을 갖춘 데다 모험심도 많은 전사였을 것이다. 하지만 어느 편이나 죽음을 피하고 싶어 하는 태도는 똑같았다. 강변에서의 전투에서 아킬레우스에게 포획된 리카온 역시 자신을 죽이지 말라며 빌었다.

"무릎을 잡고 빕니다. 아킬레우스여! 나를 불쌍히 여기시고 존중하십시오."(21. 74~75)

호메로스는 검은 죽음의 운명을 피하고 싶은 마음이 너무나 간절했다고 썼다.

죽음은 비극이다. 물론 플라톤과 같은 죽음 예찬론자에게 있어서 몸은 감옥이고 죽음은 곧 이 감옥으로부터 풀려남이었다. 하지만 예로부터 사랑을 하고 아이를 낳고 기르는 일상을 사는 이들에게 한 사람의 죽음은 재앙이요, 그를 사랑하는 모두의 슬픔이다. 그렇지 않은가?

《일리아스》에서 가장 대표적인 영웅의 죽음은 아카이오이인의 경우 파트로클로스의 죽음이고, 트로이인의 경우 헥토르의 죽음이다. 아킬레우스가 동료 파트로클로스의 죽음 앞에서 드러내는 슬픔의 표출은 가히 폭발적이다.[19] 전우의 죽음에 대해 표출한 아킬레우스의 비통은 문자 그대로 두렵고도 무섭다. 반면 아들의 죽음에 대해 표출한 프리아모스의 애도는 보는 모든 이의 가슴을 아리게 한다.

"노인은 그들 한가운데에서 외투를 푹 뒤집어쓰고 있었다. 그리고 노인의 머리와 목에는 땅 위를 뒹굴며 제 손으로 집어 올린 오물이 가득 쌓여 있었다."(24. 163~165)

이별은 슬픈 것이다. 만년의 자연스러운 사별도 받아들이기 싫고 고통스러운 이별인데, 폭력에 의한 사별은 살아남은 자의 마음에 더욱더 받아들이기 힘든 상처를 남긴다. 헥토르의 아내, 안드로마케의 호곡

소리는 3천 년의 세월이라는 오랜 풍상을 견디고도 여전히 생동감 넘치는 비극미를 뽐는다.

> "낭군이여! 당신은 아직 젊은데 목숨을 버리고 나를 당신 집에 과부로 남겨놓으시는군요. 불운한 당신과 나 사이에 태어난 자식은 아직 어린아이에 불과해요. 헥토르여! 당신은 부모님에게 말할 수 없는 비탄과 슬픔을 주셨어요. 하지만 누구보다도 내게 쓰라린 고통이 남게 될 거예요."(24. 725~742)

3.
영혼, 소멸하는가
소멸하지 않는가?

플라톤의 영혼은
소멸하지 않는 것

소크라테스에게 진정한 자아는 영
혼이다.[1] 살아 있는 것은 인간의 영혼이며, 육체는 생존의 수단에 불과
하다. 장인이 훌륭하게 일을 하려면 도구들을 잘 다루어야 하는 것과
마찬가지로 인간이 훌륭한 삶을 살고자 한다면 부지런히 자신의 영혼
을 돌보아야 한다.

중요한 것은 우리 자신, 우리의 영혼을 돌보는 기술이다. 이 기술은
무엇일까? 구두가 무엇이고 어떻게 만드는 것인지 모르고서야 구두장

이가 좋은 구두를 만들지 못하듯 사람이 어떤 것을 만들려면 그것을 만들기 전에 먼저 그것의 성질과 목적을 이해해야 한다. 인생에서 우리 자신을 개선하는 기술을 획득하려면 먼저 우리 자신이 무엇인지 알아야 한다는 말이다. 그러므로 한 인간이 훌륭한 삶을 살려면 자신의 영혼을 잘 알아야 한다.

플라톤은 《파이돈》에서 영혼불멸설을 펼친다. 플라톤의 신념 안에서 영혼은 불멸의 실체이다. 그가 믿고 있는 윤회설의 개념 구조 내에서 볼 때 인간의 몸은 영혼이 빌려 쓰는 일시적인 거처일 뿐이다. 호메로스의 세계에서는 살아 움직이던 인간의 몸은 죽어서 시신으로 전화하고, 혼백은 시신을 떠나 하데스로 간다. 하데스로 간 혼백은 그림자나 연기와 비슷한 것이고, 아무 생명력이 없는 환영에 불과하다. 반면 플라톤의 세계에서 혼은 몸을 지배하는 신적인 존재이다. 사람이 죽으면 혼은 몸으로부터 분리되어 하데스를 여행한 후 다시 이승의 생명체 속으로 들어온다. 그러니까 영혼은 윤회의 주체인 것이다.

플라톤적 사유와 호메로스적 사유가 충돌할 때 공유할 수 있는 논리를 찾기란 힘들다. 전제가 다르기 때문이다. 호메로스의 혼은 하데스로 옮아가 죽은 듯 머물고 있는 가생假生의 존재인 반면, 플라톤의 혼은 살아서나 죽어서나 소멸하지 않고 운동하는 존재의 실체이다. 서로 다른 두 전제의 차이를 없애려면 사후 세계에 대한 경험적 근거를 제시해야 할 것이나, 그것은 불가능한 일이다.

상대를 나의 주장으로 설득하려 하지 말고 먼저 상대의 견해를 이해하자. 사후 세계를 둘러싼 철학적 사유는 종교적 사유와 떼려야 뗄 수 없다. 특정의 믿음을 전제로 한 종교적 사유들이 충돌할 때, 우리에게 요구되는 정신은 먼저 상대를 이해하는 것이다.

'영혼의 비물질성' 개념은
철학사의 혁명

《파이돈》의 주요 대화자들인 심미아스와 케베스는 모두 피타고라스학파 사람들이다. 인간의 정화된 영혼은 육신이 죽은 뒤에 신들 곁으로 가기 때문에 음악과 수학과 같은 정신 활동으로 영혼을 정화해야 한다고 주장한 피타고라스학파 말이다. 하지만 심미아스와 케베스는 고대인들이 받아들이고 있던 상식 주위를 서성이는 사람들이었다. 육신의 죽음과 함께 영혼도 사라져버리는 것 아닐까? 죽음 앞에서 불안을 감추지 못하는 이 제자들 앞에서 소크라테스는 기꺼이 죽음을 맞이하겠노라고 선언한다. 나는 죽어 신들을 뵙게 될 것이야! 악한 자들에겐 죽음이 불안의 사건이겠지만 선한 자들에겐 희망의 사건이지.

심미아스와 케베스는 영혼불멸설을 믿을 수 없다고 단도직입적으로 자신들의 생각을 밝힌다. 조금 있다가 독배를 마시게 될 스승 앞에서 무례에 가까운 솔직함 아닌가? 아슬아슬하다. 하지만 소크라테스는 마냥 진지하다. 영혼은 죽지 않는다. 영혼은 일정 기간 저승 여행을 한 후 다시 이승의 생명체로 태어난다. 생전에 소크라테스가 윤회설을 자신의 신념으로 채택한 것인지 아니면 플라톤이 피타고라스학파를 만나 배운 윤회설을 스승의 입을 빌려 말하는 것인지 분간하기 힘들다. 생사관은 논변에 의해 증명될 수 있는 성질의 이론이 아니다. 그것은 진리임을 믿어야 하는 일종의 신앙[2]이다. 그것은 로고스^{logos}(이성)가 아닌 미토스^{mythos}(신화)이다.

《파이돈》에서 전개되는 대화를 따라가면서 영혼불멸설을 이해하여 보자. 심미아스가 문제를 제기한다.

> "소크라테스 선생님, 사람들은 혼이 몸을 떠나자마자 파괴되고 해체된다고 생각해요. 사람이 죽은 뒤에도 혼은 여전히 존재하며 여전히 어떤 능력과 지혜를 갖고 있다고 믿으려면 적잖은 설득과 논증이 필요해요."(파, 70a~b)

지금 혼에 관한 심미아스의 견해는 호메로스적 견해의 연장선 위에 있다. 호메로스는 혼을 하데스로 날아가 환영 같은 존재로 잠들어 있는 것으로 묘사했다. 심미아스는 사자의 혼이 숨결이나 연기처럼 흩어져 날아가 버린다는 견해를 취하고 있다. 호메로스나 심미아스에게 혼은 정신적인 존재가 아니라 물질적인 존재이다.

심미아스가 말하는 고대인의 영혼관에 응수하는 소크라테스의 논리는 두 가지이다. 하나는 생명의 재생설[3]이요, 또 다른 하나는 상기설[4]이다. 심미아스와 케베스는 아주 솔직한 사람들이었고, 아주 진지한 사람들이었다. 그들은 끝까지 스승에게 자신들의 이견을 감추지 않았으며, 영혼의 불멸에 속 시원하게 동의할 수 있는 합리적 이론을 제시해달라고 추궁했다. 재생설과 상기설에 만족할 수 없었던 심미아스, 그는 솔직하게 자신의 이견을 피력한다.

"소크라테스 선생님! 여전히 마음에 걸리는군요. 인간이 죽는 순간 그의 혼은 흩어지고 그것으로 혼의 존재는 끝난다는 대중의 두려움 말예요."(파, 77b)

그리스 철학에서 영혼의 불멸성을 증명하는 것은 가장 어려운 일이었다. 고대인들에게 영혼은 몸의 일부였고, 일종의 물질이었다. 물질과 대별되는 거리에 서 있는 정신, 생명의 한 축으로서 육체와 대립항을 이루는 영혼에 대한 관념이 없었다. 고대의 모든 철학자들은 영혼의 물질성을 떨치지 못했다.[5]

이때 '영혼의 비물질성'이라는 듣지도 보지도 못한 개념을 제시한 이가 바로 플라톤이었다. 영혼의 불멸성에 관한 그의 논증은 과연 성공적이었는가? 이에 대해 상이한 견해가 있을 것이다. 하지만 서구 철학에서 '비물질성'의 개념을 창안한 플라톤의 사유야말로 철학사의 일대 혁명이었다.

플라톤에게 혼은 신적이고 불멸이며 지성으로 알 수 있는 하나의 형상이었다. 혼은 해체되지 않고 변하지 않는다. 플라톤은 "만약 혼이 죽지 않는다면 우리는 모든 시간을 바쳐서 혼을 보살펴야 한다. 혼을 소홀히 하면 무서운 위험에 빠지게 될 것"(파, 107c)이라고 말한다. 죽음이 모든 것으로부터의 도피라면 그것은 악인에게는 횡재이지 않겠는가? 하지만 혼이 죽지 않는다면, 착하고 지혜롭게 사는 것이야말로 혼이 악행에서 구원받는 길일 터이다.(파, 107c~d) 철학이 갑자기 도덕[6]으로 바뀌는 걸 보면 역시 영혼의 불멸을 입증하는 것은 칸트의 제안대로 인간 이성의 권한 밖에 있는 문제[7]인지도 모른다.

호메로스의 영혼은
그림자와 같은 것

인간의 사후에 관한 기술에 있어서 호메로스와 플라톤은 대척적이다. 호메로스는 살아 있는 사람에게 프시케psyche(영혼)와 소마soma(육체)라는 말을 사용하지 않는다. 소마는 시체를 의미하고, 프시케 역시 죽는 순간 산 사람에게서 떠나는 어떤 것을 의미한다. 프시케는 입이나 상처를 통해 죽은 사람을 떠난다.

호메로스는 고대인들이 생각했던 저승에 관한 몇 가지 정보를 우리에게 들려준다. 《일리아스》 제23권에서 아킬레우스는 노호하는 바다의 기슭에 누워 전우의 죽음을 슬피 탄식하던 중 잠에 빠졌는데 그때 가련한 파트로클로스의 혼백이 그를 찾아와 이렇게 말했다고 한다.

"아킬레우스여! 자, 어서 나를 장사 지내 하데스의 문을 통과하게 해주시오. 나는 정처 없이 문이 넓은 하데스의 집 근처를 헤매고 있소이다. 눈물로 간청하노니, 그대의 손을 이리 주시오! 그대들이 나를 화장하고 나면 나는 다시는 하데스의 집에서 돌아오지 못할 테니까요."(23. 69~76)

여기에서 호메로스는 하데스에 관한 몇 가지 정보를 주고 있다. 첫째, 시신에 대한 장례를 치러주지 않으면 혼은 하데스를 통과하지 못하고 헤맨다는 것이다. 이 점은 오디세우스가 저승 모험에서 만난 그의 부하 엘페노르의 간청에 의해서도 확인된다.[8]

둘째, 하데스는 인간의 환영들이 사는 곳이다. 호메로스에 의하면 혼백은 '사자의 그림자'이다. 플라톤에게 있어서 죽음과 함께 몸에서 자유로워지는 혼은 육체보다 더 뚜렷이 인간의 자기동일성을 보증하는 부동의 실체였다. 그러나 호메로스에게 있어서 혼백은 실체가 아니라 그림자와 같은 것이다.

파트로클로스의 혼백을 목격한 아킬레우스의 경험담을 들어보자. "벗이여! 좀 더 가까이 다가서구려! 잠시나마 서로 얼싸안고 실컷 울어 마음이나 달래보게."(23. 94~98) 아킬레우스는 두 팔을 내밀었으나 그를 잡지 못했다고 했다. 혼백이 희미하게 비명을 지르며 연기처럼 땅속으로 사라졌기 때문이다.

아킬레우스가 붙잡으려 한 파트로클로스의 혼백은 연기처럼 사라졌다. 혼백은 전혀 생명이 없는 그림자였다. 이러한 체험은 저승 모험에 나선 오디세우스에 의해서도 동일하게 확인된다. 어머니 안티클레이아가 "내 아들아! 어떻게 살아 있는 네가 어둠에 싸인 그림자의 나라로 내려왔느냐?"(오. 11. 155~156) 하고 말하는 것을 보면 하데스는 '그림자의 나라'이다. 아킬레우스는 말한다. "하데스의 집은 아무 의식이 없는 사자들, 지쳐버린 인간의 환영이 살고 있는 곳"(오. 11. 475~476)이라고.

셋째, 하데스란 거처하기 싫은 곳, 기쁨 없는 장소이다. 죽음을 예찬하는 플라톤과 달리 호메로스는 솔직하다.

"아킬레우스여, 지금은 그대가 여기 사자들 사이에서 강력한 통치자이니 죽었다고 해서 슬퍼하지 마시오."(오. 11. 483~486)

오디세우스가 아킬레우스를 위로하자 아킬레우스는 고백한다.

"사자들을 통치하느니 차라리 지상에서 머슴이 되어 농토도 없고 재산도 많지 않은 가난한 사람 밑에서 품이라도 팔고 싶소이다."(오, 11. 489~491)

플라톤에게 육체와 영혼은 상호 대립하는 개념이다.[9] 그런데 호메로스는 플라톤의 영혼을 지칭하는 특별한 단어를 갖지 않았다. 호메로스의 프시케는 '사고하고 감각하는 주체로서의 영혼'과는 아무런 관련이 없었다. 프시케는 인간이 죽을 때 인간을 떠난다. 하데스에서 프시케는 죽은 자의 환영이며 유령과 같은 존재로 산다. 생시에 프시케는 어디에 있으며, 어떻게 기능하고 있는가? 호메로스는 침묵한다. 다만 호메로스가 우리에게 말하는 것은 프시케는 죽는 순간 사람을 떠난다는 것뿐이다.

4.
저승, 영혼이
잠시 머무는 곳인가
영원히 유폐되는 곳인가?

플라톤의 저승 이야기는
윤회설의 변형

플라톤은 그의 대화록 여러 편에 사후에 인간의 혼이 경유하는 저승에 관한 흥미 있는 이야기를 남겨놓았다. 그중 《국가》 제10권에 기록된 '에르의 신화'는 사후 세계에 대한 플라톤의 상상을 들려주는 자료이다. '에르'라는 이름의 용감한 사나이는 전쟁터에서 죽었는데, 열흘이 지난 시점에서 시체로 발견되어 열이틀째 되는 날 장례를 치를 참이었다. 그런데 화장용 장작더미 위에서 에르는 되살아났고, 그래서 그가 저승에서 본 것들을 말해주었다는 것이다. 똑같은 저승 이야기이지만 호메로스와 플라톤은 상반된 이야기를 전한다.

에르에 따르면 그의 혼은 다른 많은 혼들과 함께 길을 떠나 어떤 장소에 도착했는데, 그곳에는 지하로 이어지는 두 개의 구멍과 천상으로 연결되는 두 개의 구멍이 있었다고 한다. 하늘 쪽 구멍들과 땅 쪽 구멍들 사이에 재판관들이 앉아 있어 올바른 삶을 산 이는 하늘로 올라가고 불의한 삶을 산 이는 지하 세계로 내려가도록 혼들에게 명령[1]을 내렸다고 한다.

플라톤이 에르의 신화에서 명확히 밝히고 있는 것은 이승과 저승에 있어서 혼의 동일성이다. 이승의 행위에 대한 보상과 징벌을 열 배로 받은 혼들은 다시 라케시스 앞으로 나가 다음 생을 결정하는 제비를 뽑는다. 어떤 대변자가 혼들을 정렬시킨 뒤 제비와 삶의 견본들을 가져오더니 다음과 같이 말하더라는 것이다.

"이는 아낭케 여신의 따님이신 처녀 신 라케시스의 분부이시다. 하루살이 혼들이여, 죽게 마련인 족속의 죽음을 가져다줄 또 다른 주기가 시작된다. 수호신이 너희를 선택하는 것이 아니라 너희가 수호신을 선택할 것이다. 첫 번째 제비를 뽑은 자가 먼저 삶을 선택하라. 일단 선택하면 그는 반드시 그 삶과 함께해야 한다. 미덕은 누구의 지배도 받지 않는다. 각자가 미덕을 존중하느냐 경시하느냐에 따라 미덕을 더 많이 갖거나 더 적게 가질 것이다. 책임은

선택한 자에게 있고, 신은 아무 책임이 없다."(국, 617d~e)

제비를 뽑는 것이나 삶의 견본을 선택하는 것은 모두 혼의 동일성을 전제한다. 이승의 혼과 저승의 혼이 같을 뿐만 아니라 저승의 혼이 또 내생의 혼과 같다는 것을 전제한다. 이어지는 저승 이야기는 윤회설[2]의 변형에 해당한다. 선택할 수 있는 견본들은 여러 가지였다. 동물의 삶은 물론이고 인간의 삶도 있다. 참주의 삶도 있고, 거지의 삶도 있고, 명망가의 삶도 있다. 오르페우스에게 속한 혼은 백조의 삶을 선택했고, 아가멤논의 혼은 인간이 싫어 독수리의 삶을 선택했고, 오디세우스의 혼은 전쟁과 고역이 싫어 평범한 사내의 삶을 선택하더라는 것이다.

플라톤은 저승 이야기에서도 자신의 형이상학을 전개한다. 호메로스의 세계에서 인간의 삶은 하루살이다. 인간의 삶이 하루살이처럼 하찮은 것이라면 누가 무슨 짓을 하든 무어라 탓할 것인가? 호메로스적 사생관에 입각할 때, 인간이 도덕적으로 살아야 할 이유가 없다. 이것이 플라톤의 고민이었다. 플라톤은 인간이 도덕적으로 살아야 하는 이유를 만들고 싶었다. 에르의 신화에서 플라톤은 이승의 삶은 선택한 자의 몫이라며 행위의 선택에 따르는 응벌을 주장한다.

어떤 삶을 살 것인가를 판단하는 지혜가 중요하다. 이승의 운명이 결정되는 바로 이 순간 어떤 삶을 선택할 것인가? 선한 삶을 선택할 수 있는 능력과 지식이 중요하다. 이 능력과 지식을 가르쳐주는 공부가 있다면, 그런 공부에 전념해야 할 것이다.

이제 다시 이승으로 나아갈 차례이다. 혼들은 푹푹 찌는 무시무시한 더위를 뚫고 망각의 들판으로 나온다. 각자는 일정량의 강물을 마신다. 이른바 망각의 강물이다. 지혜의 도움을 받지 못한 자들은 정해진 양보다 더 많이 마시는 바람에 모든 일을 잊어버린다는, 흥미로운 미토스이다.

영혼의 불멸을 논하는 《파이돈》에서도 플라톤은 저승에 관한 신화를 기술한다. 《파이돈》의 저승 이야기는 《국가》의 저승 이야기와 대강에 있어서는 유사하나, 저승의 공간적 구조와 저승의 심판을 훨씬 상세하게 서술한다.

사자들이 저승에 도착하면 먼저 재판을 받는다. 《파이돈》의 저승이 하는 기본 역할은 이승의 삶에 대한 도덕적 판단과 그에 따른 응벌이다.[3] 사자들이 자신의 수호신이 인도하는 곳에 도착하면, 그들은 아름답고 경건하게 살았는지 아닌지 재판을 받는다. 성물을 훔쳤거나 살인을 저지른 자는 타르타로스에 내던져져 다시는 나오지 못한다. 그러나 경건한 삶을 산 사람들은 순수한 거처로 올라가고, 특히 철학으로 혼이 정화된 사람들은 아름다운 거처에서 몸 없이 산다.[4]

호메로스의 저승은
영혼이 추방되는 곳

플라톤의 저승은 호메로스의 저승과 어떤 점에서 다른가? 사후 저승의 삶이 존재하는가? 생명이 몸을 떠나면 무슨 일이 있나? 우리는 호메로스로부터 죽은 자의 프시케는 하데스의 집으로 서둘러 간다는 말을 자주 듣는다. 그렇다면 프시케는 무엇인가?

원시 종족은 몸을 떠난 영혼에게 무한의 힘을 부여한다. 그들은 영혼에게 최상의 봉헌물을 바침으로써 강력한 영혼의 선의를 확보하고자 분투한다. 반면 호메로스의 프시케는 세상에 대해 어떤 영향력도 미치지 않는 것이다. 호메로스의 프시케는 숭배의 대상이 아니다. 프시케는 산 자로부터 멀리 떨어진 하데스에 집결하여 있을 뿐이다. 파트로클로스의 영혼이 말하듯, 저승으로 간 영혼은 다시 돌아오지 못한다.

어두컴컴한 저승으로 내려간 프시케들은 아주 작은 소리로 흐느끼며 의식 없이 떠다니거나 기껏해야 몽롱한 반의식 상태로 떠다닌다. 저승의 프시케는 이승의 삶에 아무 영향을 미치지 못한다. 그리하여 호메로스의 세계는 귀신들로부터 자유롭다. 산 자는 더 이상 죽은 자에 의해 괴롭힘을 당하지 않는다. 세계는 신들에 의해서만 다스려진다.

그렇다면 그리스인들은 죽은 자의 영혼을 두려워하느라 괴롭지는 않았던가? 그리스인들은 육신을 벗어난 영혼들을 숭배하지는 않았던가? 그리스인들에게도 조상숭배와 사자숭배가 있었다. 한때 왕성했던 영혼 숭배의 이러한 흔적을 호메로스에게서 발견하는 것은 어렵지 않다.《일리아스》에는 파트로클로스의 장례가 어떻게 묘사되어 있던가.

"그들은 사방 백 보의 장작더미를 만들고 장작더미 꼭대기에 비통한 마음으로 시신을 올려놓았다. 그들은 장작더미 앞에서 힘센 작은 가축들과 황소들의 껍질을 벗기고 손질했다. 아킬레우스는 크게 신음하며 목이 우뚝한 말 네 마리를 장작더미 위에 힘껏 내던졌다. 죽은 왕에게는 식탁 가에서 기르는 개가 아홉 마리나 있었는데 그는 그중 두 마리를 죽여 역시 장작더미 위에 내던졌다. 이어서 기상이 늠름한 트로이인들의 고귀한 자제 열두 명을 청동으로 죽이고 나서 불의 무자비한 힘을 불어넣어 그 모든 것을 집어삼키게 했다."(23. 164~177)

여기에서 우리는 족장의 장례에 대한 한 폭의 그림을 얻는다. 그런데 장례의 장엄함과 그 정교한 세부 의식儀式은 영혼이 몸에서 떠나면 아무것도 없다는 호메로스적 개념과 대조를 보인다. 풍족한 제물이 한 영혼에게 봉헌되고 있다. 만일 영혼이 감각이 없고 무기력한 것이 되어 영혼에 봉헌된 제물을 향유할 수 없다면, 이러한 희생 제의犧牲祭儀를 하는 이유는 해명되지 않는다.[5] 소 떼와 양 떼, 말들과 개들의 도살, 심지어 12명의 트로이 병사들을 살육하여 장작더미에 불태우는 이러한 묘사는 호메로스 시대보다 더 이른 시기 pre-Homeric times의 자료에서 호메로스가 채택한 것이지, 그가 고안한 것은 아니다. 파트로클로스의 장례는 선대에 왕성했던 사자 예배死者禮拜의 잔재를 대변한다. 육신을 벗어난 영혼의 위대하고 지속적인 힘에 대한 신앙, 그것의 완벽하고 충분한 표현이었음에 틀림없다. 이러한 것들이 호메로스 세계의 울타리 안에서 발견되는 영혼 숭배의 유물이다.

그러나 장례 이후에까지 사자의 영혼에 관심을 두는 것은 배제되었다. 시신이 불타고 나면 영혼은 다시 돌아올 수 없는 명부冥府의 세계로 가는 것이다. 이 영혼과의 완벽한 이별을 위해 시신을 불태울 필요가 있다. 일단 육체가 불에 의해 파괴되고 나면 프시케는 하데스로 가며 프시케가 이승으로 돌아오는 것은 허용되지 않는다.

영혼을 저승 세계로 추방하는 것이 화장 관습의 실질적 목적이자 기원이다. 화장은 사자의 영혼이 더 이상 방랑하지 않도록 사자를 돕기 위한 의도에서 행해진 것이다. 유령들이 지하 세계에 유폐되면 산 자들은 더 이상 유령에 의해 괴롭힘을 당하지 않는다.

영혼은 일단 하데스로 가면 호메로스에게 아무런 중요성을 갖지 않는다. 호메로스의 세계는 이성에 의해 움직이는 세계이다. 호메로스의 신들은 그리스인에게 충분히 '이해될 수 있는 신들intelligible gods'이었다. 신들이 뚜렷하게 나타날수록 그만큼 더 귀신은 공허한 그림자로 사라진다.

5.
신, 선한 존재인가
그렇지 않은가?

플라톤의 신에게는
아무런 흠결이 없다

소크라테스는 자신의 다이몬에 대
해 이렇게 공언한 적이 있다.

"나는 어떤 신적인 현상을 경험합니다. 나는 어릴 때부터 신적인 현상을
체험했는데, 신은 일종의 목소리로 내게 다가옵니다. 그리고 신은 언제나 나
에게 어떤 일을 하지 말라고 합니다."[1]

플라톤에게 있어서 신은 그의 목적론적 형이상학을 떠받치는 관념적인 존재였으나 소크라테스에게 있어서 신은 우선 그의 삶을 이끌어 주는 멘토였다. 플라톤에게 있어서 신은 아름다움 그 자체와 올바름 그 자체와 좋음 그 자체를 낳는 제1 원인이었으나 소크라테스에게 있어서 신은 "그 일은 하지 마라!" 하고 명령하는 하늘의 음성이었다.

《파이드로스》에서 에로스에 관한 열변을 토하면서 소크라테스는 이렇게 말한다.

"여보게 파이드로스, 자네도 내가 신들렸다고 생각하는가?"[2]

이러한 전언에 토대할 때 소크라테스가 품은 신은 살아 있는 신이요, 소통하는 신이었다. 어쩌면 소크라테스 스스로가 매우 신령한 인간이었을지도 모른다.

한편 플라톤이 《국가》에서 전개한 호메로스 비판을 따라가다 보면 플라톤의 신이 어떤 속성을 보유하고 있는지 하나씩 드러난다. 첫 번째, 플라톤의 신은 호메로스의 신과 달리 철두철미 도덕적인 신이다. 호메로스의 신은 음모, 싸움, 전쟁, 폭행, 패악, 잔인무도를 일삼는 신이지만 플라톤의 신은 도덕적으로 아무 흠결이 없는 신이다. 플라톤의 신은 플라톤의 목적론적 세계관에서 인간에게 도덕적 삶을 명령하는 궁극적 실재이다. 신의 도덕성은 플라톤의 신이 보유한 첫 번째 속성이다.

　"우리는 또한 신들끼리 서로 전쟁을 하고 음모를 꾸미고 싸움질을 한다는 이야기들도 사실이 아닌 만큼 허용해서는 안 되네."(국, 378b~c)라고 플라톤은 말하면서 새롭게 창건하는 국가에서 호메로스의 시를 검열하자고 했다. 자고 있는 아버지의 생식기를 절단하는 패악, 갓 태어난 아이를 집어삼키는 잔인무도를 서슴지 않은 신이 크로노스였다. "우리는 교사들이 그의 작품들을 사용하는 것을 용납하지 않을 것이네. 우리의 수호자들이 신을 두려워하는 인간이 되게 하려면 말일세."(국, 383c) 도덕적으로 완전한 신을 닮도록 살아가는 것이 플라톤이 생각하는 삶의 최고의 가치였다. 플라톤과 호메로스의 불화는 신의 도덕성에 그치지 않았다.

　"신은 진실로 선하니까 선하게 묘사되어야겠지?"

　"물론이지요."

　"선한 것은 그 어떤 것도 해롭지 않네. 해로운가?"

　"아니라고 나는 생각해요."

　"해롭지 않은 것이 해칠 수 있을까?"

　"결코 그렇지 않아요."

　"해롭지 않은 것이 나쁜 짓을 할 수 있을까?"

　"그렇지 않아요."

　"나쁜 짓을 하지 않는 것이 어떤 악의 원인일 수 있을까?"

　"어떻게 그럴 수 있겠어요?"

"어떤가? 선한 것은 이롭겠지?"

"네."

"그렇다면 행복의 원인이겠지?"

"네."

"그렇다면 선은 모든 것의 원인이 아니라 좋은 것들의 원인이고, 나쁜 것들의 원인은 아닐세."(국, 379b)

두 번째, 플라톤에게 신의 본성은 선하다. 이어 선한 것은 해롭지 않은 것이고, 남을 해치지 않는 것이며 따라서 악의 원인이 아니라는 명제를 도출한다. 아울러 선한 것은 이로운 것이고 행복의 원인이라는 명제를 도출한다. 이 두 개의 명제를 합하면 '선은 좋은 것들의 원인이고, 나쁜 것들의 원인이 아니다'라는 결론이 나온다. 신의 본성은 선이다. 신은 좋은 것의 원인이다. 이것이 플라톤이 전제하는 신의 두 번째 속성이다. 악은 신과 무관하다.

플라톤이 호메로스를 그의 국가에서 추방하고자 한 것은 악행으로부터 신을 지키려는 그의 충심에서 비롯된 것이다. 다시 반복하건대 신은 인간의 악행에 대해 아무 책임이 없다. "두 개의 항아리가 제우스의 궁전 마룻바닥에 놓여 있는데, 한 항아리에는 좋은 선물이 들어 있고, 다른 항아리에는 나쁜 선물이 들어 있지요."(국, 379d) 인간에게 좋은 선물도 주고 나쁜 선물도 주는 호메로스의 신을 플라톤은 용인하지 않는다.

플라톤의 신이 보이는 세 번째 속성은 영혼이 자신에게 다가서는 것을 허용하는 신이라는 것이다. 호메로스에게 있어서 신은 불멸의 존재이지만 인간은 죽음에서 끝이다. 혼백이 저승에 가더라도 그곳에서 하는 일은 영원한 잠이다. 플라톤은 달랐다. 그의 사유 체계에 의하면 죽음은 몸과 혼의 분리일 뿐이며, 저승에 간 혼은 죽지 않고 자신의 정체성을 잃지 않은 채 이승으로의 환생을 준비한다.

호메로스에게 있어서 삶은 비극의 바다 위에 떠 있는 외로운 섬이었다. 플라톤에 따르면 하루살이에 불과한 인간이지만 죽는 날까지 해야 할 한 가지 일이 있다. 《국가》에서 말한다. "나이 들어 혼이 성숙해지기 시작하면 혼의 단련을 강화하지 않으면 안 되네. 철학의 풀밭에서 마음껏 풀을 뜯으며, 여가 시간을 제외하고는 철학에만 몰두하는 것이네."(국, 498b)라며 철학을 권유한다. "철학적 품성이야말로 진실로 신적인 것"(국, 497b)이며 "철학자들은 신적인 것과 가까이 지내므로 신적인 인간이 될 것"(국, 500d)이라는 희망을 플라톤은 품었다.

호메로스에게 있어서 불멸의 신은 필멸의 인간과 다르다. "인간은 일종의 신의 장난감"(법, 803c)이었다. 인간은 하루살이와 다름없는 비천한 존재였고, 그날그날 신들이 이끄는 대로 희로애락을 겪으며 살아가는 존재였다. 플라톤은 달랐다. 인간의 혼에서 하루살이 이상의 것을 찾아냈다. 인간이 진정으로 '고심할 것'도 갖게 되었다. 《법률》에서 말한다.

"인간사야 물론 크게 고심할 가치가 없는 것들이지만 그렇더라도 진지해 지지 않을 수가 없습니다."(법, 803b)

인간은 왜 올바르게 살아야 하는가? 이 물음은 플라톤으로 하여금 《국가》를 쓰게 한 시초의 물음이었다. 소크라테스는 올바른 삶의 정당 성을 설파한다. 하지만 현실의 세계에서 사는 범부들에게 올바른 삶은 자기희생의 삶이다. 소크라테스는 제자 글라우콘과 아데이만토스가 제기하는 물음에 대해 설득력 있는 답을 주지 못한다. 그런데 플라톤 의 세계관에 따르면 인간이 올바른 삶을 추구해야 하는 까닭은 올바름 이 신적인 것이기 때문이었다.

《국가》를 포함하여 대부분의 대화편에서 플라톤은 신에 대해에서만 큼은 신중하다. 신의 성격에 관해 지극히 말을 아끼던 그가 작심을 하 고 신에 대해 말하는 대화편이 있다. 《티마이오스》이다. 《티마이오스》 에서 플라톤은 우주의 창조주 데미우르고스에 대해 밝힌다. 여기에서 플라톤은 자신의 이야기가 갖는 한계를 전제한다. 플라톤은 우주의 기 원을 설명할 때에는 확정적인 이야기를 할 수 없다고 보았다.[3] 자신의 창조 이야기는 하나의 신화일 수밖에 없다는 것이다.[4] 신들과 우주의 생성에 관한 일관되고 정확한 설명을 할 수 없을지라도 '그럴듯한 이 야기eikos mythos'라면 이 정도로 만족하자는 것이다. 우주 창조를 해명함 에 있어서 물리적 필연성만으로는 우주와 인간을 다 설명할 수 없다.

따라서 신화가 필요하다.

플라톤이 《티마이오스》에서 술회하는 창조 신화의 특징은 우주 창조의 목적을 규명하는 데 있다. 우주 창조의 목적은 창조주 데미우르고스의 훌륭함을 실현하는 데 있다.[5] 우주는 좋음을 지향한다. 플라톤의 목적론적 세계는 데미우르고스의 좋음을 본받은 세계이다. 하지만 플라톤은 데미우르고스에 대해 더 이상 구체적으로 언급하지 않는다. 데미우르고스의 본성에 대해, 그의 좋음을 넘어 아무 것도 언급하지 않는다. "우주 그 자체는 신적이다. 플라톤은 심지어 우주를 신이라고도 부른다."[6]

호메로스의 신은
모든 대소사에 개입한다

그리스인의 신은 기독교의 신과 어떻게 다른가? 먼저 기독교의 신은 세계의 창조주이다. 하지만 호메로스의 신들은 세계의 창조와 함께 혹은 세계의 창조 이후에 태어난 신들이다. 주지하다시피 기독교의 성경은 '창세기'에서 태초에 하느님이 우주를 창조했다고 한다. "빛이 있으라!" 하느님이 명령하자 빛이 생겼고 하느님이 보기에 흐뭇했다고 한다. 우주 만물과 인간은 하느님의 피조물이다. 그러나 그리스의 신들은 세계가 만들어지면서 태어난 존재들이다.[7] 좀 더 정확히 말하자면 신들의 탄생이 세계의 창조 과정이라고 그리스인들은 보았다.[8]

다음으로 기독교의 신은 세계 밖에서 자신의 뜻을 집행하는 초월자이다. 기독교의 신은 절대자이다. 절대자이기 때문에 그 존재가 어떤 존재인지 특성을 부여할 수 없다. 어떤 구체적 특성을 부여하는 순간 절대자의 특성을 부정하게 된다. 절대자인 기독교의 신은 세계 바깥에 위치해야 자신의 절대성을 유지할 수 있다. 신이 지상의 사건에 개입하기 위해선 가브리엘 천사를 보내거나 예수를 보내야 한다. 기독교의 신은 세상을 지배하지만 오직 사건 밖에서 섭리하는 신이다.

반면 그리스의 신들은 절대자도 초월자도 아니다. 그들은 세계 안에서 특정의 지위와 역할을 부여받아 세계 안에 참여하는 신들이다. 신들은 모두 자신의 지위와 역할을 부여받는다. 제우스는 천둥과 불타는 벼락과 전광으로 인간들과 불사신들을 다스린다. 그리스인들은 세상의 통치를 제우스의 권한으로 부여했다. 아테네는 전신이고, 헤라는 결혼의 신이며, 헤파이스토스는 장인의 신이다. 그리스의 신들은 천지 운행의 모든 대소사에 직접 참여하고 개입했다.

마지막으로 지적할 수 있는 것은 죽음에 대한 상이한 견해이다. 기독교의 신은 인간의 죽음까지 자신의 의도에 따라 좌지우지하는 전지 전능한 절대자이다. 주지하다시피 예수는 신의 아들이기에 죽은 나사로를 무덤에서 살려내기까지 하는 초능력을 보유했다. 사도신경의 고백 그대로 죽은 지 사흘 만에 되살아난 예수의 부활은 기독교를 만든 중심 교리이다. 그리스인에게 있어서 올림포스의 신들은 막강한 힘의 소유자들이었고, 제우스야말로 인간과 신들을 다스리는 제왕의 신이었다. 그럼에도 불구하고 그리스인의 신들은 전지하지도 않고 전능하지도 않았다. 제우스는 아프로디테의 가슴띠를 빌려 찬 헤라의 간계를 간파하지 못하고 욕망에 이끌려 헤라의 품 안에서 잠을 잤다. 그리고 자신의 아들 사르페돈을 구하지 못하여 그의 죽음을 그대로 보아야만 했다. 헥토르의 죽음에 앞서 제우스는 황금 저울을 들고 두 영웅의 운명을 점친다. 한쪽에는 아킬레우스의 운명을 올려놓고 다른 한쪽에는 헥토르의 운명을 올려놓았는데, 헥토르의 저울이 기울어져 하데스의 집으로 떨어졌다고 했다. 제우스도 죽음만큼은 자신의 뜻대로 결정하지 못했다.

그리스인에게 있어서 죽음을 피할 수 없는 인간의 운명은 신들도 건들지 못한 세계의 절대 법칙이었다. 인간은 자신의 뜻에 따라 행동을 결정한다. 인간은 자유의지의 존재이다. 하지만 인간은 자신의 마음대로 세상을 바꿀 수는 없다. 그리스인들은 인간에게는 자신의 행위로 넘어설 수 없는 한계가 있다고 보았다. 이것을 모이라^{moira}[9] (운명)라고 한다. 본디 모이라는 인간에게 주어진 삶의 몫을 뜻했다. 인간에게 모이라가 주어져 있다는 것은 인간은 죽도록 되어 있으며, 죽을 시점이 애당초 정해져 있다는 것이다. 모이라는 인간의 의지로는 바꿀 수 없는, 강요된 필연이다. 모이라라는 개념은 죽음의 불가피성에 관한 그리스인들의 사실적이고 합리적인 사색의 결과일 것이다.

그리스인은 인생의 공포와 전율을 잘 알고 있었다. 그리고 그것을 길들이기 위해서 올림포스라는 찬란한 꿈의 산물을 내세워야만 했다. 만일 삶이 더욱 높은 영광에 휩싸여서 신들 속에 나타나지 않았다면, 그리스인들처럼 감수성이 예민하고 욕망이 강렬하며 탁월한 고뇌의 능력을 가지고 있는 민족이 어떻게 삶을 견뎌낼 수 있었겠는가. 니체는 그리스인들이 이러한 비관주의로부터 벗어나기 위해 낙관적이고 환희에 찬 세계를 창조해냈다고 한다. 그것이 올림포스 신들의 세계이다.

과연 올림포스 신들의 세계가 인간의 비극적 운명을 극복할 수 있는 계기가 되었는가? 니체는 올림포스 신들이 인간의 삶을 살아감으로써 인간의 삶을 정당화했다고 말한다. 호메로스의 신은 인간보다 더 '인간적인, 너무나 인간적인' 삶을 살아간다. 그리스 신들이 인간적인 삶을 사는 이유는 그것이 바로 추구할 만한 가치가 있기 때문이다.[10]

6.
신과 인간,
어떤 관계인가?

인간은 신에 대해
경건해야 한다

"플라톤은, 실제로는 이론보다도 실천
에 훨씬 더 몰두했다."[1]

플라톤은 교육과 정치체제의 근본적 변혁에 지대한 관심을 가졌던
철학자였다. 자기 시대가 안고 있는 문제에 대한 철학적 답변이 《국
가》였다. 플라톤의 아카데미는 정치체제의 변혁을 주도할 엘리트 양성
소였다.[2] 아카데미는 입법가들의 양성소였고, 얼마간은 법률 학교였

다. 실제로 아카데미의 졸업생들은 이 나라 저 나라에서 입법자가 되
거나 입법 자문의 역할을 했다. 플라톤 자신이 나이 육십이 넘은 시점
에서 시칠리아를 두 번째 방문한 것 역시 철학자의 실천적 책임을 이
행하기 위한 것이었으리라.[3]

《법률》에 오면 이데아들이 시야에서 물러나고, 신이 플라톤 사상에
서 중심 자리를 차지한다.[4] 《법률》을 관통하는 원리는 "신은 만물의 척
도이다."(법, 716c)라는 명제이다. 법률이란 신을 본뜬 것이다.

플라톤은 기원전 4세기 고대 그리스의 타락이 인간의 오만hybris과 불
경asebia에서 빚어지고 있다고 보았던 것 같다.[5] 플라톤의 관점에서 볼
때 고대 그리스인들은 자유의 과잉을 주체하지 못하는 대중들이었다.
알맞은 정도, 곧 적도適度, to metron를 넘어 과도한 욕망에 빠져 있는 대중
의 오만[6]이 혼란의 주요인이었다. 따라서 시대의 혼란과 타락을 구제
할 덕목은 적도[7]와 공경에 있다.

"인간은 나쁜 일들과 고난에서 벗어날 수 없다. 우리 안에 불멸의 존
재가 있는 한 이에 복종하면서 가정과 나라를 경영해야 한다."(법, 713e)라
고 말했을 때 '우리 안에 거처하는 불멸의 존재'는 신이다.

《법률》을 통해 플라톤이 일관되게 강조하는 것은 신에 대한 경건이
다. 일체의 인간사를 조종하는 것은 신이다.[8] 그렇다면 인간은 어떤 존
재인가? 플라톤은 고래로 그리스인들이 품어온 삶의 비극성을 전제한
다. 인간은 죽음을 피할 수 없는 하루살이와과 같은 존재이다. 그날그

날 신들이 이끄는 대로 희로애락을 겪으며 살아갈 수밖에 없는 게 인간이다.

플라톤은 말한다.

"인간사야 크게 고심할 가치가 없는 것들이지만 그렇더라도 진지해지지 않을 수가 없습니다."(법, 803e)

근원적 절망에서 벗어날 수 없는 하루살이와 같은 인간이지만, 이 미물에게 그 어떤 구원의 빛이 있을까? "고심할 것에 대해서는 진지해야 한다. 신은 인간이 고심해야 할 대상이다."(법, 803c) 인간은 '신의 꼭두각시'[9]이다.

이상에서 전개한 신과 인간의 관계를 토대로 플라톤은 불경에 관한 그의 입장을 선포한다.[10]

"만약 누군가 신들에게 불경을 저질렀을 경우, 사형에 처합니다."(법, 910d)

과격하다. 이 무슨 운명의 장난인가? 스승은 사상과 표현의 자유를 고집하다 죽었는데 제자는 시인과 철학자의 입에 불경죄의 재갈을 물리고 있다. 닥쳐! 플라톤은 한 치의 흔들림이 없다. 신을 모독하는 다음 세 가지 경우는 모두 불경죄로 간주한다. "첫째, 신들이 있다고 믿지 않는 경우, 둘째 신들이 있지만 인간사에 신경 쓰지 않는다고 믿는 경우, 셋째 신들이 제물에 의해 쉽게 움직인다고 믿는 경우"(법, 885b)이다.

첫 번째의 불경은 신이 존재하지 않는다는 무신론이다. 아마도 기원전 5세기와 기원전 4세기 자연철학자들의 무신론은 그리스인들에게 무시할 수 없을 만큼 커다란 영향을 미쳤던 모양이다. 플라톤이 제소하는 무신론자란 바로 자연철학자들을 지칭한 것이다. 두 번째의 불경은 신은 존재하나 인간사와 무관하다는 이신론이고, 세 번째의 불경은 신의 완전성을 믿지 않고 신을 부도덕한 존재로 보는 호메로스적 견해이다.

신은 인간의 동반자이다

인간은 필멸의 존재이다. 이는 호메로스적 세계를 지배하는 제1의 정언명령이다. 올림포스교에서는 필멸의 운명을 거부하여 하데스를 탈출한 몇 사람의 예를 즐겨 거론한다. 오르페우스와 프시케, 그리고 헤라클레스가 그들이다.[11]

플라톤에게 소중한 것은 몸이 아니라 혼이었다. 추구할 가치가 있는 것은 몸의 쾌락이 아니라 혼의 정화이다. 플라톤이 궁극적으로 지향하는 것은 혼이 몸을 벗고 신에게 다가가는 일이다. 플라톤에게 현세는 빠져나와야 할 엑소더스의 대상이다. 플라톤의 열정은 몸과 욕망을 버리고 혼과 혼의 자유를 추구한다. 혼이 신의 세계에 들어감으로써 마침내 인간은 필멸의 운명을 벗는다. 비극의 인간에게 구원의 동아줄이 내려오는 것이다.

하지만 호메로스에게 필멸은 넘어설 수 없는 인간의 운명이다. 그에게는 구원의 동아줄이 없다. 따라서 현세는 비극의 바다 위에 떠 있는 외로운 섬이다. 인간이 현세에 살다 죽으면 그의 혼백은 하데스로 가 영원한 잠을 자게 된다. 그곳은 생명도 의식도 없는 곳이다. 인간은 이 하루살이의 운명을 벗어날 수 없다. 각자에게 정해진 몫을 받아들이는 것, 이것이 인간에게 허용된 운명이다.

플라톤의 신이 인간으로부터 아주 먼 곳에 떨어져 있는 존재라면 호메로스의 신은 이웃집 아저씨처럼 나의 거처 옆에 사는 존재이다. 돌아가신 어머니처럼 늘 내 마음속에서 움직이는 존재이다.

호메로스의 신은 세계의 창조자가 아니다. 아니, 신 역시 세계의 창조 과정에서 태어났다. 호메로스의 세계를 움직이는 유의미한 존재가 둘 있으니 그들은 바로 인간과 신이다. 인간은 필멸의 존재요, 신은 불멸의 존재라는 점에서 구별될 뿐, 인간이나 신 모두 자신에게 할당된 몫을 부여받고 살아간다. 인간에게 세계는 비극의 고행터이지만 신에게 세계는 즐거운 놀이터이다.

호메로스의 신은 인간을 통해 자신의 의지를 관철하는 신이며, 인간

의 동의를 구해가면서 자신의 뜻을 실현하는 존재이다.《일리아스》제
1권에는 아킬레우스가 넓적다리에서 날카로운 칼을 빼어들고 아가멤
논을 죽일 것인가 아니면 분을 삭이고 마음을 억제할 것인가 심사숙고
하는 장면이 나온다. 이때 아테네가 내려와 아킬레우스와 대화를 한다.
아테네는 아킬레우스 뒤에 서서 그의 금발을 잡아당겼다. 그러자 깜짝
놀라 뒤돌아선 아킬레우스가 곧 팔라스 아테네를 알아보았는데 그에
게 빛나는 눈의 여신 아테네는 이렇게 주문한다.

> "나는 그대의 분노를 가라앉히려고 하늘에서 내려왔다. 그대가 내 말에 복
> 종하겠다면 말이다."(1. 207~208)

여기에서 아테네는 말다툼을 중지할 것과 칼을 빼지 말 것을 일방적
으로 명령하지 않는다. '내 말에 복종하겠다면'이라고 함으로써 아킬
레우스의 뜻을 존중한다.

《일리아스》에서 신들은 때론 자신의 말을 듣지 않는 인간에게 협박
도 마다하지 않는다. 제3권에서 아프로디테는 메넬라오스와 대결하는
파리스를 위기의 순간 빼돌린다. 그다음 노파의 모습을 하고 파리스의
아내 헬레네에게 접근하여 파리스와의 재회를 재촉한다. 그런데 헬레
네가 아프로디테의 뜻대로 행동하지 않고 대든다.

"참 이상하시네요. 왜 나를 이렇게 속이시려는 거예요? 이제 메넬라오스
가 고귀한 알렉산드로스를 이겨 미움받는 나를 고향으로 데려가려 하니까 그
때문에 음흉한 생각을 품고 이리 오신 거예요? 아무튼 나는 그리 가서 그의
잠 시중을 들지 않겠어요."(3. 399~410)

이때 아킬레우스를 설득하던 아테네와는 정반대로 아프로디테는 버
럭 화를 낸다.

"나를 자극하지 마라. 무모한 여인이여! 내가 성나는 날에는 그대를 버릴
것이고, 지금 몹시 사랑하고 있는 그만큼 그대를 미워하게 될 것이며 트로이
인들과 아카이오이족 사이에 무서운 적의를 불러일으킬 것이다. 그러면 그대
는 비참한 운명을 맞게 되리라."(3. 414~417)

《오디세이아》에서 호메로스가 묘사하는 신의 지위는 훨씬 인간 곁
으로 가까이 내려온다.[12] 물론 여전히 인간 운명의 총체적 기획자는 신
이요, 신들의 합의이지만 《일리아스》에 비하여 신들에 대한 인간의 지
위는 격상되며 심지어는 대등한 관계를 누리기도 한다. 신은 인간의
동반자이다
　《오디세이아》 제1권은 신들의 회의석상에서 제우스가 인간들의 언
행에 대해 투덜거리는 것으로 시작한다.

"아아, 인간들은 걸핏하면 신들을 탓하곤 하지요. 그들은 재앙이 우리에게
서 비롯된다고 하지만 사실은 그들 자신의 못된 짓으로 정해진 몫 이상의 고
통을 당하는 것이오."(오, 1, 32~34)

뭔가? 제우스의 불평은 신과 인간 사이에 상당 정도의 불화가 누적
되어왔음을 시사한다. 보아하니 신은 인간의 보호자가 아니었다. 신은
인간이 바치는 제사를 환영하지만 인간의 운명에 대해 냉정하다. 아니
무자비하다. 인간을 수호해주어야 할 신이 인간을 해코지하다니 이게
무언가?

《일리아스》의 신이 사춘기 전의 소년이 대하는 부모와 같은 존재라
면, 《오디세이아》의 신은 사춘기를 보내고 난 청년이 대하는 부모와 같
은 존재이다. 이제 자식은 부모로부터 독립한다. 부모에게 할 말을 하
며 사는 독립된 주체가 된다. 《오디세이아》 제5권에서, 자신과 함께 머
물면 불멸의 존재가 되게 해주겠다는 칼립소의 제안을 거절한 오디세
우스의 모습이 이를 잘 보여준다. 그는 귀향을 위해 다시 길을 나섰다
가 바다를 표류하게 된다. 그런데 자신을 도우려는 이노 레우코테아의
손길도 거부한다. 믿을 수 있는 것은 오직 인간 자신의 분별력뿐이라
는 것인가.

그런가 하면 《일리아스》는 에두아르트 마이어의 지적 그대로 "철두
철미 신성모독적"이다. 제3권에서 프리아모스는 파리스가 헬레네를

사랑하여 트로이전쟁이 발발하게 된 배경에는 신의 잘못이 있다는 발언을 한다.

"이리 오너라, 아가! 내 앞에 앉아 네 전남편과 친척들과 친구들을 보도록 해라. 네게는 잘못이 없다. 잘못은 아카이오이족의 이 피눈물 나는 전쟁을 내게 보내준 신들에게 있다."(3. 162~165)

프리아모스의 발언이 인간의 불행을 신의 탓으로 돌리는 이해할 만한 불경이라면, 디오메데스가 아프로디테를 향하여 휘두른 창과 그에 이어지는 발언은 인간이 신을 농락한 신성모독임에 분명하다.

"제우스의 따님이여! 전쟁과 결전에서 물러서십시오. 연약한 여자들을 속이는 것만으로 충분하지 않습니까? 그대가 앞으로도 싸움터를 찾을 작정이시라면 이제는 아마 멀리서 전쟁의 소음만 들어도 무서워 떨게 되실 겁니다."(5. 361~363)

《일리아스》의 주인공 아킬레우스며 디오메데스며 프리아모스가 모두들 신의 권위에도 아랑곳하지 않고 거침없는 발언을 하고 있다면, 《오디세이아》의 주인공 오디세우스가 보여준 신에 대한 독립적 태도는 가히 충격적이다. 《오디세이아》의 제13권에는 신과 인간의 관계를

가장 인상적으로 보여주는 장면이 전개된다. 천신만고 끝에 고향 이타
케에 도착한 오디세우스는 그곳이 이타케임을 알지 못한다. 그는 고향
땅을 애타게 그리며 하염없이 울었다. 그때 아테네가 귀여운 양치기
젊은이의 모습을 하고 그에게 다가왔다. 그녀는 어깨에 두 겹으로 잘
만들어진 외투를 걸치고 있었고 번쩍이는 발밑에는 샌들을 매어 신었
으며 손에는 투창을 들고 있었다. 여기에서 아테네가 오디세우스를 향
해 뱉는 말은 호메로스가 신과 인간의 관계를 어떻게 생각했는지에 대
한 중요한 정보를 제공한다.

"신이 그대와 만난다 하더라도 온갖 계략에서 그대를 이기자면 영리하고
교활해야 할 것이다. 가혹한 자여, 꾀 많은 자여, 계략에 물리지 않는 자여!
그대는 그대 자신의 나라에 와 있으면서도 그대가 진심으로 좋아하는 기만과
교언을 그만두려 하지 않는구나. 자, 영리함에 있어서는 우리 둘 다 능하니까
그런 이야기는 이제 그만두도록 하자꾸나. 그대는 조언과 언변에서 모든 인
간들 중에 월등히 뛰어나고 나는 모든 신들 사이에서 계책과 영리함으로 명
성을 얻고 있으니 말이다."(오, 13. 291~299)

《일리아스》의 주인공 아킬레우스의 수호신이 제우스라면 《오디세이
아》의 주인공 오디세우스의 수호신은 빛나는 눈의 아테네이다. 아테네
가 지혜의 여신이듯, 오디세우스도 지략의 영웅이다. 그렇게 신과 영

웅은 꾀와 지략에 있어서 탁월성을 자랑한다. "자, 영리함에 있어서는 우리 둘 다 능하니까 그런 이야기는 이제 그만두도록 하자꾸나." 아테네는 오디세우스의 수호신이지만 흔히 창조주와 피조물 간에 설정되는 절대적 지배–복종의 관계를 요구하지 않는다. 오히려 "나는 온갖 노고에서 그대 곁에 서서 그대를 지켜주었건만 그대는 나를, 제우스의 딸 팔라스 아테네를 알아보지 못했다."(오, 13. 300~301)라고 말하는 데서 알 수 있듯이 자신의 사랑을 알아주지 못하는 피보호자의 무감각을 탓한다. 아테네는 오디세우스에게 섭섭한 감정을 토로하고 있다. 이는 신과 영웅의 동반자 관계[13]에서 가능한 감정이다.

"그대가 그렇게 말씀하시는 것도 내 마음을 호리시려는 의도인 것 같습니다. 나는 정말로 사랑하는 고향에 온 것입니까?"(오, 13. 326~328)

마지막 순간까지 신의 호의를 의심하는 오디세우스, 그는 그 어떤 상황에서도 타자에 대한 의존을 거부하고, 오직 자신의 머리로 생각하는 독자적 인격의 전범이다.

7.
호메로스와
플라톤의 대결,
어떻게 볼 것인가?

신은 도덕적이어야 하는가?

그리스인들의 신화엔 창조주란 존재하지 않는다. 맨 처음 카오스가 생겼고, 그다음에 가이아와 에로스가 생겼다. 마찬가지로 호메로스의 시에서도 창조주란 존재하지 않는다. 신은 인간과 함께 웃고 울며 함께 싸우고 사랑하는 세계의 한 구성물이자 인간의 동반자이다. 신은 불멸의 존재이기에 신의 슬픔에는 비극성이 없다. 올림포스 정상에서 오가는 신들의 싸움은 가볍고 희극적이다. 반면 인간은 운명이 다하면 죽음을 맞이한다. 호메로스에 의하면 인간은 내일 모두 죽게 될 하루살이다.

그러나 플라톤의 철학엔 창조주 데미우르고스가 있다. 데미우르고
스의 본성은 좋음[1]이다. 플라톤은 세계를 창조한 데미우르고스의 좋은
목적을 확신한다. 플라톤에 의하면 신은 좋음의 원인이고 악과 무관하
다. 여기에서 플라톤의 철학은 호메로스의 시와 충돌한다. 앞서 확인
한 것처럼 플라톤이 《국가》에서 시인을 추방하자고 한 것은 사실상 호
메로스를 추방하자는 제안이었는데, 이 제안의 적대성은 두 거인의 사
상적 적대에서 기인한 것이다.

플라톤의 《국가》를 꼼꼼하게 읽자. 정의에 관한 플라톤의 물음을 시
대를 초월한 물음으로 간주하여 접근하지 말고, 플라톤이 살다 간 고
대 속에서 배태되고 제기되었던, 구체적 역사성을 갖는 물음으로 간주
하여 접근해보자. 플라톤의 마음을 괴롭힌 아포리아는 무엇이었던가?
의외로 그 답은 호메로스의 신에게 있다. 소크라테스의 제자 글라우콘
과 아데이만토스[2]는 의문을 제기한다.

"소크라테스 선생님, 대중은 정의를 좋아하지 않아요. 대중은 보수를 받거
나 인심을 얻기 위해서 정의를 행할 뿐이어요. 그들에게 정의는 피하고 싶은
것이지요."(국, 358a)

"피할 수 없어 마지못해 정의로운 행동을 하는 것이지, 정의가 좋아서 행하
는 것은 아니어요. 개인에게 불의는 정의보다 훨씬 이익이 된답니다."(국, 358c)

정의란 마지못해 행하는 것이지, 그것이 좋아서 행하는 것은 아니라는 글라우콘의 고백은 사람들의 진심이다. 소크라테스는 이 곤혹스러운 질문을 어떻게 돌파할까? 이번엔 아데이만토스가 공격에 나선다.

"시인에 따르면 분향과 경건한 서약과 봉헌물로 신들의 마음을 돌릴 수 있다고 해요. 지은 죄에 대해서는 제물을 바치고 빌어 벌을 받지 않을 수 있다나요."(국, 365e~366a)

신이 인간의 죄를 제물의 유무에 의해 판단한다면 이것은 '유전무죄 무전유죄'의 재판再版이다. 그 신은 '인간 세계에서 추방되어야 할 불의한 신'이다. 플라톤이 《국가》에서 제기했던 정의에 관한 물음을 둘러싼 시대정신은 바로 이것이었다. 불의한 신[3]은 추방되어야 한다. 불의한 신의 모습을 유포하고 있는 시인, 호메로스도 추방되어야 마땅하다.

그렇다면 호메로스의 신은 플라톤의 고발 그대로 정녕 불의한 신이었던가? 결론부터 말한다면, 호메로스의 신은 선과 악, 정의와 불의, 도덕성과 부도덕성을 넘어서서 있는 신이다. 선과 악, 정의와 불의, 도덕성과 부도덕성이라는 것은 모두 인간의 특정 관점에 의거한 규정이다. 호메로스의 신은 인간의 합리적 사유와 도덕적 판단을 초월한다.

물론 신은 악행에 분노하는 신이다. 《오디세이아》에 의하면 특히 그렇다. "신들의 노여움을 두려워하시오."(오, 2. 66) 《오디세이아》에서 신은

정의의 편에 선다. 안티노오스가 발판을 집어 들어 거지로 돌아온 오
디세우스의 등짝을 후려칠 때, 시인은 뭐라고 노래했던가.

> "안티노오스! 저 불운한 부랑자를 치다니 그것은 잘못이오. 그대는 파멸을
> 면치 못할 것이오. 신들은 온갖 모습을 하시고는 낯선 나라에서 온 나그네인
> 양 떠돌아다니시며 인간들의 교만과 바른 행실을 굽어보고 계시니까 말이오."
>
> (오, 17. 483~487)

신은 인간의 악행과 오만을 노여워한다. 《오디세이아》는 구혼자들
의 오만과 이에 대한 정의의 응징을 노래한 시다.[4]

나그네는 신이 보낸 선물이다. 의지할 데 없는 나그네에게 숙식을 제
공하는 것은 모든 살아 있는 인간의 기본 도리이다. 제집도 아닌 남의
집에 들어앉아 매일 먹고 마시며 남의 재산을 분탕질하는 주제에 거지
의 모습으로 돌아온 주인을 문전박대하는 것은 인간의 도리에 어긋난
다. 오만과 불의에 찬 구혼자들을 파멸시키는 것은 신의 정의였다.

그런데 호메로스의 신은 정의를 수호하는 신만은 아니다. 플라톤의 고
발 그대로 인간의 제물에 즐거워하며 자신에게 제물을 바치는 자를 편애
하는 신이다. 《일리아스》의 신은 특히 그렇다. 제1권에서 분노한 아폴론
을 달래기 위해 아카이오이 전사들은 100마리의 소를 희생 제물로 바친
다.[5] 마지막 제24권에서 호메로스는 제물의 적극적 의미를 선언한다.

"헥토르도 신들에게 가장 사랑받았소. 그는 귀중한 선물들을 빠뜨린 적이 없었으니까요. 일찍이 내 제단에는 진수성찬과 제주와 제물 태우는 구수한 냄새가 빠진 적이 없었는데 이런 것들이야말로 우리 신들에게 주어진 명예의 선물이 아니겠소."(24. 66~71)

이렇게만 보면 호메로스의 신은 자신의 이익에 따라 마음을 쓰는 편파적 신이다. 트로이전쟁 자체가 애당초 두 패로 갈린 신들의 다툼이 인간의 세상에서 재현된 소극笑劇이지 않았던가? 파리스를 운명적으로 편애하는 신은 아프로디테였다. 아테네는 오디세우스의 수호신이었고, 아폴론은 헥토르의 수호신이었다. 특정 인간을 편애하는 신들의 세계에서 정의란 애당초 찾아볼 수 없는 일이었다. 도덕은 인간의 도덕이었다.

플라톤은 정의로운 삶의 도덕적 정당성을 신의 존재에서 찾았으나, 호메로스가 보기에 신은 처음부터 정의와 무관한 존재였다. 신은 인간사에 개입하지만 인간의 삶에 정의를 세워주는 존재가 아니었다. 그 반대였다. 세상을 있는 그대로 보는 호메로스의 시선에 의하면 신은 비극을 몰고 오는 원천이었다. 머나먼 곳 트로이 땅에 와 무수한 영웅들이 왜 이름도 없이 죽어가는가? 호메로스는 영웅들의 비극을 보는 것이 제우스의 즐거움이 아닌가 물었다.

신의 모습 그대로 아킬레우스는 잔혹했고, 디오메데우스는 비정했다. 그러면 오디세우스는 또 어떠했던가? 알키노오스 왕 앞에서 '내가 바로 그 명성이 하늘에까지 닿은 오디세우스'임을 당당하게 밝힌 그의 정체는 무엇이었던가? 그는 약탈자였다. 호메로스의 사람들 사이에선 거짓말도 도둑질도 불량한 행실이 아니었다. 정말 그렇다. 거짓말도 필요할 땐 유창하게 해야 하는 것이고 생존하기 위해서라면 도둑질도 정당하다고 생각했던 것 같다. 호메로스는 도둑질과 거짓 맹세가 헤르메스 신으로부터 선물로 받은 덕목이라고 자랑스럽게 기록한다.

인간이 추구할 만한 가치는 무엇인가?

플라톤의 철학은 영혼의 정화를 지향한다. 그 정화의 수단이 곧 철학이다. 정화의 최종 목표는 신의 곁으로 다가서는 것이다. 오디세우스는 불멸의 존재가 되는 기회를 정중히 사양하지만 플라톤에 의하면 인간의 삶의 목표는 신의 곁에 다가서는 것이다.

인간이 불멸의 존재가 되는 것이 가능하다는 말인가? 플라톤의 사유에서는 가능하다.[6] 인간은 영혼의 존재이다. 육체 soma는 영혼의 감옥 sema이다. 영혼이 육체로부터 분리되어 자유로워지는 계기인 죽음이 도리어 플라톤에게 있어서는 긍정적 사건으로 간주된다.

호메로스에게 있어서 혼은 하데스에 들어간 이후 그림자처럼 환영처럼 아무 의식 없는 존재로 남지만 플라톤에게 있어서 영혼은 생명의 운동을 일으키는 원동자이다. 죽은 후에도 영혼의 자기동일성은 유지된다.

알고 보니 플라톤에게 중요한 것은 영혼의 불멸이 아니었다. 플라톤에게 중요한 것은 영혼이 신의 품에 안기는 것이었다. 《파이드로스》에서 플라톤은 철학자의 경우 세 번의 윤회를 겪은 후 신의 나라로 가게된다는 신화를 기술했다.

신의 나라에서 지상으로 추락한 혼이 본디 있던 곳으로 돌아가려면 1만 년이 지나야 한다. 그 전에는 혼에 날개가 생기지 않는다. 하지만 지혜를 사랑한 혼들은 예외이다. 철학자의 혼에는 날개가 생긴다. 지혜를 사랑한 혼들은 날개가 생겨 3천년 뒤에는 훌쩍 떠난다.[7] 철학자의 혼은 신적인 존재들을 가까이하기 때문이다. 이렇게 플라톤은 《파이드로스》에서 정화된 혼이 윤회의 사슬을 벗고 신에게 다가가는 통로를 철학자에게 열어주었다.

플라톤의 신은 인간이 자신의 혼을 정화함으로써 다가갈 수 있는 신이다. 플라톤에게는 하나이며, 영원하고, 신적이며, 참된 실재와 결합하기 위해 철학이 있다.[8] 플라톤이 《향연》에서 소크라테스의 스승 디오티마의 가르침을 전하는 것도 이런 관점에서 보아야 한다. 정신적

방식으로 불멸을 추구하는 것은 물질적인 방식보다 훨씬 훌륭하다면서 디오티마는 이렇게 말한다.

> "자, 이 에로스에 관련된 일들에 당신도 입문할 수 있습니다. 소크라테스, 하지만 에로스의 최종 목표에 당신이 도달할 수 있을지 모르겠군요. 에로스를 향해 나아가려고 하는 자는 젊을 때 아름다운 몸을 향해 나아가야 합니다. 아름다운 몸에서부터 아름다운 행실로, 그리고 아름다운 행실에서부터 아름다운 배움으로, 그리고 아름다운 배움에서 마침내 저 아름다운 것 자체에 대한 배움으로 올라가게 됩니다. 그렇게 되면 마침내 그는 아름다움 바로 그것 자체를 알게 됩니다. 친애하는 소크라테스, 살 가치가 있는 삶은 아름다움 자체를 바라보면서 사는 것일 겁니다."[9]

아름다움 그 자체를 아는 것이란 무엇을 의미하는가? 철학자는 불멸성의 영역 안으로, 신들이 늘 거주하는 곳으로 들어선다고 한다. 소크라테스에게 있어서 철학이란 불멸의 신전으로 들어가는 입구였다. 신들의 거처로 들어선다는 디오티마의 이 언급은 의미심장한 것이었다.[10]

한편 호메로스의 세계에서 신과 인간을 나누는 경계선은 죽음이다. 거듭 밝히지만 인간의 필멸의 운명은 신도 제우스도 움직이지 못하는 절대 법칙이다. 그런데 호메로스는 인간이 설령 불멸의 존재가 될 수 있다손 치더라도 그다지 환영할 만한 사건이 아님을 시사한다.

칼립소는 오디세우스에게 제안한다. "이곳에 나와 함께 머물며 이 집을 지키고 불사의 몸"(오. 5. 210)이 되어 살자고. 이 제안은 신의 제안이다. 칼립소는 오디세우스에게 불멸의 삶을 약속하고 있다. 오디세우스는 답한다. "나는 집에 돌아가서 귀향의 날을 보기를 날마다 바란다오."(오. 5. 219~220)

호메로스의 영웅에게 추구할 만한 가치가 있는 행동은 불멸의 명성을 획득하는 일이었다. 사르페돈이 글라우코스를 향하여 분투하자고 선동할 때 무엇이라 말하던가?

"친구여! 인간으로서는 면할 수도 피할 수도 없는 무수한 죽음의 운명이 여전히 우리를 위협하고 있으니 우리가 적에게 명성을 주든 아니면 적이 우리에게 명성을 주든, 자, 나갑시다!"(12. 326~328)

호메로스의 시에 묘사된 행동 규범은 그리스 암흑시대의 사회적 가치들을 반영한다.[11] 《일리아스》에서 아킬레우스는 "그리스인들 중 최고 훌륭한 사람"(1. 243)이다. 그는 "말도 잘하고 일도 잘 처리하는 인물"(9. 443)이다. 영웅이 추구하는 가치는 말이나 행동에 있어서 '탁월함'이요, 그로부터 얻는 명성이다.

아킬레우스에게는 두 갈래의 운명이 이미 예고되어 있었다. 하나는 전쟁을 그만두고 고향으로 돌아가서 아버지 펠레우스로부터 왕위를 이어받고 늙도록 영광스런 삶을 사는 것이다. 다른 하나는 전쟁을 그만두지 않는 대신 삶은 단명하나 명성만큼은 길이 남게 되는 것이다. 아킬레우스가 선택한 것은 짧은 삶과 긴 명성이었다.[12]

호메로스의 시는 오랫동안 그리스인의 교과서로 사용되었다. 호메로스가 창조한 영웅들의 모습은 그리스 청소년들이 본받아야 할 상이었다. 삶은 짧았지만 불후의 명성을 얻는 아킬레우스야말로 청소년들의 마음을 지배한 영웅의 모습이었다. 소년 시절 아리스토텔레스로부터《일리아스》를 배웠다는 알렉산드로스가 헬레스폰트 근처 트로이를 찾아가 아킬레우스의 무덤에 헌화한 것도, 그리하여 35세라고 하는 짧은 생을 살고도 헬레니즘이라고 부르는 세계 문명을 창조하여 불후의 명성을 기록한 것도 다 아킬레우스의 선택과 무관하지 않을 것이다.

죽어서 탁월한 명성을 얻고 싶다던 아킬레우스와 달리 살아서 탁월한 명성을 얻은 오디세우스는 또 어떠한가? 칼립소의 섬을 탈출하여 스무 밤과 스무 낮 동안 대양을 헤매다가 파이아키아 해변에 도착한 오디세우스, 알키노오스의 환대를 받으며 마침내 자신의 정체를 밝힐 때 무어라고 자신을 소개하는가? "나는 라에르테스의 아들 오디세우스올시다! 나는 온갖 지략으로 사람들에게 존경받았고 내 명성은 이미 하늘에 닿았소."(오, 9, 19~20)

탁월성은 고대 그리스인들이 추구하는 교육의 목표였다. 헥토르는 사랑하는 아들에게 입 맞추고 팔에 안아 어르며 신들에게 기도했다.

"제우스와 신들이여! 여기 있는 내 아들도 나와 똑같이 트로이인들 중에서 뛰어나고, 또 나처럼 힘이 세어 일리오스를 강력히 다스리게 해주소서."(6. 476~478)

호메로스의 세계는 경쟁적이었다. 모든 영웅은 경쟁자를 제압하고자 분투한다. 누가 누구와 대결했는가에 의해 그 사람의 명성이 달라졌다. 겨루기는 육체적 용맹의 테스트에 그치지 않고 비극 경연과 같은 지성의 영역에까지 확대되었다. 시합의 궁극 목적은 명성의 획득이었다. 전쟁에서는 용맹의 탁월함을 과시하고 회의장에서는 언변의 탁월함을 과시하여 뭇사람들의 칭송과 존경을 받는 것, 그리하여 후대들로부터 길이 기억되는 것이 전사들이 추구하는 삶의 목표였다.

플라톤의 신을 떠나자

젊어서 시를 쓰고자 했던 플라톤이 소크라테스를 만나고 난 뒤 가슴에 품고 있던 시를 불태웠다. 그리스인들에게 인간은 신이 데리고 노는 강아지요, 장난감이었다. 하루살이에 불과한 이 인간에게 과연 삶을 걸고 추구할 가치가 있었던가? 플라톤은 소크라테스를 만나 인간의 실체는 몸이 아니라 영혼임을 배운다. 몸은 죽어도 영혼은 사라지지 않으니, 살아서 인간이 추구할 것은 몸의 즐거움이 아니라 영혼의 돌봄이다.

플라톤은 한발 더 나아간다. 인간의 영혼은, 아니 철학자의 영혼은 신의 곁에 다가설 수 있다. 절망의 존재에게 구원의 빛이 나타나는 순간이다. 플라톤의 표현 그대로 고심할 가치가 없는 인생이지만, 한 가지 고심할 가치가 있는 일이 생긴 것이다. 델포이 신전의 기둥에 새겨진 '너 자신을 알라'라는 금언은 소크라테스와 플라톤에게 '너의 영혼을 보살펴라'는 말이었다. 너의 영혼이 늘 아름답고 올바르고 좋은 영혼이 되도록 보살피다 보면, 언젠가 아름다움 그 자체, 올바름 그 자체, 좋음 그 자체가 되리라.

우리는 기독교를 통해 서양의 유일신을 접했다. 고등학교에 다닐 때 배운 세계사에 의하면 서구 문명은 기독교Hebraism와 그리스 문명Hellenism 이라는 두 기둥 위에 구축된 집이다. 그런데 공부를 해 보니 기독교가 그리스 철학의 전통 위에서 발전한 종교였다. 기독교의 신은 물론 유대교의 여호와 하느님이지만, 기독교의 영혼과 도덕주의는 소크라테스와 플라톤이 만든 철학의 연장에 있다.

기독교의 신은 플라톤의 신처럼 인간의 도덕적 삶을 요구하고 강제하는 모든 사유의 궁극적 토대이다. 기독교도에게 물어보자. 삶의 목적은 무엇인가? "인간은 하느님의 영광을 위해서 사는 것이죠." 이제 플라톤에게 물어보자. 인간은 왜 올바른 삶을 살아야 하는가? "올바름은 신의 모습이다. 세계는 신의 좋음을 이루기 위해 움직이고 있다. 인간은 신의 이 목적을 이루는 데 복무해야 한다." 기독교도의 말이나 플라톤의 말이나 그 난이도만 다르지 까놓고 보면 같은 의미이다.

이제 기독교의 신, 플라톤의 신을 떠나자. 천 길 절벽 밑으로 추락하는 공포를 당신은 견디겠는가?

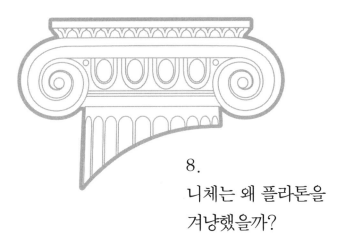

8.
니체는 왜 플라톤을
겨냥했을까?

그리스 정신의 파괴자,
플라톤

니체는 그리스인이었다. 《반시대적 고찰》에서 고백한 그대로 그는 그리스의 자식이었다.[1] 니체의 국적은 독일이었지만 니체의 영혼은 그리스인의 것이었다. 성장 과정에서부터 니체의 정신을 지배한 것은 그리스 문헌이었으며 니체는 그리스 문헌학 연구로 대학교수가 되었다. 니체의 정신이 그리스 쪽으로 기우는 것은 필연이었다.

니체에 의하면 호메로스는 자신의 신들 속에서 만족했다. 그는 조각가가 찰흙을 만지듯 자유롭게 신들과 교제했다.[2] 그리스인의 밝음, 투명성, 단순함과 질서, 구조의 밝음을 성취한 것은 호메로스의 업적이다.

그리스인은 누군가 악행을 저지르면 이렇게 말했다. "신이 그를 우롱했을 거야." 신은 악의 원인이었다. 트로이전쟁의 비극은 어떤 궁극적 의미를 지니고 있단 말인가? 트로이전쟁은 신들을 위한 축제였다.[3]

미다스 왕은 실레노스 신에게 묻는다. 가장 좋은 것은 무엇이냐고. 실레노스는 침묵했다. 미다스 왕이 거듭 묻자 실레노스는 껄껄 웃으며 말문을 열었다. "하루살이여, 우연의 자식이여, 왜 하필이면 듣지 않는 것이 그대에게 가장 행복할 일을 나에게 말하라고 강요하는가? 최상의 것은 그대가 도저히 성취할 수 없는 것이네. 그것은 태어나지 않는 것이요 존재하지 않는 것이라네. 그대가 택할 수 있는 차선은 바로 죽는 것이네."[4]

니체는 그리스인들이 비관주의로부터 벗어나기 위해 낙관적이고 환희에 찬 세계를 창조해냈다고 말한다. 그것이 올림포스 신들의 세계이다. 호메로스의 신은 인간보다 더 인간적인 삶을 살아간다. 그리스 신들이 인간적인 삶을 사는 이유는 삶이 추구할 만한 가치가 있기 때문이다. 니체는 올림포스 신들이 인간의 삶을 살아감으로써 인간의 삶을 정당화한다고 말한다.[5]

그런데 고대 그리스인의 심장을 가진 니체에게 플라톤은 그리스 정신의 파괴자였다. 그는 소크라테스와 플라톤을 쇠약의 징후로 파악했다.[6] 소크라테스를 바라보는 니체의 눈은 매섭다. 소크라테스는 삶에 넌더리를 내고 있었다. 항상 쾌활하고 씩씩하게 살았던 소크라테스도 실은 염세주의자였다는 것이다.

철학의 자유를 위해 신을 살해하라

니체는 플라톤을 향한 투쟁의 깃발을 올린다. "이데아를 향한 플라톤의 열광은 종교적 차원의 광기"[7]였다. 플라톤은 이성이 선과 신을 향하는 것임을 증명하고자 했다. 플라톤의 목적론적 형이상학을 향해 니체가 겨눈 창끝은 이제 그 배후에서 암약해온 종교를 향한다. 학문에 대한 우리의 신앙은 여전히 형이상학적인 신앙에 기초하고 있다. 이 낡은 신앙이란 신이 진리이고 진리는 신성한 것이라고 믿었던 플라톤의 신앙을 말한다. 신 자체도 우리가 꾸며낸 오래된 허위임이 입증된다면 어떻게 될 것인가? "그리스도교는 대중을 위한 플라톤주의이다."[8]

《죄와 벌》의 주인공 라스콜리니코프가 사회의 정의를 위해 전당포의 노파를 도끼로 살해하듯이 니체 역시 철학의 자유를 위하여 신을 살해한다. 우리가 신을 죽였다.[9]

마침내 철학의 자유, 철학의 해방이 쟁취된 것일까? 니체는 감격한다.

"우리 철학자들, '자유로운 정신들'은 '늙은 신이 죽었다'는 소식에서 새로운 아침놀이 비치는 듯한 느낌을 받고 있다. 인식의 모든 위험이 다시 허락되었다. 바다가, 우리의 바다가 다시 열렸다." [10]

니체는 호메로스의 아이였다. 그가 플라톤의 목에 비수를 겨눈 것은 플라톤이 먼저 호메로스의 목에 비수를 겨누었기 때문이다. 니체는 오레스테스였다. 그는 자신의 아버지 아가멤논을 살해한 아이기스토스를 처치해야 하는 숙명을 안고 태어났다. 고대 그리스인의 정신을 주조한 위대한 시인이자 교사를 살해한 플라톤, 유럽의 자손들 중 그 누군가는 플라톤에 의해 교살된 호메로스의 정신을 복원하는 소명을 실행에 옮겨야 했다. 그 소년이 니체였다.

시와 철학의 시대를
맞이하기 위하여

올바른 삶과 정의로운 사회를
탐색하는 일

플라톤의 '선의 이데아'를 내가 처
음 들은 것은 중학교 2학년 겨울방학 무렵이었다. 나는 행운아였다.
문리대 철학과에 들어간 형으로부터 방학이면 철학 이야기를 들었다.
칸트의 '이성과 오성'에 대해 들은 것도 그 시절의 일이었다. 형의 이
야기는 명료했고, 동생의 눈빛은 총명했을 것이다. 대입 본고사를 치
른 1976년 겨울 내가 도스토예프스키의 《악령》과 《카라마조프의 형
제》를 읽었던 것도 "야, 인마. 책 좀 읽어라." 하는 형의 핀잔 때문이었

다. 대학 입학식을 마치고 집에 돌아오니 형은 나에게 주문했다. 대학 4년 동안 《논어》와 《국가》 두 권만 읽으라는 것이었다.

나는 진지했다. 한편으로 "나는 무엇을 위하여 살 것인가?" 하는 물음을 놓고 깊이 생각했고, 다른 한편으로 "한국 사회는 어디로 가야 하는가?" 하는 물음을 놓고 궁리했다. 내년이면 인생의 6학년에 오르는 나이인데, 나는 아직도 이 두 가지 물음과 씨름한다. 올바른 삶의 본과 정의로운 사회의 본을 탐색하는 일을 단 하루도 그만두어 본 적이 없으니 나는 영락없는 플라톤주의자인 셈이다.

플라톤의 《국가》 콘포드 Cornford 영역본을 들고 다니면서 그것을 강의실에서, 음악 감상실에서, 잔디밭에서 읽은 것이 나의 캠퍼스 추억의 모든 것이다. 한 학기 내내 읽었는데 60쪽을 넘기지 못했다. 초심자에게 《국가》의 제1권은 어려우니 건너뛰라고 귀띔해 주는 분이 있었으면 좋았을 것이다. 제2권의 중반에서 전개되는 정의로운 나라 만들기(369a)부터 읽는 것이 좋다는 것을 그때 나는 알지 못했다. 1977년 10월 어느 날 전투경찰이 캠퍼스에 진입했다. 전투경찰들과 맞선 시위 대열의 맨 앞에 나는 서 있었다. 독재 정권의 하수인들은 대학생의 학업마저 강제로 중단시켰다.

인사동에 가면 '북촌학당'[1]이 있다. 이곳에 가면 1970년대 대학의 시위를 주도했던 분들, 이른바 '빵잽이'[2]들을 쉽게 만날 수 있다. 작년 가을인가, 나는 그곳에서 배남효를 만났다.

시와 철학의 시대를 맞이하기 위하여

1977년 가을엔 유신 정권을 타도하자는 시위가 대학가에서 자주 벌어졌다. 실천문학사의 사장 김영현은 이때 유인물을 제작, 배포하려다 거사에 실패했다. 그의 거사가 누설되면서 여러 학생들이 잡혀가고 수배되었다. 어수선한 11월이었다.

신림10동의 산동네엔 판잣집들이 다닥다닥 붙어 있었는데, 그곳에서 몇몇 대학생들이 '겨레터 야학'이라는 팻말을 걸고 불우 청소년들을 돕고 있었다. 동국대학교 철학과의 홍윤기, 목포대학교 경제학과의 박관석. 이분들은 이미 그해 가을 '심포지엄에서 논문을 발표한 죄'로 구속되었고, 동료들이 떠나고 난 빈 학당을 전복길, 배남효 등이 지켰다. 그런데 이들도 김영현의 거사 미수로 쫓기는 신세가 되었다.

그 배남효를 다시 만났다. 북촌학당에서. 우리는 포도주 한 잔으로 입을 적시면서 지나간 햇수를 헤아려보았다. 37년 만의 재회였다. 변한 것은 없었다. 경상도 사투리는 여전했고 배남효 특유의 표정도 옛날 그대로였다. 그러니까 김구나 여운형이 일제의 식민 통치 하에서 36년의 파란만장한 세월을 보냈다는데, 그게 그렇게 긴 세월이 아니었다.

이제 우리는 인생을 정리하고 후대에게 열쇠를 넘겨주어야 할 나이다. 여기서 또 30년의 세월이 흐르면 우리의 몸은 흙으로 돌아가 있을 것이다. 정의로운 세상을 만들기 위해 젊은 시절을 불처럼 살았으니 한 점 후회 없다. 30년 전 우리는 '독재 타도'를 부르짖으면서 시위를 했다. 전투경찰의 '페퍼 포그'에 맞서 화염병을 던지는 것이 하루의 일과였다. 독재 정권을 몰아내고 민중이 주인 되는 사회를 만드는 것이 내 청춘의 과제였다. 30년 후 우리의 젊은이들은 무엇을 하고 있을까?

내일의 일도 모르는 인간이 미래를 예측한다는 게 가당치도 않지만, 가만히 생각하면, 확실한 이야기 한두 가지는 할 수 있을 것이다. 나는 생각한다. 30년 후 우리의 후대는 '성장하지 않는 경제'[3]에서 살고 있을 것이다.

낮이 가면 밤이 오고, 여름이 가면 겨울이 온다. '성장의 시대'는 가고 '성장하지 않는 시대'가 오는 것은 자연의 섭리이다. 이미 선진국의 경제는 제로성장의 시대에 진입했고, 한국 경제 역시 조만간 제로성장의 시대로 진입할 것이다. 인간의 삶이나 자연계를 보더라도 성장은 특정 시기에 일어나는 현상이지 천년만년 지속되는 현상은 아니다.[4]

우리는 성장의 마약을 먹으며 살아온 것인지도 모른다.[5] 이제 마약 중독으로부터 벗어날 때가 되었다. 성장을 멈추면 나라 경제가 파탄날 것처럼 떠드는 경제학자들이 있다. 성장은 멈춘다. 우리가 해야 할 일은 지난 40년 성장의 시대 속에서 배태되어온 사회적 모순들을 직시하고 이 모순들을 슬기롭게 풀어나가는 일이다.

성장의 시대를 넘어
성숙의 시대를 준비할 때

나는 가끔 강연회의 연사로 불려나가 청중들로부터 "당신이 생각하는 정의로운 사회는 무엇인가?" 하는 질문을 받는다. 그때마다 나는 주저 없이 "주 3일 노동하는 사회요."라고 답한다. 주 3일 노동은 내가 오랫동안 붙들어 온 '정의로운 사회의 이데아'이다.

태곳적부터 인간은 자신의 생존에 필요한 재화를 생산했다. 자신의 삶에 필요한 재화를 의식적으로 만들어내는 것, 즉 노동은 인간 역사의 제1전제이다. 그런데 기쁨의 원천이어야 할 노동이 인간의 삶을 고되게 만들어온 게 지난 인간 역사의 실상이었다. 적당한 노동은 행복한 삶의 필수 조건이지만 과도한 노동은 삶을 피폐하게 만든다. 생존하기 위해 요구되는 노동을 '필연의 노동'이라 하고, 창조적 활동에 투여되는 노동을 '자유의 노동'이라 하자. 필연의 노동 시간은 줄이고, 자유의 노동 시간은 늘려야 한다.

주 3일 일하고도 경제가 돌아갈까 우려하는 경제학자들이 많을 것이다. 현대의 과학기술이라면 주 3일 일하고도 필요한 의식주를 충분히 생산할 수 있으리라 나는 확신한다.[6] 이렇게 놀라운 수준으로 발달한 과학기술을 갖고 주 3일 일하는 사회를 만들지 못하는 것은 우리의

무능력[7]이다. 세계에서 가장 자유롭고 평등한 나라 네덜란드[8]는 이미 주 33시간 노동을 구현하고 있다. 진보는 확산된다. 주 3일 노동은 역사의 필연이다.

한국 경제는 일인당 국내총생산 3만 달러의 시대를 경과하고 있다. 조만간 주 4일 노동제의 도입이 여론의 화두로 오를 것이다. 일자리를 공유하지 않으면 비극은 불가피하다.[9] 왜 젊은이들의 눈빛이 불안한가? 실업과 그로 인한 취업 경쟁 때문이다. 사람으로 태어나 일하는 것은 인간의 본성적 요구인데, 왜 일자리가 없어 고통을 당해야 하는가? 일자리를 나누지 않기 때문이다.[10]

질 높은 교육을 받고 양질의 의료를 받을 수 있는 곳이 선진국이다. 한국이 선진국이 되려면 좋은 교육과 좋은 의료의 혜택을 누릴 수 있는 사회구조를 만들어야 한다. 그러려면 교육 종사자의 수[11]를 두 배로 늘려야 한다. 교사도 교수처럼 연구하면서 가르칠 수 있도록 근무 환경을 개선해야 한다. 의사와 간호사의 수가 턱없이 적다는 것도 문제다.[12] 한국의 간호사들은 선진국에 비해 두 배 이상의 과다 노동에 시달리고 있다. 교육과 의료에 종사하는 사람들을 대폭 증원하여 국민들이 수준 높은 교육을 받고 양질의 의료 혜택을 누릴 수 있도록 하는 것이 우리 사회가 추구해야 할 방향이다.

야스퍼스가 말한 '축의 시대'[13]를 생각한다. 왜 기원전 6세기와 기원전 5세기에 공자와 석가와 소크라테스가 동시에 출현했을까? 경제적 차원에서 접근하면 축의 시대는 성장의 시대였다. 철기의 보급으로 생산력이 올라가고, 재화를 둘러싼 인간의 다툼이 노골화되던 시기, 역사는 인간의 탐욕과 그로 인한 비극을 어떻게 다스려야 할지 답을 찾는 현자를 불러내었다.

"나에게 보물이 셋 있으니 첫째는 검소요, 둘은 자애요, 셋은 천하의 선두에 굳이 나서지 않는 것이다."라고 노자는 말했다. '탐욕과 성냄과 어리석음'을 버리고 '자비'의 삶을 살 것을 석가모니는 가르쳤으며, '인'과 '안빈낙도'의 삶을 살 것을 공자는 강조했다. "필요로 하는 것이 가장 적은 사람이 가장 부유한 사람"이라고 소크라테스는 말했고, 예수는 무소유와 사랑을 가르쳤다.

이제 우리는 과욕을 버리고 검소를 실천할 때가 되었다. 무한 경쟁의 광기에서 벗어나 어려운 이웃을 돌보며 사는 '연대의 삶'[14]을 실천하자. 인간의 모든 소중한 가치를 희생하면서 오직 성장을 위해 자원을 총동원했던 한 시대와 이별하자. 성장의 시대는 가고 있다. 지금은 성숙의 시대를 맞이할 때이다.

행복한 삶을 철학하라

우리는 어떻게 사는 것이 훌륭한

삶인지 저마다 행복한 삶에 대한 철학을 가져야 한다. 행복은 인간의 본성을 충실하게 실현하는 곳에 있다고 나는 생각한다. 인간은 노동하는 존재이다. 창조적 활동을 하는 곳에 기쁨의 원천이 있다. 인간은 사회적 존재이다. 나누고 도우며 사는 곳에 즐거움의 원천이 있다. 또 "인간은 본성적으로 알고자 하는 욕구를 지닌다."라고 아리스토텔레스는 말했다. 지난 역사 속에서 현자들이 발견한 정신의 보물을 음미하며 사는 것이야말로 높고 깨끗한 삶의 비결이다. 호메로스의 시를 읽고 플라톤의 철학을 논하고, 공자의 고뇌와 장자의 자유를 음미하고, 두보와 소동파의 시심을 공유할 수 있다면, 지난 20세기 식민지 통치 하에서 나라의 주권을 찾기 위해 목숨을 잃고, 군사독재 하에서 투옥되고 고문당했던 선배들의 희생이, 그 수고의 열매를 맺게 되는 것이 아닐까 나는 생각한다. 시와 철학의 시대[15]가 저만치에서 우리를 손짓해 부르고 있다.

참고 문헌

국문 문헌(1차 문헌)

디오게네스 라에르티오스 지음, 전양범 옮김, 《그리스 철학자 열전》, 동서문화사, 2009

아리스토텔레스 지음, 천병희 옮김, 《정치학》, 숲, 2013

아리스토텔레스 지음, 김진성 역주, 《형이상학》, 이제이북스, 2007

아리스토텔레스 외 지음, 최자영·최혜영 옮김, 《고대 그리스 정치사 사료》, 신서원, 2002

아리스토텔레스 외 지음, 천병희 옮김, 《시학》, 문예출판사, 2006

아리스토파네스 지음, 천병희 옮김, 《아리스토파네스 희극 전집 1》, 숲 , 2010

투퀴디데스 지음, 천병희 옮김, 《펠로폰네소스 전쟁사》, 숲, 2011

플라톤 지음, 천병희 옮김, 《고르기아스·프로타고라스》, 숲, 2014

플라톤 지음, 김인곤 옮김, 《고르기아스》, 이제이북스, 2011

플라톤 지음, 천병희 옮김, 《국가》, 숲, 2013

플라톤 지음, 박종현 역주, 《국가·정체》, 서광사, 2004

플라톤 지음, 이정호 옮김, 《메넥세노스》, 이제이북스, 2008

플라톤 지음, 박종현 역주, 《법률》, 서광사, 2009

플라톤 지음, 천병희 옮김, 《소크라테스의 변론, 크리톤, 파이돈, 향연》, 숲, 2012

플라톤 지음, 천병희 옮김, 《이온·크라튈로스》, 숲, 2014

플라톤 지음, 박종현·김영균 공동 역주, 《티마이오스》, 서광사, 2000

플라톤 지음, 천병희 옮김, 《파이드로스·메논》, 숲, 2013

플라톤 지음, 강철웅·김주일·이정호 옮김, 《편지들》, 이제이북스, 2010

플루타르코스 지음, 천병희 옮김, 《플루타르코스 영웅전》, 숲, 2010

헤로도토스 지음, 천병희 옮김, 《역사》, 숲, 2008

헤시오도스 지음, 천병희 옮김, 《신들의 계보》, 숲, 2009

호메로스 지음, 천병희 옮김, 《오뒷세이아》, 숲, 2006

호메로스 지음, 천병희 옮김, 《일리아스》, 숲, 2007

국문 문헌(2차 문헌)

강대진 지음,《오뒷세이아, 모험과 귀향, 일상의 복원에 관한 서사시》, 그린비, 2012

강대진 지음,《일리아스, 영웅들의 전장에서 싹튼 운명의 서사시》, 그린비, 2010

거스리, W. K. C. 지음, 박종현 옮김,《희랍 철학 입문》, 서광사, 2000

김봉철 지음,《이소크라테스》, 신서원, 2004

네틀쉽, R. M. 지음, 김안중·홍윤경 옮김,《플라톤의 국가론 강의》, 교육과학사, 2010

니체 지음, 백승영 옮김,《반시대적 고찰》, 책세상, 2011

니체 지음, 이진우 옮김,《비극의 탄생·반시대적 고찰》, 책세상, 2005

니체 지음, 박찬국 옮김,《비극의 탄생》, 아카넷, 2007

니체 지음, 김정현 옮김,《선악의 저편·도덕의 계보》, 책세상, 2002

니체 지음, 박찬국 옮김,《아침놀》, 책세상, 2004

니체 지음, 백승영 옮김,《우상의 황혼》, 책세상, 2002

니체 지음, 김미기 옮김,《인간적인 너무나 인간적인 1, 2》, 책세상, 2001

니체 지음, 안성찬·홍사현 옮김,《즐거운 학문》, 책세상, 2005

도즈, 에릭 R. 지음, 주은영·양호영 옮김,《그리스인들과 비이성적인 것》, 까치, 2002

듀란트, 윌 지음, 황문수 옮김,《철학 이야기》, 문예출판사, 2001

러셀, B. 지음, 최민홍 옮김,《서양철학사》, 집문당, 1980

로미이, 자클린 드 지음, 이명훈 옮김,《왜 그리스인가?》, 후마니타스, 2010

로스, W. D. 지음, 김진성 옮김,《플라톤의 이데아론》, 누멘, 2011

루소, J. J. 지음, 정봉구 옮김,《에밀》, 범우사, 2006

리프킨, 제러미 지음, 이영호 옮김,《노동의 종말》, 민음사, 1996

리프킨, 제러미 지음, 이원기 옮김,《유러피안 드림》, 민음사, 2009

마틴, 토마스, R. 지음, 이종인 옮김,《고대 그리스의 역사》, 가람기획, 2003

마르틴, 고트프리트 지음, 이강서 옮김,《진리의 현관, 플라톤》, 한길사, 2004

박규철 지음,《소크라테스와 소피스트》, 동과서, 2009

박종현 지음,《헬라스 사상의 심층》, 서광사, 2001

박희영 지음, 《플라톤 철학과 그 영향》, 서광사, 2001

박희영 지음, 〈그리스 초기 자연철학의 형이상학적 사유〉, 《哲學》 Vol. 79, 한국철학회, 2004

베르낭, 장 피에르 지음, 김재홍 옮김, 《그리스 사유의 기원》, 길, 2006

베이컨, 프란시스 지음, 이종흡 옮김, 《학문의 진보》, 아카넷, 2002

블래스토스, 그레고리 지음, 이경직 옮김, 《플라톤의 우주》, 서광사, 1998

비다날케, 피에르 지음, 이세욱, 《호메로스의 세계》, 솔, 2004

세이어즈, 숀 지음, 김요한 옮김, 《플라톤 국가 해설》, 서광사, 2008

송문현 지음, 〈호머 시에 있어서 '왕basileus'과 정치조직〉, 《서양 고전학 연구》, Vol. 4,
    한국서양고전학회, 1990

슈퇴리히, 한스 요하임 지음, 박민수 옮김, 《세계 철학사》, 이룸, 1999

스넬, 브루노 지음, 김재홍 옮김, 《정신의 발견》, 까치, 1994

슬레작, 토마스 알렉산더 지음, 임성철 옮김, 《플라톤 읽기》, 한양대학교출판부, 2001

암스트롱, 카렌 지음, 정영목 옮김, 《축의 시대》, 교양인, 2014

앨버트, 칼 지음, 이강서 옮김, 《플라톤 철학과 헬라스 종교》, 아카넷, 2010

이진성 지음, 《그리스 신화의 이해》, 아카넷, 2010

이태수 외 지음, 《희랍 라틴 문학 연구》, 성균관대 출판부, 1992

장영란 지음, 《영혼의 역사》, 글항아리, 2010

처칠, W. 지음, 강우영 옮김, 《나의 청춘기》, 청목, 2003

카, E. H. 지음, 김택현 옮김, 《역사란 무엇인가》, 까치, 2013

칸트, 임마누엘 지음, 정명오 옮김, 《순수이성 비판·실천이성 비판》, 동서문화사, 2010

칸트, 임마누엘 지음, 김석수 옮김, 《순수이성 비판 서문》, 책세상, 2010

커퍼드, 조지 지음, 김남두 옮김, 《소피스트 운동》, 아카넷, 2004

켈러, 헬렌 지음, 박에스더 옮김, 《헬렌 켈러 자서전》, 산해, 2008

콘포드, F. M. 지음, 남경희 옮김, 《종교에서 철학으로》, 이화여자대학교출판부, 1995

쿨랑주, 퓌스텔 드 지음, 김응종 옮김, 《고대 도시》, 아카넷, 2000

크세노폰 지음, 오유석 옮김, 《향연, 경영론》, 작은이야기, 2005

탈레스 외 지음, 김인곤 외 옮김, 《소크라테스 이전 철학자들의 단편 선집》, 아카넷, 2005

토인비, 아놀드 조셉 지음, 원창엽 옮김, 《토인비와의 대화》, 홍신문화사, 2012

톰슨, 조지 지음, 조대호 옮김, 《고대 사회와 최초의 철학자들》, 고려원, 1992

포퍼, 칼 지음, 이한구·송대현·이창환 옮김, 《파르메니데스의 세계》, 영림카디널, 2009

프랭켈, 헤르만 지음, 김남우·홍사현 옮김, 《초기 희랍의 문학과 철학》, 아카넷, 2006

플라실리에르, 로베르 지음, 심현정 옮김, 《고대 그리스의 일상생활》, 우물이있는집, 2004

피케티, 토마 지음, 장경덕 옮김, 《21세기 자본》, 글항아리, 2014

필드, C. G. 지음, 양흠문 옮김, 《플라톤의 철학》, 서광사, 1989

하이데거, 마르틴 지음, 이기상 옮김, 《진리의 본질에 관하여》, 까치, 1997

해밀턴, 클라이브 지음, 김홍식 옮김, 《성장 숭배》, 바오, 2011

해크, 로이 케네스 지음, 이신철 옮김, 《그리스 철학과 신》, 도서출판b, 2012

헤겔, 게오르그 빌헬름 프리드리히 지음, 권기철 옮김, 《역사철학 강의》, 동서문화사, 2008

헤겔, 게오르그 빌헬름 프리드리히 지음, 임석진 옮김, 《철학사》, 지식산업사, 1996

헤겔, 게오르그 빌헬름 프리드리히 지음, 임석진 옮김, 《법철학》, 한길사, 2012

헤어, R. M. 외 지음, 강정인·김성환 편역, 《플라톤의 이해》, 문학과지성사, 1991

황광우 지음, 《철학콘서트 2》, 웅진지식하우스, 2009

황광우 지음, 《사랑하라》, 생각정원, 2013

외국 문헌

Alan, J. B., *A Companion to Homer*, Macmillan, 1962

Brickhouse, Thomas C. & D. Smith, *The Trial and Execution of Socrates*, Oxford, 1989

Burnyeat, M. F., 〈*The Impiety of Socrates*〉, *Ancient Philosophy* Vol 17.

　　edited by Ron Polansky, 1997

Carlier, Pierre, 〈호메로스 시에 나타나 '아낙스'와 '바실레우스'〉, *Ancient Greece*,

　　edited by Sigrid Deger-Jalkotzy and Irene S. Lemos, Edinburgh Univ Press, 2006

Clay, J. S., *The Wrath of Athena*, New York, 1996

Copernicus, Nicolaus, *On The Revolutions of The Heavenly Spheres*, Great Books,

    Encyclopedia Britanica, Inc., 1952

Cornford, F. M., *From Religion to Philosophy*, New York, 1912

Cornford, F. M., *Before and After Socrates*, Cambridge, England, 1932

Cornford, F. M., *Plato's Cosmology*, London, 1956

Dodds, E. R., *The Greeks and the Irrational*, Berkley, 1951

Finley, M. I., *The World of Odyssey*, Penguin Books 2nd., London, 1977

Fowler, Robert, *The Cambridge Companion to Homer*, Cambridge, 2004

Fränkel, H., *Early Greek Poetry and Philosophy*, New York, 1973

Guthrie, W. K. C., *A History of Greek Philosophy* 1-4, Cambridge, 1962

Guthrie, W. K. C., *The Greeks and their Gods*, Beacon Press, 1950

Guthrie, W. K. C., "The Religion and Mythology of the Greeks",

    The Cambridge Ancient History, Vol. 2. Part 2. edited by I. E. S. Edwards,

    Cambridge Univ. Press, 2008

Homer, *The Odyssey*, tranlated by Robert Fagles, Penguin Classics, 1996

Nilsson, M. P., *A History of Greek Religion*, The Norton Library, 1964

Perry, Marvin, Allan H. Scholl, *History of the World*, Houghton Mifflin Company,

    Boston, 1993

Ritter, J., *Historisches Wörterbuch der Philosophie*, Schwabe, Basel/Stuttgart, 1971

Rohde, E., *Psyche*, London, 1925

Snell, Bruno, *The Discovery of the Mind: The Greek Origins of European Thought*,

    Oxford, 1953

Solmsen, Friedrich, *Plato's Theology*, Cornell Univ., 1942

Taylor, A. E., *Socrates*, London, 1939

Whitman, C., *Homer and The Heroic Tradition*, Cambridge, MA, 1958

Wyller, Egil, A., *Der spate Platon*, Felix Meiner, Hamburg, 1970

철학의 신전

Xenophon, *Socrates' defence*, trans by Robin Waterfield, penguin classics, 1990

The New Greek-English Interlinear New Testament, Tyndale House Publishers, Inc.,

Wheaton, Illinois, 1990

Ancient Greece, edited by Sigrid Deger-Jalkotzy and Irene S. Lemos,

Edinburgh Univ. Press, 2006

주

프롤로그

고대 그리스인의 정신사를 엮어온 두 거인들

1 "사람들은 글래드스턴 씨가 재미로 호메로스를 읽는다고 말했다. 말도 안 되는 소리다."

　—W. 처칠 지음, 강우영 옮김, 《나의 청춘기》(청목 2003), 31쪽.

2 독일의 고고학자 슐리만(Heinrich Schliemann, 1822~1890)이 미케네의 유물에 관한 책을 쓴 뒤, 서문을 부탁한 이는 글래드스턴이었다.

3 "그리스를 나의 낙원으로 만들어준 것은 《일리아스》였다."

　—헬렌 켈러 지음, 박에스더 옮김, 《헬렌 켈러 자서전》(산해 2008), 179쪽.

4 헤겔 지음, 권기철 옮김, 《역사철학 강의》(동서문화사 2008), 221쪽.

5 "현대의 자식인 내가 그리스 시대의 자식이라는 점을 숨기지 않아야 할 것이다."

　—니체 지음, 백승영 옮김, 《반시대적 고찰》(책세상 2011), 289쪽.

6 프란시스 베이컨 지음, 이종흡 옮김, 《학문의 진보》(아카넷 2002), 131쪽.

7 마테오 리치(Matteo Ricci, 1552~1610)는 1594년 사서四書 라틴어 번역을 마치고 나서 《천주실의 天主實義》(1603년 간행) 집필에 착수했다. 조선의 천주교회 성립에도 큰 영향을 미친 《천주실의》 는 가톨릭 교리와 유교, 불교, 도교를 비교·고찰함으로써 동서 사상 교류사에서 매우 중요한 문헌으로 자리 잡았다. 리치는 하느님을 유교 경전에 나오는 상제上帝 개념을 통해 설명했다. 리치의 이런 방식은 '중국을 빌어 중국을 변화시키는以中化中' 것이다. 리치는 공자 숭배와 조상 숭배도 용인해야 한다고 보았다.

8 "교부철학은 그리스 철학에서 지속적으로 영향을 받았다. 전체 교부철학에는 플라톤주의의 각 인이 분명히 새겨져 있었다."

　—한스 요아힘 슈퇴리히 지음, 박민수 옮김, 《세계 철학사》(이룸 1999), 349쪽.

9 이후의 성서 인용은 대한성서공회(http://www.bskorea.or.kr)의 공동 번역 개정판에 따른다.

10 "카이사르의 것은 카이사르에게 돌리고 하느님의 것은 하느님께 돌려라"

　—루가의 복음서 20:25

11 "그리스도교는 대중을 위한 플라톤주의이다."

— 니체 지음, 김정현 옮김, 《선악의 저편》(책세상 2002), 11쪽.

12 "어느 종교, 어느 철학에서도 이 궁극적·정신적인 존재를 의인화하는 경향이 있습니다."

— 토인비 지음, 원창엽 옮김, 《토인비와의 대화》(홍신문화사 2012), 17쪽.

13 "나는 다만 비극적 세계관의 가장 존귀한 적대 세력에 대해서만 말하고자 할 뿐이다. 이 경우 내가 가장 존귀한 적대 세력으로 의미하고 있는 것은 그 조상 소크라테스를 필두로 하면서 낙천주의를 자신의 가장 깊은 본질로 갖는 학문을 말한다."

— 니체 지음, 박찬국 옮김, 《비극의 탄생》(아카넷 2007), 197쪽.

"소크라테스는 이론적 낙천주의자의 원형이다."

— 같은 책, 193쪽.

"비극을 사멸케 한 도덕에서의 소크라테스주의, 이론적 인간의 변증법과 자기만족과 명랑성은 무엇을 의미하는가? 어떤가? 이 소크라테스주의야말로 몰락과 피곤, 병 그리고 무질서하게 해체되어가는 본능의 징조이지 않을까?"

— 같은 책, 15쪽.

14 "기독교는 처음부터 본질적이고 근본적으로, 삶이 삶에 대해서 느끼는 구토와 염증이었다. 이 모든 것은 오직 도덕적 가치만을 인정하려고 하는 기독교의 무조건인 의지와 마찬가지로 나에게는 적어도 삶에 있어서 가장 깊이 든 병, 피로, 불만, 쇠진, 빈곤의 징후로 생각되었던 것이다."

— 같은 책, 30쪽.

15 플라톤 지음, 천병희 옮김, 《고르기아스·프로타고라스》(숲 2014), 519a.

16 "그로트는 소피스트들을 지적 진보의 투사들로 보았다."

— 조지 커퍼드 지음, 김남두 옮김, 《소피스트 운동》(아카넷 2004), 19쪽.

"소피스트의 옹호자들을 두 그룹으로 나누는 것은 흔한 일이 되었다. 한 그룹은 그로트로부터 유래된, 소피스트들에게 '계몽의 실증주의자들positivists of enlightenment'이라는 이름표를 붙이는 그룹이며, 다른 쪽은 헤겔주의자들이다."

— 같은 책, 23쪽.

소피스트들이 그리스의 백과전서파encyclopedist이거나 계몽사상가였다는 견해와 그들이 우주

주

를 해석함에 있어서 인간과 인간의 가치를 중심적 위치에 놓았다는 점에서 인본주의자였다는
견해 등이 이에 속한다.

17 디오게네스 라에르티오스 지음, 전양범 옮김, 《그리스 철학자 열전》(동서문화사 2009), 612쪽.

I
플라톤, 시대를 철학하다

1 시대와 불화한 철인, 플라톤

1 "이것(신의 목소리)이 내가 정계에 입문하는 것을 막았으며, 그렇게 막기를 아주 잘했다고 나는
생각합니다. 만약 오래전에 정계에 입문하려 했다면, 나는 진작에 죽어 여러분에게도 나 자신
에게도 아무 도움이 되지 못했을 테니까요. 진실로 정의를 위해 싸우는 사람은 반드시 사인私人
으로 살아가야 합니다."
　　—플라톤 지음, 천병희 옮김, 《소크라테스의 변론》(숲 2012), 31d~32a.

2 "나는 처음엔 공적 활동에 대한 열정이 넘쳐흘렀으나 그러한 것들을 바라보면서 그것들이 완전
히 휩쓸려가는 것을 보고서 급기야 현기증을 느꼈습니다. 그리하여 나는 그와 같은 것들 그리
고 나아가 정치체제 전반에 관한 것들이 어떻게 하면 개선될 수 있을까 곰곰이 생각하기를 멈
추지는 않았지만, 실제 행동으로 옮기는 것은 때가 오기만을 줄곧 기다리고 있었습니다."
　　—플라톤 지음, 강철웅 외 옮김, 《편지들》(이제이북스 2010), 325d.

3 아버지 아리스톤은 아테네의 마지막 왕 코드러스의 자손이고, 어머니 페릭티오네는 솔론과 연결
된다. 30인의 과두 정권을 이끌었던 크리티아스와 카르미데스는 각각 어머니의 사촌, 형제이다.
　　—W. K. C. Guthrie, *A History of Greek Philosophy* 4(Cambridge, 1962), 10쪽.

4 플라톤은 디오니소스Dionysos 문하에서 읽고 쓰기를 배웠다. 체육은 아르고스의 레슬링 선수 아
리스톤에게서 배웠다. 그리고 훌륭한 몸을 갖추고 있었기 때문에 '플라톤'이라는 별명이 붙었다.
　　—《그리스 철학자 열전》, 178쪽.

5 "나도 젊은 시절 정말 많은 사람들과 같은 기분이었습니다. 난 내가 나 자신의 주인이 되면 곧
바로 나라의 공적 활동에 뛰어들겠노라 생각하고 있었습니다."

—《편지들》, 324b.

6 "부와 명예와 명성은 되도록 많이 획득하려고 안달하면서도 지혜와 진리와 혼의 최선의 상태에 대해서는 관심도 없고 생각조차 않다니 부끄럽지 않소?"

—《소크라테스의 변론》, 29d~e.

7 "우리들은 이웃 나라의 어떤 법제도 부러울 것이 없는 정치체제를 갖고 있습니다. 소수가 아닌 다수에 의해서 다스려지고 있기 때문에 이름 또한 민주정체로 불리고 있습니다."라고 페리클레스가 시민의 평등과 민주주의를 자랑했다면, 소크라테스는 페리클레스 시절의 정치를 "대중의 찬성이 수반된 최선자 정체"라고 규정하면서, "현명하고 훌륭한 사람이 통치하는" 최선자 정체를 옹호했다.

—플라톤 지음, 이정호 옮김,《메넥세노스》(이제이북스 2008), 238d.

8 《프로타고라스》에서 소크라테스는 이렇게 말한다. "헬라스에서 철학을 가장 오래전부터 가장 열심히 연구한 곳은 크레테와 라케다이몬이며 소피스트들도 세상에서 그곳에 가장 많아요."

—《고르기아스·프로타고라스》, 342a~b.

소크라테스의 제자 크세노폰은 아예 노골적으로 스파르타인들과 함께 페르시아 왕자 키루스를 위한 용병으로 활약했다. 크세노폰은 조국 아테네로 귀국하지 못하고 결국 스파르타에서 여생을 보내야 했다.

9 "스파르타의 평화안은 간결했다. 첫째, 아테네와 피레우스로 이어진 성벽을 철거한다. 둘째, 아테네는 군선을 12척 이하로만 유지한다. 셋째, 아테네는 펠로폰네소스 동맹의 일원이 된다. 넷째, 아테네에 스파르타군의 주둔을 허용한다. 기원전 404년 4월 평화조약이 체결되었다."

—황광우 지음,《사랑하라》(생각정원 2013), 238쪽.

10 "기원전 404년의 과두정을 주도한 크리티아스, 테라메네스는 모두가 아테네의 명문 귀족이었고, 소크라테스의 제자라고 알려진 자들이었다. 특히 테라메네스는 소크라테스의 권유에 의해 정계에 입문했다. 그러니까 크리티아스와 테라메네스는 소크라테스의 영향 하에 성장한, 친 스파르타적이고 과두제적인 성향의 인물들이었다. 특히 과격파 크리티아스는 테라메네스를 제거한 뒤 아테네를 공포의 도시로 몰고 간 폭정의 장본인이다. 그는 과두정에 참여할 권리를 갖는 3,000명의 명단에서 제외된 시민들은 아무런 법적 절차 없이 마구 죽였다. 저 공포의 시기인 기

원전 404년에서 기원전 403년에 목숨을 잃은 시민의 수가 무려 1,500명에 달한다고 한다. 훗날 '연설가 아이스키네스는 크리티아스를 가르쳤다는 것 때문에 소크라테스는 죽게 되었다'고 말했다."

—같은 책, 247쪽.

11 "30인은 모두 전권을 가진 통치자들이 되었습니다. 그런데 이들 중 몇 사람이 나의 친척이거나 내가 아는 사람들이었습니다. 게다가 그들은 곧바로 나를 자기들 일에 적합한 자로 여겨 불러들였습니다. 나로선 젊었던 터라 마음이 동하는 것도 이상할 게 없었습니다."

—《편지들》, 324c~324d.

12 "그럼에도 불구하고 망명했다가 돌아온 사람들은 대체로 온건하게 처신했습니다."

—같은 책, 325b.

13 1차 투표에서 220명이 소크라테스에게 무죄 표결을 했는데, 2차 투표에서 사형을 반대한 배심원은 160명이었다. 무죄라고 판결한 배심원들 중 60명이 사형에 동의한 것이다.

14 이 당시에 시라쿠사에서 중요한 역할을 수행한 또 하나의 인물은 디온이다. 그는 디오니소스 1세의 둘째 부인 아리스토마케의 동생이다.

—고트프리트 마르틴 지음, 이강서 옮김, 《진리의 현관, 플라톤》(한길사 2004), 55쪽.

15 플라톤은 시칠리아의 디온에게 편지를 써서, 필로라오스에게 피타고라스의 책 세 권을 100무나에 사다 달라고 부탁했다고 한다.

—《그리스 철학자 열전》, 181쪽.

16 《편지들》, 325e~326a.

17 플라톤은 자주 여행을 다녔고, 고향에 있다고 해도 성 바깥의 케피소스 계곡에 있는 아름다운 장원에서 살았다.

—《진리의 현관, 플라톤》, 232쪽.

18 고트프리트 마르틴은 빌라모비츠 묄렌도르프의 추정에 따라, 《국가》 제2~10권이 기원전 374년경에 쓰였거나 아니면 그보다 나중에 쓰였다고 보았다.

—같은 책, 245쪽.

19 플라톤은 민주정으로의 변화를 혹독하게 비판하고 있으며 과거를 그리워하고 있다. 그는 동시

대의 표준에 비추어 생각해도 보수적인 사상가에 속한다. 그러나 그가 공격하고 있는 것을 근대적인 대의제 민주주의와 혼동해서는 안 된다. 고대 아테네의 정체는 근대의 대의제 민주주의와 사뭇 달랐다. 그것은 참여 정부 형태를 가지고 있었다. 공권력은 모든 시민들이 모이는 민회를 통해서 직접적으로 행사되었다.

—숀 세이어즈 지음, 김요한 옮김, 《플라톤 국가 해설》(서광사 2008), 33쪽.

20 "배 한 척을 제어할 수 있는 능력을 갖추자면 해, 계절, 하늘, 별, 바람은 물론이요 그 밖에도 이 기술에 속하는 모든 것에 주의를 기울이지 않으면 안 된다는 사실을 그들은 모르고 있네."

(국, 488d)

21 《고르기아스·프로타고라스》, 484c~d.

22 같은 책, 485a~c.

23 "인간은 본성적으로 국가 공동체를 구성하는 동물zoion politikon임이 분명하다."

'zoion politikon'은 흔히 '정치적 동물'이라고 번역한다. 'politikon'은 'polis'의 파생어이다.

—아리스토텔레스 지음, 천병희 옮김, 《정치학》(숲 2013), 20쪽.

24 투키디데스 지음, 천병희 옮김, 《펠로폰네소스 전쟁사》(숲 2013), 171쪽.

25 솔론이 만든 법 중에서 가장 특이한 것은 당파 싸움이 벌어졌을 때 어느 편에도 가담하지 않는 자의 공민권을 박탈하도록 규정한 법이다. 사람들이 공익에는 무관심하면서 사적인 이익만을 도모하거나 나라의 고통과 혼란에 동참하지 않는 기회주의적 태도야말로 가장 경계해야 할 불의라고 본 것이다.

—플루타르코스 지음, 천병희 옮김, 《플루타르코스 영웅전》(숲 2010), 105쪽.

26 《고르기아스·프로타고라스》, 485d~e.

27 《진리의 현관, 플라톤》, 232쪽.

28 플라톤의 나이 60세인 기원전 367년에 17세의 소년 아리스토텔레스가 아카데미에 온다.

29 《편지들》, 328b.

30 "내가 감으로써 철학 쪽에 대한 비난이 일게 하지 않았습니다." 같은 책, 329b.

31 같은 책, 327a.

2 과연 강자의 이익이 정의인가

1 《메넥세노스》, 133쪽.

2 아리스토텔레스는 그의 〈아테네 정치제도사〉에서 클레오폰이 처음으로 2오볼 수당제를 도입했다고 했다. 한편 플루타르코스는 연극 관람 수당제가 페리클레스에 의해 시작된 것으로 보았다.
—아리스토텔레스 외 지음, 최자영·최혜영 옮김, 《고대 그리스 정치사 사료》(신서원 2002),
79쪽.

3 기원전 5세기 아테네의 인구 구성을 볼 때 시민과 그 가족이 50퍼센트, 거류외인이 10~15퍼센트, 노예가 35~40퍼센트였으리라 추정된다. 펠로폰네소스전쟁 직전 아테네의 전체 주민 수는 20만 명을 넘었다고 하니, 노예 수는 적어도 7~8만 명에 달했을 것으로 보인다. 아테네의 노예노동은 농업뿐 아니라 수공업, 광산업, 가내노동에서도 전반적으로 사용되어 경제활동의 중요한 기반이 되었다. 나아가 노예의 존재는 자유 시민들의 여가 활동을 가능하게 함으로써 그들의 활발한 정치 및 문화 활동의 기반이 되기도 했다.
—김봉철 지음, 《이소크라테스》(신서원 2004), 37쪽.

4 폴리스는 우선 부족들의 연합체였다. 부족은 다시 프라트리아의 연합체였고, 다시 프라트리아는 겐스의 연합체였으며, 겐스는 가족들의 연합체였다. 폴리스의 기초 단위는 가족이다. 가족은 자신을 수호하는 조상신을 갖는다. 가장은 조상신을 상징하는 불을 관리할 책임과 권한을 가짐으로써 가족 구성원들에 대한 지배력을 확보한다. 마찬가지로 겐스와 프라트리아, 부족에는 각각의 수호신이 있고, 수호신을 대변하는 사제 및 족장이 있다. 프라트리아에는 제사를 주관하는 우두머리가 있었고, 자체의 민회와 재판소를 가지고 있어 자체의 법령을 제정했으며, 가족의 경우와 마찬가지로 여기에도 신, 숭배 의식, 사제직, 재판, 통치 기구 등이 있었다. 여러 프라트리아가 모여 하나의 부족을 형성하는데, 각자의 제단과 수호신이 있었다. 폴리스는 이들 부족의 연합체였다. 아테네는 아테네라는 수호신의 보호를 받는 부족들의 연합체다.
—퓌스텔 드 쿨랑주 지음, 김응종 옮김, 《고대 도시》(아카넷 2000), 331쪽.

5 부유한 시민들은 연극 합창단의 급여를 맡았고, 해군 함대의 건조 및 관리비를 책임졌으며, 체육관 유지비와 공동 식사 비용을 떠맡았다. 이러한 비용을 공역이라 하는데, 페리클레스 시대 아테네의 부자들은 영예와 명성을 얻기 위해 서로 공역을 떠맡았다.

—로베르 플라실리에르 지음, 심현정 옮김, 《고대 그리스의 일상생활》(우물이있는집 2004),

　　324쪽.

6　소크라테스가 극빈층이었다고 생각하는 것은 잘못이다. 소크라테스는 늙은 나이에 매우 가난
　　했던 것이 사실이다. 그러나 플라톤이 지적하듯이, 그의 빈곤은 개인적 업무를 돌볼 틈도 없이
　　자신의 사명에 몰입한 나머지 빚어진 결과였다. 기원전 422년, 47세였던 그가 암피폴리스 전투
　　에 중장 보병으로 복무한 것으로 보아 소크라테스는 극빈층에 속하지 않았다.

　　—A. E. Talor, *Socrates*(London, 1939), 40쪽.

7　남을 위해 삯일을 하는 자유민들을 기원전 6세기의 아테네에서는 테테스라고 불렀다. 이들은
　　시민들 중의 최하위 계급을 형성하고 있었다. 아테네에서는 노 젓는 사람들의 대부분은 이 계
　　급 출신이었다.

　　—피에르 비달나케 지음, 이세욱 옮김, 《호메로스의 세계》(솔 2004), 162쪽.

8　"도시의 역사에서, 초기에는 기병이 군사력의 핵심이었다. 진정한 전사는 전차나 말을 타고 싸
　　우는 사람이었다. 전투에서 별로 소용이 없던 보병은 별다른 대접을 받지 못했다. 그러나 보병
　　의 중요성이 서서히 높아졌다. 무기 제조 기술이 발전하고 조직적인 훈련이 이루어짐에 따라
　　보병은 기병에게 대항할 수 있게 되었다. 그리스의 중장 보병들은 평민들이었다. 또한 그리스
　　에서는 특히 해군의 중요성이 커졌다. 해전이 발발할 경우, 도시의 운명은 노 젓는 사람들의 수
　　중에 놓였다. 한 국가의 정치적 상황은 군대의 성격 및 구성과 밀접한 관계가 있다."

　　—《고대 도시》, 331쪽.

9　시민의 의무는 투표만으로 끝나지 않는다. 시민은 자기의 지역구나 부족의 정무관이 되어야 한
　　다. 또 법원의 배심원이 된다(총 1만 8,000명 중 6,000명). 배심원이 되면 그는 1년 내내 법정에서
　　소송인의 진술을 듣고 판결한다. 또, 그는 추첨이나 투표로 아르콘, 장군, 치안관과 같은 도시
　　의 정무관으로 지명된다. 시민이 된다는 것은 무거운 책임을 짊어지는 것이었다. 사람의 전 존
　　재가 거기에 매달려야 하고, 개인적인 일이나 가족의 삶을 위해서는 좀처럼 시간을 낼 수 없다.
　　아리스토텔레스는 살기 위해서 일을 하고 싶은 사람은 시민이 될 수 없다고 말했다. 시민은 오
　　늘날의 공무원처럼 자기의 전부를 국가를 위해 바쳐야 했다. 전시에는 피를 바쳤으며, 평시에
　　는 시간을 바쳤다. 그는 개인적인 일에 몰두하기 위해 공적인 일을 제쳐놓을 자유가 없었다. 오

히려 도시를 위해 자기의 일을 잊어야 했다. 사람들의 삶은 자기 자신들을 다스리는 데에 바쳐졌다. 민주정은 모든 시민들의 끝없는 노동이라는 조건에서만 지속될 수 있었다. 열정이 다소라도 식으면 민주정은 죽거나 부패한다.

　—같은 책, 463쪽.

10 방벽은 아테네와 피레우스항을 이어준다. 주로 바다를 통해 식량과 물자를 공급받았던 아테네인들은 이 방벽 덕택에 전시에도 식량과 물자를 공급받을 수 있었다.

　—《고대 그리스의 일상생활》, 35~36쪽.

11 그리스 고전 시대에는 농업기술 수준이 아주 형편없었다. 곡물로는 밀과 보리만을 재배했는데 수확량이 충분하지 않았다. 그래서 아티카 지방은 필요한 식량의 대부분을 시칠리아, 이집트, 흑해 연안 지대로부터 수입해야 했다.

　—같은 책, 209쪽.

12 플라톤 지음, 천병희 옮김, 《크리톤》(숲 2012), 43a.

13 플라톤 지음, 천병희 옮김, 《파이드로스》(숲 2013), 227a.

14 《고르기아스·프로타고라스》, 309a.

15 《역사철학 강의》, 252쪽.

16 《파이드로스》, 244a.

17 정의는 아리스토텔레스에 따르면 '타인들과의 관계에서 나타나는 덕목의 총체'에 대한 것이다.

　—R. L. 네틀섭 지음, 김안중·홍윤경 옮김, 《플라톤의 국가론 강의》(교육과학사 2010), 20쪽.

18 "우리가 저마다 가장 유익한 삶을 살아가려면 어떻게 살아가야 하는가."(국, 344e) 완벽하게 정의로운 사람은 자신에게 모든 면에서 완벽하게 좋은 사람이다. 이것은, 《고르기아스》에서 제기한 물음, '어떻게 살 것인가'에 대한 플라톤의 완전하고도 최종적인 대답이다.

　—A History of Greek Philosophy 4, 435쪽.

19 플라톤의 대화편에서 소크라테스는 언제나 참다운 철학 정신의 대변자로 등장하지만, 《국가》 제1권에서 소크라테스는 아무런 적극적인 결론을 보여주지 못하는 비판 정신으로 제시된다.

　—《플라톤의 국가론 강의》, 29쪽.

20 아포리아는 원래 항해술에서 배가 난관에 부딪혀 더 이상 나아갈 수 없는 상황을 가리키는 용

어로서, 자신이 옳다고 생각했던 관념이나 생각이 부정될 때 겪게 되는 당혹스런 마비 상태를 뜻한다.

─같은 책, 8쪽.

21 아리스토파네스 지음, 천병희 옮김, 《아리스토파네스 희극 전집 1》(숲 2010), 224쪽.

22 같은 책, 222쪽.

23 《펠로폰네소스 전쟁사》, 480~488쪽.

3 민주정치를 회의하다

1 엄격한 이성주의자이면서 숭고한 도덕주의자로서 소크라테스의 모습은 역사적 소크라테스의 모습이라기보다 플라톤이 대화편에서 구성한 소크라테스의 모습이다. 여기에서 '역사적 소크라테스'와 '플라톤의 소크라테스'를 구별해야 하는 이른바 '소크라테스의 문제'가 제기된다.

─박규철 지음, 《소크라테스와 소피스트》(동과서 2009), 46쪽.

블라스토스Vlastos에 의하면 초기 대화편에 등장하는 소크라테스는 '역사적 소크라테스'에 가깝고, 중기 대화편에 등장하는 소크라테스는 '플라톤의 소크라테스'에 가깝다.

─같은 책, 103쪽.

2 "모든 사물 속에 내재하는 진리를 찾는 것이 철학자의 간절한 임무입니다. 철학자의 생각은 군중의 판단 너머에 있습니다."

─황광우 지음, 《철학 콘서트 2》(웅진지식하우스 2009), 112쪽.

The conceptions of a philosopher are placed beyond the judgement of the crowd,
  because it is his loving duty to seek the truth in all things.

─Nicolaus Copernicus, *On The Revolutions of The Heavenly Spheres*, *Great Books*
   (Encyclopedia Britanica, Inc., 1952), 506쪽.

3 "조상들은 한 조국에서 같이 사는 사람들이 응당 그래야 하는 배려를 서로에게 베풀었습니다. 빈민들은 자신보다 부유한 사람에 대해 어쩌면 그렇게도 시샘을 하지 않았습니다. 마치 대저택들이 자기 자신의 것인 양 돌보았습니다. 한편 재산을 가진 사람들은 자신보다 열악한 사정에 처해 있는 사람들을 얕보지 않고 시민들의 빈곤이 자신들에게 수치라고 여겨서 그 빈곤상을 구

제하게 되었습니다."

—《이소크라테스》, 124~125쪽.

4 《펠로폰네소스 전쟁사》, 180쪽.

5 《고르기아스·프로타고라스》, 515e.

6 같은 책, 519a.

7 《펠로폰네소스 전쟁사》, 184쪽.

8 같은 책, 185쪽.

9 같은 책, 191쪽.

10 같은 책, 191쪽.

4 나는 꿈꾼다, 철인정치를

1 플라톤은 신화를 합리적인 것으로 만들려는 당시의 관례를 의도적으로 거부하고, 대화편《파이드로스》에서 그러한 관례는 대체로 무익한 일이라고 공공연하게 비판한다. 플라톤만큼 신화의 효과를 훌륭하게 활용한 작가는 찾아볼 수 없다. 대화편《티마이오스》(229d)에서 플라톤은 자신이 세계 창조에 관한 진리를 정확히 말할 수는 없지만, 신화에 의존해서 설명할 수 있다고 말한다.

—《플라톤의 국가론 강의》, 93쪽.

2 철학자가 도달한 결론이 우리가 믿고 있는 결론과 같은 것이든 다른 것이든, 우리가 첫 번째로 유념해야 할 것은 철학자의 '탐구' 과정을 놓치지 않고 끝까지 따라가는 것이다. 우리는 철학자를 비판하기 전에 그가 어떻게 그런 결론에 도달하는지 볼 수 있어야 한다.

—같은 책, 19쪽.

3 플라톤의 공동체주의는 중세 시대 수도원의 그것을 무척 닮았다. 그곳에서는 가족이나 물질적인 소유물 없이 공동으로 삶을 영위함으로써 하나님에 대한 그들의 헌신으로부터 일탈할 수 없었다.

—《플라톤 국가 해설》, 101쪽.

4 B. 러셀 지음, 최민홍 옮김, 《서양철학사》(집문당 1980), 126쪽.

5 스파르타의 특이한 제도의 대부분을 제정했다고 전해지지만 생몰 연대를 알 수 없는 전설적인

인물이다. 플루타르코스가 쓴 《플루타르코스 영웅전》의 〈리쿠르고스 전〉에도 그에 대해서는 "리쿠르고스의 존재를 둘러싸고 논쟁의 씨가 되지 않는 것은 하나도 없다."라고 하여 그의 실재를 의심했다. 그는 델포이의 아폴로 신전에서 신탁神託을 받고 법률을 만들었고, 공동 식사 제도·금은화金銀貨의 사용 금지·소년 교육·가족제도 등을 정했다. 스파르타의 특이성이 나타나기 시작한 것은 기원전 600년 이후이므로, 만일 그가 실재의 인물이었다면 기원전 8~7세기의 사람이었을 것이다.

—네이버 지식 백과 및 두산 백과, '리쿠르고스' 항목 참조.

6　플루타르코스 지음, 천병희 옮김, 《플루타르코스 영웅전》(숲 2010), 24쪽.

7　같은 책, 32쪽.

8　A. J. P. Taylor, *From Napoleon to Stalin*(Hamish Hamilton, 1950), 74쪽.

　　E. H. 카 지음, 김택현 옮김, 《역사란 무엇인가》(까치 2013), 84쪽에서 재인용.

9　《역사란 무엇인가》, 86~87쪽.

5　처자 공유제와 플라톤의 본심

1　《정치학》, 29쪽.

2　같은 책, 58쪽.

3　같은 책, 54쪽.

4　같은 책, 416쪽.

5　J. J. 루소 지음, 정봉구 옮김, 《에밀》(범우사 2006), 670쪽.

6　같은 책, 672쪽.

7　《플루타르코스 영웅전》, 40쪽.

8　같은 책, 43쪽.

9　《정치학》, 65쪽.

10　같은 책, 69쪽.

6 신의 다른 이름, '선의 이데아'

1 이 도표는 박종현의 역주본《국가·정체》(서광사 2004)의 441쪽에 있는 도표를 참조하여 재작성
한 것이다.

2 두 세계에 관한 플라톤의 논의에 초점을 맞추는 학자들은 사물의 배후에 사물을 초월하여 존재
하는 형상의 세계가 따로 존재한다는 것은 실현 불가능한 이원론이라며 형상 이론을 거부하는
경향이 있다.

—《플라톤 국가 해설》, 208쪽.

3 《국가》는 단순히 유토피아를 다룬 책이 아니다. 이 책은 명백하게 당대의 아테네에 관한 의도적
인 비판서이다. 헤겔은 이렇게 주장한다. "공허한 이상론의 대명사처럼 알려져 있는 플라톤의
《국가》조차도 본질적으로는 그리스적인 인륜의 본성에 관한 해석일 뿐이다."

—헤겔 지음, 임석진 옮김,《법철학》(한길사 2012), 47쪽.

"플라톤의 이상들은 공허하며 비실재적인 이론이 아니다. 플라톤의 이상들은 사회적 삶과 정치
적 삶의 유력한 조건들과 관계를 맺고 있다."

—같은 책, 75쪽.

4 《국가》의 구조는 복잡하며 즉각적으로 명백하게 드러나지 않는다. 원문을 10권의 책으로 구분
하는 전통은 매우 자의적 구분이며 원문에 대한 아무런 지침을 제공하지 못한다. 도서의 크기
는 한 장의 파피루스에 들어갈 수 있는 글의 양에 의해서 결정되기 때문이다.

—《플라톤 국가 해설》, 35쪽.

5 버니엣Burnyeat 역시 소크라테스의 신이 아테네인들의 신과 다른 신임을 인정하면서, 소크라테
스가 "국가가 인정하는 신을 부정하고, 새로운 신을 도입한" 죄를 저질렀다는 견해를 취한다.
그에 의하면 소크라테스의 중심 테마는 신의 명령에 따른 철학적 활동이다. 소크라테스는 아테
네인들을 쏘아붙이기 위해 신이 보낸 한 마리 쇠파리이다. 덕의 돌봄을 가장 훌륭하게 실행하
는 방법은 매일 덕에 관한 철학적 토론을 하며 지내는 것이다. 인간에게 '캐물음이 없는 삶'은
가치가 없는 삶이다. 신은 모든 사람이 삶을 인도하는 가치들을 묻고 되물으면서 매일 캐묻기
를 원한다고 소크라테스는 보았다. 버니엣에 의하면 소크라테스의 관점에서 신이 마음 쓰는 것
은 두 가지다. 하나는 사람들이 덕스럽게 되도록 노력하는 것이고, 다른 하나는 무엇이 덕스러

운 것인지 아직 알지 못하고 있음을 깨닫도록 하는 것이다. 이제 아테네 공동체의 공인된 가치
들이 의문에 부쳐져야 한다. 이렇게 소크라테스의 신을 해석하면, 소크라테스는 아테네인들의
종교와 다른 종교를 갖고 있는 셈이다. 소크라테스의 신은 공동체의 가치와 종교에 대해 근본
적 회의를 요청했다.

—M. F. Burnyeat, "The Impiety of Socrates", *Ancient Philosophy* 17(1997), 138쪽.

6 최고선의 첫째 요소인 '윤리성'의 필연적 완성을 위해 영혼불멸이 요청된다. 최고선의 둘째 요
소인 '도덕법칙에 적합한 행복'을 위해 신의 현존이 요청된다.

—임마누엘 칸트 지음, 정명오 옮김, 《순수이성 비판·실천이성 비판》(동서문화사 2010), 698쪽.

7 미는 특수한 형식으로 표현된 선이며, 진리 또한 선의 특수한 표현이다. '선'은 이 세상에 존재
하는 일체의 좋은 것, 일체의 진리들, 일체의 아름다운 것을 비추는 궁극적 원천이다.

—《플라톤의 국가론 강의》, 90쪽.

8 대화편들은 주로 아카데미 학생들의 연습을 위한 입문서로서 썼었을 것이다. 대화편을 넘어서
는 언급은 아카데미 철학 수업에서 설명되었을 것이다. 우리는 세 부류의 수강자 그룹을 예상
할 수 있다. 첫째 부류는 철학의 문외한이요, 둘째 부류는 학문적으로 훈련된 사람들이요, 셋째
부류는 아카데미 학생들이다. 대화편들은 가르치기 위해 사용된 연습서들이었다. 동시에 대화
편들은 아카데미 바깥에서도 읽혀졌다. 대화편의 주된 독자는 교육받은 독자층이었으나 어떤
그룹도 독자층으로부터 제외할 수는 없다. 플라톤은 모든 사람들을 위해 글을 쓴다.

—토마스 알렉산더 슬레작 지음, 임성철 옮김, 《플라톤 읽기》(한양대학교출판부 2001),

39~41쪽.

7 실천에 이르는 길, '동굴의 비유'

1 《편지들》, 111쪽.

2 하이데거 지음, 이기상 옮김, 《진리의 본질에 관하여》(까치 1997), 36쪽.

3 Egil A. Wyller, *Der spate Plato*(Felix Meiner, Hamburg, 1970), 10쪽.

4 《진리의 본질에 관하여》, 50쪽.

5 정치인을 가르쳐야 한다는 기본 목적이 플라톤의 사유를 떠난 적은 없었다. 자신이 가르친 학

생들이 아카데미를 떠나 정치에 입문하여, 권력자의 자문을 맡으면서 법률을 만들기를 그는 희
망했다.

―*A History of Greek Philosophy* 4, 23쪽.

8 플라톤, 호메로스를 겨냥하다

1 인간의 영혼이 그 최상위의 능력에까지 상승하는 모습을 그린 논리적 그림이 《국가》의 제2권부
터 제7권까지라고 한다면, 영혼의 타락이 최하위의 지점까지 추락하는 모습을 그린 것이 제8권과
제9권이다. 플라톤은 각 단계들이 역사적 순서에 따라 다음 단계로 이어지는 듯이 기술하고 있
지만, 이때의 과정은 절대로 역사적 과정이 아니다.

―《플라톤의 국가론 강의》, 289쪽.

2 이처럼 인간 영혼이 죽어서 사라지지 않고 영적 존재로서 영원의 행복을 얻는다는 것을 기본
종지宗旨로 하는 종교를 오르페우스가 신의 계시에 따라 창시했다고 전해지는 오르페우스교
orphism라고 한다. 오르페우스는 트라케 출신의 가인이자 예언가였던 것으로 알려진 전설적 인
물이다. 그는 인간 혼의 불사를 말했다. 그리스의 전통적 사유에 의하면 불사는 신적인 것이요,
인간은 죽게 마련인 필멸의 존재이자 하루살이에 불과했다. 인간의 영생은 전통적 사유에 대한
일대 도발이었다. 기원전 7세기와 기원전 6세기에 걸쳐 오르페우스의 종교가 확산되기 시작했
다. 오르페우스교도들은 혼의 정화를 위해 금욕적인 생활을 강조했다.

―박종현 지음, 《헬라스 사상의 심층》(서광사 2001), 22~23쪽.

핀다의 위대한 오르페우스적 시들은 소크라테스가 태어나기 직전의 시기에 읊어졌는데, 그렇
다면 어린 시절 소크라테스가 실제로 오르페우스교에 가입했을 가능성이 있으며, 오르페우스
교로부터 지속적인 영향을 받았을 수도 있다.

―*From Napoleon to Stalin*, 50쪽.

II

호메로스, 그리스 정신을 대변하다

1 그리스 정신의 기록자, 호메로스

1 Marvin Perry & Allan H. Scholl, *History of the World*

(Houghton Mifflin Company, Boston, 1993), 75쪽.

2 키오스섬의 주민들은 자기네 섬에 '호메로스의 돌'이 있다고 하면서 호메로스가 키오스섬 출신

이라 주장한다.

—《호메로스의 세계》, 17쪽.

3 그리스Greece라는 단어는 로마 사람들이 쓰던 '그라이키아Graecia'에서 나온 것으로, 원래는

희랍 땅 중에서 이탈리아반도에 가까운 북서부 지역을 가리키는 말이었다. 그러다가 나중에 희

랍 전체를 가리키게 되었고, 그 단어가 영어로 들어가서 '그리스'가 된 것이다. 희랍 사람들은

자기네 나라를 '헬라스Hellas'라고 부르는데, 그걸 한자로 표기한 것이 '희랍希臘'이다.

—강대진 지음, 《오뒷세이아, 모험과 귀향, 일상의 복원에 관한 서사시》(그린비 2012), 37쪽.

4 이 지역에서 성장한 철학을 이오니아 철학이라고 부른다.

5 헤르만 프랭켈 지음, 김남우·홍사현 옮김, 《초기 희랍의 문학과 철학》(아카넷 2006), 49쪽.

6 인쇄술은 맨 처음 중국에서 출현했고 서양에서는 구텐베르크와 함께 시작되었다. 호메로스의

시가 처음으로 인쇄된 것은 1488년 이탈리아의 피렌체에서였다.

—《호메로스의 세계》, 22쪽.

7 구송시 이론의 핵심은 호메로스의 서사시가 문자 없이 창작되어 오랜 세월 입에서 입으로 전해

졌으며, 가객은 운율에 맞는 부분들을 외고 있다가 매 공연마다 다르게 짜서 내놓았다는 것이

다. 그래서 운율만 맞으면 늘 쓰이는 구절이 생기게 되는데, 이런 것을 공식구formula라고 한다.

—《오뒷세이아, 모험과 귀향, 일상의 복원에 관한 서사시》, 63쪽.

8 아오이도스는 시를 짓고 포르밍크스라는 작은 현악기를 연주하면서 '노래하는 사람'을 말한다.

—《호메로스의 세계》, 19쪽.

9 플라톤 지음, 천병희 옮김, 《이온》(숲 2014), 530c.

322

10 같은 책, 535c.

11 《일리아스》와 《오디세이아》의 작자는 보통 호메로스라고 알려져 있지만, 이 작품들이 한 사람
의 것인지, 여러 사람이 거듭 가필加筆한 결과인지 여전히 논쟁이 계속되고 있으며, 이 문제는
해결될 가망이 없다. 바로 이것이 유명한 '호메로스 문제Homeric Question'이다. 《일리아스》와
《오디세이아》가 한 시인의 작품이라고 주장하는 사람들을 단일론자Unitarean라 하고, 여러 사람
의 작업 결과라고 하는 사람들을 분석론자Analyst라고 하는데, 현재로서는 단일론을 따르는 학
자가 다수인 듯하다. 하지만 여전히 분석론을 지지하는 사람들이 있고, 이들은 자기 진영이 다
수라고 주장하고 있다. 분석론을 따르자면 호메로스라는 인물은 아예 존재하지 않았거나, 그런
사람이 있었다 하더라도 전체 작품의 아주 작은 부분에만 기여했다는 게 된다.

   —《오뒷세이아, 모험과 귀향, 일상의 복원에 관한 서사시》, 41쪽.

12 손꼽히는 위대한 분석론자인 라흐만Lachmann, 그로트Grote, 베테Bethe, 피크Fick, 키르히호프
Kirchhoff, 빌라모비츠Wilamowitz, 리프Leaf, 머리Murray의 이론들은, 호메로스 연구가 이룬 가
장 위대한 저작인 볼프F. A. Wolf의 글(Prolegomena ad Homerum, 1795)의 필연적인 결과물들이
었다. 현대에 쓰인 그 어떤 책도 볼프의 책만큼 지적 격동을 일으키고 그처럼 광범위한 파문을
고취했다고 주장할 수 있는 책은 없다. 비록 오늘날엔 거의 읽히지 않으나 볼프가 내린 결론은
지금도 도처에 산재한다. 호메로스의 존재 자체에 대해 일으킨 의혹은 지금도 남아 있다. 상황
이 바뀌어 모든 학자들이 분석론자의 생각을 버리게 되었다 할지라도 그럼에도 불구하고 볼프
는 분석론의 창건자로 존중되어야 한다.

   —C. Whitman, Homer and The Heroic Tradition(Cambridge, MA, 1958), 3쪽.

13 빌라모비츠에 의하면 《일리아스》는 "형편없는 짜깁기"에 불과했다.

   —같은 책, 2쪽.

14 밀먼 패리와 그의 동료들은 호메로스 시의 받아쓰기와 말하기 기법이 유고슬라비아 가객들의
공연을 아주 가깝게 닮았음을 밝혀냈다. 그들은 호메로스 시가 오늘날 유고슬라비아에 현존하
는 조건과 유사한 상황에서 작성되었다고 주장한다. 패리의 연구는 《일리아스》와 《오디세이아》
가 구송 작성임을 결정적으로 입증한다고까지 주장하는 일부 학자들도 있다.

   —J. B. Alan, A companion to Homer(Macmillan, 1962), 216쪽.

15 밀먼 패리는 친구 앨버트 로드와 함께 코소보로 갔다. 패리 일행은 한 번에 수천 행씩 시를 낭송하는 세르비아의 음유시인들을 만났다. 이 음유시인들은 세르비아인들과 터키인들 사이에 벌어진 전투들, 그중에서도 '티티새 들판의 전투'를 소재로 삼은 장대한 서사시들을 달달 외고 있었다. 그들은 문맹이었다. 밀먼 패리와 로드는 호메로스의 서사시도 그와 비슷한 방식으로 전승되었을 것이라고 확신했다. 그리하여 그들은 호메로스라는 이름을 통해 전해진 두 서사시가 문자로 고정되기 전에 한 사람 또는 두 사람의 천재적인 시인이 《일리아스》와 《오디세이아》에 불후의 구조를 부여했을 것이라고 가정하기에 이르렀다.

—《호메로스의 세계》, 194쪽.

16 한 명의 가객이 그렇게 많은 분량을 완창하는 데 소요되는 가장 짧은 시간은, 구송시를 수집한 연구자의 최근 평가에 의하면 2주이다.

17 호메로스로부터 내려온 것으로 주장되는 '호머리대'라는 가객들의 조합이 있었다. 연대기 학자 아르고스에 의하면 기원전 6세기 키오스에 현존했던 것으로 전해진다. 호머리대는 기원전 6세기에 이미 호메로스 시의 원고를 소장하고 있었을 가능성을 주목해야 한다. 그들의 주장에 의하면 호메로스로부터 직접 전수받은 정본이라는 것이다.

—*A companion to Homer*, 219쪽.

2 비극을 넘어선 낙관의 세계, 〈일리아스〉

1 이 장은 《인문의 향연》 2호(숲 2014)에 발표한 글을 대폭 수정하여 수록함을 밝힌다.

2 M. I. Finley, *The World of Odyssey*(Penguin Books, 2nd., London, 1977), 12쪽.

3 인간들끼리 문제를 해결하려는 시도와 신의 개입이 서로 날카롭게 대립한다. 인간의 입장에서 보자면 제대로 잘 풀려나갈 수 있는 일이 인간으로서는 어쩔 수 없는 우연으로 인해 불행하게 꼬여버리는 것인데 사실 그 우연은 배후에 신이 심술궂게 개입한 결과이다.

—이태수 외 지음, 《희랍 라틴 문학 연구》(성균관대학교출판부 1992), 136쪽.

4 "황금의 아프로디테의 사랑스런 선물은 비방하지 마시오. 신들이 손수 내리신 영광스런 선물은 절대로 물리쳐서는 안 되며 또 원한다고 하여 얻을 수 있는 것도 아니지요."(3. 64~66)

3 신이란 어떤 존재인가? 《일리아스》에 나타난 신의 개념

1 《희랍 라틴 문학 연구》, 117~118쪽.

2 고대의 어떤 철인은 아예 "세계는 신들로 가득 차 있다."라는 말을 남기기도 했다. 이 말이 고대 그리스인들의 세계관의 일단을 대변하고 있다면 그들의 종교는 다신교라고만 부르기는 미진하고 차라리 범신론에 가깝다 해야 할 것 같다.

—같은 책, 118쪽.

3 "마치 동풍과 남풍이 아버지 제우스의 구름에서 내리 덮쳐 높이 치솟게 해놓은 큰 물결과도 같았다."(2. 145~146)

4 "벌써 밤이 다가왔으니 밤에게 복종하는 것이 좋을 것이오."(7. 282), "태양이 하늘로 솟아오르며 들판 위에 새로운 빛을 비추기 시작했을 때"(7. 422~423), "사프란색 옷을 입은 새벽이 온 대지 위에 퍼졌을 때"(8. 1), "새벽의 여신이 잠자리에서 일어났다."(11. 1~2)

5 "제우스가 하늘에 자줏빛 무지개를 펼쳐 전쟁의 전조가 되게 하거나"(17. 552~553)

6 "아킬레우스의 눈앞에 안개를 쏟은 다음"(20. 322)

7 "조언자 제우스는 밤새도록 그들에게 재앙을 꾀하며 무시무시하게 천둥을 쳤다."(7. 478~479), "조언자 제우스는 전쟁의 결정적 승리의 신호로 이데 산에서 트로이아인들에게 천둥을 쳤다." (8. 170~171), "아테네와 헤라가 천둥을 쳐서 왕의 영예를 높여주었다."(11. 45~46), "제우스는 넬레우스의 늙은 아들의 기도를 듣고 크게 천둥을 쳤다."(15. 377~378)

8 "제우스가 겨울날 눈을 내리기 시작하면 눈송이들이 펑펑 쏟아지듯이"(12. 278~279)

9 "그는 곧 날짐승 중에서도 가장 확실한 전조인 독수리를 보냈는데"(8. 246), "저 새가 호를 건너기를 열망하던 트로이아인들을 위해 나타난 것이 사실일진대"(12. 217~218), "새 중에 가장 확실한 전조인 독수리를 보내니"(24. 315), "독수리들이 노려보는 것은 파멸이었다."(오. 2. 152), "사람들은 새들이 하는 모양새를 눈으로 보고 경악을 금치 못했고 장차 일어날 일들에 대해 마음속으로 이런저런 생각을 해보았다."(오. 2. 155~156), "햇빛 아래 날아다니는 새들은 많지만 그것들이 다 운명을 말하는 것은 아니오."(오. 2. 181~182), "독수리는 가까이 다가오더니 말들 앞을 지나 오른쪽으로 재빨리 날아가 버렸다. 그것을 보고 그들은 기뻐했고 모두들 가슴속 마음이 따뜻해졌다."(오. 15. 163~165), "저 새는 신의 뜻이 없었더라면 그대의 오른쪽으로 날아오지 않

325

았을 것이오. 나는 저 새를 보는 순간 전조의 새임을 알았소."(오. 15. 531~533), "구혼자들은 텔

레마코스에게 죽음과 파멸을 꾀하고 있었다. 그때 높이 나는 독수리가, 겁 많은 비둘기 한 마리를

차고는 그들의 왼쪽으로 다가왔다. 그러자 그들 사이에서 암피노모스가 열변을 토하며 말했다.

'친구들이여! 텔레마코스를 죽이려는 우리 계획은 뜻대로 되지 않을 것이오.' "(오. 20. 241~246)

10   "그 양쪽에는 한쪽에 세 마리씩 검푸른 뱀이 목을 향해 기어오르고 있었으니, 그 모습은 필멸의

인간들에게 전조가 되도록 크로노스의 아들이 구름 속에 세우는 무지개와도 같았다."(11. 26~28)

11   호메로스의 시에서 신의 개입은 거의 언제나 인간을 옹호하거나, 인간에 대항하기 위한 것이

다. 신은 오로지 열성을 다해 인간의 운명을 따른다. 인간을 돕는 신의 행위는 인간을 한층 돋

보이게 한다.

　　　―자클린 드 로미이 지음, 이명훈 옮김, 《왜 그리스인가?》(후마니타스 2010), 59쪽.

12   "그래서 여신은 양모를 빗질하는 노파의 모습을 하고 그녀의 향기로운 옷자락을 쥐고 흔들며

말했다. 이 노파는 그녀가 라케다이몬에 살 적에 그녀를 위하여 늘 고운 양모를 손질해주었고,

그래서 그녀가 가장 아끼던 터였다. 바로 이 노파의 모습을 하고 고귀한 아프로디테는 그녀에

게 말했다."(3. 385~389)

13   신은 전사로 변장하거나, 조상, 친숙한 용모를 한 여성, 젊은 목동 등으로 변한다. 그들의 변신

이 인간의 경험 세계에 끼어들 수 있다면 무엇이든 상관없다. 신과 인간은 참으로 가까운 관계

이다. 신과 인간의 만남이 너무 흔한 탓에 신인지 인간인지 의심스럽다. 인간에 대한 불타는 열

정, 그것이 호메로스 시의 정신이다.

　　　―《왜 그리스인가?》, 54쪽.

14   큰일이건 작은 일이건, 때로는 간접적으로 때로는 직접적으로 신들이 개입하는 것은 호메로스

서사시의 유명한 특성이다. 호메로스의 신들은 너무나 인간적이다. 신인동형론은 호메로스와

그리스 종교의 두드러진 특징이다.

　　　―M. P. Nilsson, *A History of Greek Religion*(The Norton Library, 1964), 142쪽.

15   크레타는 길이가 약 156마일 정도 되는 산악 지형의 섬이기 때문에 설령 후기 미노스 시대에

이르러 정치적 통합을 이루었다 할지라도 크레타의 90개나 되는 도시들이 단일한 신을 믿었다

고는 볼 수 없다. 미노스인들이 집과 들에 대해, 산과 야생동물에 대해, 바다와 전쟁에 대해 서

로 다른 여신들을 숭배했던 것은 미노스인의 기질 문제이다. 그리스의 두드러진 다신교는 그리스인의 시적 상상력에 크게 의존한다.

—W. K. C. Guthrie, "The Religion and Mythology of the Greeks",

The Cambridge Ancient History Vol. 2. Part 2.

edited by I. E. S. Edwards(Cambridge Univ. Press, 2008), 870쪽.

16 고대 그리스의 시문학은 신에게 순수한 신인동형의 형상을 부여했다. 신은 형상에 있어서나 성격에 있어서나 인간적이다. 오직 무한만이 힘과 불멸과 행복을 능가한다. '불멸의', '늙지 않는' 그들은 또한 '영원한 존재자'라고 불린다. 힘과 통찰력을 통해 제우스는 신과 인간의 아버지가 되고, 지고지선의 존재가 되며, 모든 것을 명령한다. 숭배자들에 의하면 신은 '과거에도 있었고 지금도 있으며 앞으로도 있을 분'이요, '처음이자 중간이요 끝'이다.

—J. Ritter, *Historisches Wörterbuch der Philosophie*(Schwabe, Basel/Stuttgart, 1971), 721쪽.

17 로이 케네스 해크 지음, 이신철 옮김, 《그리스 철학과 신》(도서출판b 2012), 20쪽.

18 압도적인, 강력한, 환희에 찬 사태에 마주하여, 그 경험에 대한 고대의 숭배 의식을 전달하고, 과거의 어떤 압도적인 경험을 철학적으로 표현하여 테오스theos라 한다. 테오스는 숨어이다.

—*Historisches Wörterbuch der Philosophie*, 721쪽.

19 《그리스 철학과 신》, 21쪽.

20 그리스를 침공하기 위해 크세르크세스의 군대가 사르디스에서 출발했을 때, "구름이 전혀 없고 하늘이 청명했는데도 하늘에서 태양이 자리를 이탈해 사라져, 낮 대신에 밤이 있었다."(헤로도토스 지음, 천병희 옮김, 《역사》(숲 2009), 656쪽)라고 헤로도토스는 말한다. 일식을 신의 징조로 생각한 것은 크세르크세스만이 아니었다. 헤로도토스 자신도 일식을 신에서 온 징조로 생각했다. 그는 홍수를 일으키는 신을 말하고, 자연을 물로 덮거나 광풍을 일으키는 신을 강조한다.(《역사》, 827쪽)

—그레고리 블래스토스 지음, 이경직 옮김, 《플라톤의 우주》(서광사 1998), 25쪽.

21 《그리스 철학과 신》, 25쪽.

22 같은 책, 26쪽.

23 같은 책, 35쪽.

24 같은 책, 16쪽.

25 W. K. C., 거스리 지음, 박종현 옮김, 《희랍 철학 입문》(서광사 2000), 25쪽.

26 18세기 계몽주의 시대의 대표적인 그리스도교 사상. 성서를 비판적으로 연구하고 계시啓示를 부정하거나 그 역할을 현저히 후퇴시켜서 그리스도교의 신앙 내용을 오로지 이성적인 진리에 한정시킨 합리주의 신학의 종교관이다. 먼저 영국에서 1696년 J. 톨런드가 주장했고, 이어 프랑스에 이입되어 볼테르와 D. 디드로 그리고 J. 루소 등이 제창하여 유럽 각지에 퍼졌다.
  —네이버 지식 백과 및 두산 백과 '이신론' 항목 참조.

27 신과 전 우주를 동일시하는 종교적·철학적 혹은 예술적인 사상 체계. 신과 전 우주 사이에 질적인 대립을 인정하지 않는다는 점에서 유신론과는 다르다. 범신론은 신비적인 종교 감정이나 자연에 전하는 시인의 감정에서 흔히 볼 수 있다. 그리스어의 '전체'를 의미하는 pan과 '신'을 의미하는 theos를 결합한, pantheism이라는 술어의 번역어이다.
  —네이버 지식 백과 및 두산 백과 '범신론' 항목 참조.

28 《플라톤의 우주》, 7~8쪽.

29 《일리아스》 제1권이 어떻게 시작하던가? "아카이오이족에게 헤아릴 수 없이 많은 고통을 가져다주었으며 숱한 영웅들의 굳센 혼백을 하데스에서 보내고 그들 자신은 개들과 온갖 새들의 먹이가 되게 한 그 잔혹한 분노를"(1. 2~5) 노래해달라는 기도로 시작한다. 호메로스는 "아가멤논과 아킬레우스가 서로 다투고 갈라선 그날부터 제우스의 뜻이 이루어졌도다."(1. 6~7)라고 선포한다.

30 "자, 내가 머리를 끄덕이니 그대는 믿어도 좋을 것이오. 이것이 여러 불사신들에게 내가 줄 수 있는 가장 확실한 증표요. 내가 일단 머리를 끄덕여 약속한 말은 돌이킬 수도 없고 헛되지도 않으며 반드시 이루어지고 마는 법이오."(1. 524~547)

31 "제우스는 어떻게 하면 아킬레우스의 명예를 높여주고 수많은 아카이오이족을 그들의 함선들 옆에서 도륙할 수 있을지 마음속으로 궁리하느라 단잠을 이룰 수가 없었다. 아무리 생각해보아도 아트레우스의 아들 아가멤논에게 가짜 꿈을 보내는 것이 역시 상책인 것 같았다."(2. 2~6)

32 호메로스의 신들은 한정적인 존재이다. 죽음의 공포스러운 운명이 신들이 사랑하는 한 인간을 덮치더라도, 그들은 그 인간을 구원하지 못한다. 누구보다도 귀중한 그의 아들 사르페돈이 파트로클로스의 손에 죽어야만 했을 때에도 제우스 자신은 이를 '운명'이라며 탄식했다. 그는 감히

운명이 규정한 바에 도전하려 하지 않는다. 아무리 신이라 해도 "정해진 운명을 벗어날 순 없다."

　—F. M. 콘포드 지음, 남경희 옮김, 《종교에서 철학으로》(이화여자대학교출판부 1995), 15쪽.

33 《플라톤의 우주》, 28쪽.

34 에릭 R. 도즈 지음, 주은영·양호영 옮김, 《그리스인들과 비이성적인 것》(까치 2002), 13쪽.

35 같은 책, 12쪽.

36 같은 책, 16쪽.

37 같은 책, 21쪽.

38 같은 책, 28쪽.

39 "신들이 언제 어디에서 생겨났고, 신들이 어떻게 생겼는지 헬라스인들이 알게 된 것은 오래전의 일이 아니다. 헤시오도스와 호메로스는 나보다 기껏해야 400년 전에 살았던 것으로 생각된다. 신들의 계보를 만들고, 신들에게 이름을 붙여주고, 신들 간에 직책과 활동 영역을 배분하고, 신들이 어떻게 생겼는지 우리에게 말해준 것은 이들 시인들이다."

　—헤로도토스 지음, 천병희 옮김, 《역사》(숲 2009), 194쪽.

40 《그리스인들과 비이성적인 것》, 23쪽.

4　영웅의 실존 드라마, 〈오디세이아〉

1 이 장은 《인문의 향연》 3호(숲 2015)에 실린 글을 대폭 수정하여 수록함을 밝힌다.

2 호메로스 지음, 천병희 옮김, 《일리아스》(숲 2007)

　호메로스 지음, 천병희 옮김, 《오뒷세이아》(숲 2006)

3 강대진 지음, 《일리아스, 영웅들의 전장에서 싹튼 운명의 서사시》(그린비 2010)

　강대진 지음, 《오뒷세이아, 모험과 귀향, 일상의 복원에 관한 서사시》(그린비 2012)

4 《일리아스》의 영웅들이 영원한 명성을 남기기 위해 죽음을 향해 치달았다면, 《오디세이아》의 인물들은 어떻게든 살아남아야 한다는 태도를 보인다.

　—《오뒷세이아, 모험과 귀향, 일상의 복원에 관한 서사시》, 116쪽.

5 *History of the World*, 75쪽.

6 《오뒷세이아, 모험과 귀향, 일상의 복원에 관한 서사시》, 207쪽.

7 니체 지음, 김정현 옮김, 《선악의 저편·도덕의 계보》(책세상 2002), 114쪽.

8 Homer, *The Odyssey*, translated by Robert Fagles(Penguin Classics, 1996), 36쪽.

9 "둘이서 부모님 몰래 잠자리로 가서 처음으로 사랑의 동침을 하던 그때처럼"(14. 295~296)

10 "오디세우스와 그의 아들은 재깍 일어서서 투구들과 방패들과 날카로운 창들을 안으로 날랐고, 그들 앞에서는 팔라스 아테네가 황금으로 된 등화용 불통을 들고 더없이 아름다운 불빛을 비춰 주고 있었다. 그러자 텔레마코스가 지체 없이 아버지에게 말했다. '아버지! 저는 지금 제 눈으로 큰 기적을 보고 있어요. 아무튼 홀의 벽들과 아름다운 대들보들과 소나무 서까래들과 높다란 기둥들이 제 눈에는 활활 타는 불꽃처럼 환하군요. 넓은 하늘에 사시는 신들 중에 한 분이 이 안에 와 계심이 틀림없어요.'"(오. 19. 31~40)

11 *History of the World*, 75쪽.

5 영웅이란 어떤 존재인가? 《오디세이아》에 나타난 영웅관

1 "고귀한 칼립소는 나를 남편으로 삼으려고 자신의 속이 빈 동굴들 안에 나를 붙들어 두려 했지요. 마찬가지로 아이아이에섬의 교활한 키르케도 나를 남편으로 삼기를 열망하며 자신의 궁전에 나를 붙들어 두려 했지요."(오. 9. 29~32)

2 "그때 나는 제대로 뜨거워지도록 말뚝을 잿더미 속에 집어넣고는 아무도 겁이 나 꽁무니 빼지 않도록 말로써 전우들에게 용기를 북돋우었소. 어떤 신께서 우리에게 큰 용기를 불어넣어 주셨소. 그리하여 전우들은 끝이 뾰족한 올리브나무 말뚝을 움켜잡고 그자의 눈에다 밀어 넣었소. 우리는 끝이 벌겋게 단 말뚝을 움켜잡고는 그자의 눈 안에서 마구 돌려댔소. 그자는 큰 소리로 끔찍하게 비명을 질렀소. 그자는 눈에서 피투성이가 된 말뚝을 뽑아 괴로워서 두 손을 버둥대며 멀리 내던지더니 바람 부는 산마루들을 따라 주위의 동굴에 사는 키클롭스들을 큰 소리로 불렀소."(오. 9. 371~400)

3 "우리 안마당에는 잎사귀가 긴 올리브나무 한 그루가 한창 무럭무럭 자라고 있었는데 그 줄기가 기둥처럼 굵었소. 그 나무 둘레에다 나는 돌들을 서로 밀착시키며 방을 들이기 시작했고, 드디어 그것이 다 완성되자 그 위에 훌륭하게 지붕을 씌우고 튼튼하게 짜 맞춘 단단한 문짝들을 달았소. 그러고 나서 나는 잎사귀가 긴 올리브나무의 우듬지를 자르고 밑동을 뿌리에서부터 위

로 대충 다듬은 다음 청동으로 그것을 훌륭하고 솜씨 좋게 두루 깎고 먹줄을 치고 똑바르게 말

라 침대 기둥으로 만들었지요. 이어서 나는 송곳으로 그것에 요소요소 구멍을 뚫었어요. 그 침

대기둥에서부터 시작하여 나는 침상을 만들기 시작했고, 드디어 그것이 다 완성되자 금과 은과

상아로 정교하게 장식하고 그 안에 자줏빛 찬란한 소가죽 끈을 졸라맸지요. 이것이 내가 그대

에게 제시하는 우리 침상의 특징이오."(오. 23. 190~202)

4 "그대는 인간들 중에 뉘시며 어디서 오셨나요? 그대의 도시는 어디며 부모님은 어디 계시나

요? 그대가 이 약을 마시고도 마법에 걸리지 않다니 그저 놀라울 따름이에요. 자, 그대는 칼을

칼집에 도로 넣으세요. 그런 다음 우리 둘이서 침상에 올라 사랑의 동침을 해요. 서로 믿을 수

있도록 말예요."(오. 10. 325~335)

5 "그들이 고운 목소리로 이렇게 노래하자 내 마음은 듣고 싶어 했소. 그래서 나는 전우들에게 눈

짓으로 풀어달라고 명령했으나 그들은 몸을 앞으로 구부리며 힘껏 노를 저었소. 그리고 페리메

데스와 에우릴로코스가 당장 일어서더니 더 많은 밧줄로 나를 더욱 꽁꽁 묶었소. 우리가 배를

몰아 세이렌 자매 옆을 지나가고 그들의 목소리와 노랫소리가 더 이상 들리지 않자 내 사랑하

는 전우들은 지체 없이 내가 그들의 귀에다 발라준 밀랍을 뗐고 나도 밧줄에서 풀어주었소."(오.

12. 192~200)

6 "무정하시도다, 그대들 남신들은! 그리고 그대들은 유별나게 질투심이 강하시오. 그대들은 어

떤 여신이 인간을 사랑하는 남편으로 삼아 공공연히 인간과 동침하게 되면 질투를 하시니 말예

요."(오. 5. 118~120)

6 암흑시대의 정치와 경제

1 《역사》, 25~27쪽.

2 영웅시대의 연대에 관한 최초의 직접적인 그리스 자료는 기원전 264~263년에 작성된 '파리안

연대기 Parian Chronicle'이다. 다른 자료를 찾을 경우 우리는 고전기 후기 작가들이 인용하는 자

료에 의존해야 한다. 이들 작가들 중 가장 유명한 이는 에라토스테네스 Eratosthenes이다. 트로이

함락 시기에 대해 '파리안 연대기'는 기원전 1209년이라 하고, 에라토스테네스는 기원전 1183년

이라 한다. 후대의 많은 작가들이 거의 그의 견해에 동의한다.

—A companion to Homer, 358쪽.

3 기원전 1600~1200년을 미케네 시대(영웅시대)라 한다. 기원전 1100년에 도리아인이 침입했으며, 기원전 1100~750년은 암흑시대라 한다.

4 The World of Odyssey, p. ix.

5 오디세우스의 세계는 미케네 시대도 아니었고, 기원전 8세기 혹은 기원전 7세기의 세계도 아니었다. 오디세우스의 세계를 시간상 위치하면, 가장 유사한 세기는 기원전 10~9세기이다.
　　—같은 책, 43쪽.

6 "그를 노려보며 준족 아킬레우스가 말했다. '오오, 그대 파렴치한 자여, 그대 교활한 자여! 이래서야 어찌 아카이오이족 중 어느 누가 그대의 명령에 기꺼이 복종하여 심부름을 가거나 적군과 힘껏 싸울 수 있겠소?'"(1. 148~151)

7 R. Drews, Basileus, 6쪽.
　　송문현 지음, 〈호머 시에 있어서 '왕basileus' 과 정치조직〉, 《서양고전연구》, Vol. 4. No.1(1990 KCI 등재)에서 재인용.

8 같은 논문, 71쪽.

9 "그대 주정뱅이여, 개 눈에 사슴의 심장을 가진 자여! 그대는 일찍이 싸움터에 나가려고 백성들과 함께 무장하거나 아카이오이족의 장수들과 함께 매복할 용기를 내어본 적이 한 번도 없었소."(1. 225~228)

10 "아트레우스의 아들이여! 내 먼저 그대의 어리석음을 공박해야겠소. 그렇게 하는 것이 회의장의 관례이니, 왕이여! 내게 화내지 마시오. 그대의 마음이 그토록 귀향을 재촉한다면 가시오."
　　(9. 32~42)

11 "아트레우스의 아들이여! 무슨 말씀을 그렇게 함부로 하시오? 파멸을 초래할 자여! 그대는 영광도 없는 다른 군대나 지휘하고 우리를 다스리지 말았어야 할 것이오. 우리는 트로이인들의 길 넓은 도시 때문에 많은 고초를 겪었거늘 그대는 그토록 이곳을 떠나고 싶단 말이오?"(14. 83~89)

12 "이들의 함선 일백 척은 아트레우스의 아들 통치자 아가멤논이 지휘했다. 그를 따라온 백성들은 수도 가장 많고 또 가장 용감했다. 그들 한가운데에서 그 자신이 번쩍이는 청동을 입고 호기

롭게 나아가니 모든 영웅들 중에서도 유난히 돋보였다. 아가멤논은 가장 훌륭한 데다 가장 많은 백성들을 지휘했기 때문이다."(2. 576~580)

13 "아가멤논이여! 전사들을 부족과 씨족별로 나누어 씨족이 씨족을 돕고 부족이 부족을 돕게 하시오."(2. 362~363)

14 "그래, 그대는 선물을 갖고 있으면서 나는 내 것을 빼앗기고도 가만히 앉아 있기를 바라는 것이오? 그리고 그대는 나에게 그 여인을 돌려주라고 명령하는 것이오? 기상이 늠름한 아카이오이족이 내 소원대로 손실을 보상해줄 만한 명예의 선물을 준다면 좋소. 하나 만약 그들이 주지 않는다면 그때는 내 몸소 가서 그대의 것이든 아이아스의 것이든 오디세우스의 것이든 가져가겠소."(1. 133~138)

15 "아가멤논은 목소리가 낭랑한 전령들에게 명하여 장발의 아카이오이족을 회의장에 소집케 했고, 전령들이 소집하자 그들은 지체 없이 모여들었다."(2. 51~52)

16 The World of Odyssey, 77쪽.

17 같은 책, 78쪽.

"이른 아침에 태어난 장밋빛 손가락을 가진 새벽의 여신이 나타나자 오디세우스의 사랑하는 아들은 신발을 매어 신고 방에서 걸어 나갔다. 그는 즉시 아카이오이족을 회의장에 소집케 했다. 전령들이 소집하자 아카이오이족이 지체 없이 모여들었다. 그들이 한 명도 빠짐없이 회의장에 다 모였을 때 텔레마코스도 손에 청동 창을 들고 회의장으로 갔다."(오. 2. 1~10)

18 "사제는 자기 딸을 구하려고 헤아릴 수 없이 많은 몸값을 가지고, 황금 홀笏을 들고 아카이오이족, 특히 백성들의 통솔자인 아트레우스의 두 아들에게 간청했다."(1. 12~16)

19 The World of Odyssey, 78쪽.

20 같은 책, 80쪽.

"다른 아카이오이족은 모두 크게 찬성하며 사제에게 경의를 표하고 몸값을 받으라고 했으나, 아가멤논은 그것이 마음에 들지 않아 사제를 난폭하게 내쫓으며 으름장을 놓았다."(1. 22~25)

21 The World of Odyssey, 79쪽.

22 같은 책, 94쪽.

23 호메로스가 구사하는 고대 그리스어 바실레우스는 오늘날 영미권에서 왕king으로 옮겨지고 있

다. 학자들의 연구에 의하면 왕의 뜻으로 사용되는 단어에는 아낙스anaks와 바실레우스basileus
가 있다. 아낙스가 영어의 주군lord처럼 확실하게 특정 백성의 주인 역할을 하는 왕이라면 바실
레우스는 집단의 우두머리를 가리키는 용어란다.

— Pierre Carlier, 〈호메로스 시에 나타나 '아낙스'와 '바실레우스'〉, *Ancient Greece*,

　　edited by Sigrid Deger-Jalkotzy and Irene S. Lemos(Edinburgh Univ. Press, 2006),

　　102쪽.

24　드레스터Drester라는 단어는 '노동하는 사람 혹은 복무하는 사람'을 의미했는데, 《오디세이아》
에선 자유민과 자유롭지 않은 사람 모두에게 사용된다.

— *The World of Odyssey*, 49쪽.

25　같은 책, 49쪽.

26　"나는 어디로 가든 아니, 내가 처음 태어나서 부모님이 손수 나를 길러주셨던 부모님의 집에 돌
아간다 해도 그토록 상냥하신 주인은 다시는 만나지 못할 테니까요."(오. 14. 138~141)
호메로스의 세계에서 노예는 함부로 다루어지지 않았다. 돼지치기 에우마이오스처럼 노예의
신분에서 해방되어 주인 가족의 일원이 되는 경우도 있다.

— 《호메로스의 세계》, 161쪽.

27　*The World of Odyssey*, 50쪽.

28　같은 책, 52쪽.

29　"무릎을 잡고 빕니다. 아킬레우스여! 나를 불쌍히 여기시고 존중하십시오. 제우스의 양자여!
나는 그대에게 존중받아야 할 탄원자와 같습니다. 그대가 잘 가꾼 과수원에서 나를 사로잡아
소 백 마리 값을 받고 렘노스에 갖다 팔던 날, 나는 처음으로 그대의 식탁에서 데메테르의 열매
를 맛보았기 때문입니다."(21. 74~79)

30　"에우리클레이아는 일찍이 라에르테스가 아직도 앳된 소녀인 그녀를 자기 재산으로 살 때 그녀
를 위해 소 스무 마리 값을 치렀던 것이다."(오. 1. 429~431)

III

호메로스와 플라톤, 숙명의 대결

1 시에 대한 철학의 도전

1 월 듀란트 지음, 황문수 옮김, 《철학 이야기》(문예출판사 2001), 35쪽.

2 니체는 플라톤을 '유럽이 낳은 예술의 가장 강력한 적'이라고 불렀다.

　—아리스토텔레스 외 지음, 천병희 옮김, 〈옮긴이 서문〉, 《시학》(문예출판사 2006), 211쪽.

3 "그러니 시인을 우리의 이상 국가로 받아들지 않는다 해도 우리의 행동은 정당하네. 그는 혼의 열등한 부분을 깨워 가꾸어주고 강하게 만들어줌으로써 이성적인 부분을 훼손하기 때문이네."
(국, 605a~b)

4 가장 위대한 서사시인이라는 칭호는 모든 시대에 호메로스에게 부여되었다. 그리스인들은 그를 '그 시인'이라고 부를 뿐이다. 전 역사상 그 어떤 시인도, 그 어떤 문필가도 호메로스와 같은 영예를 차지하지 못했다. 호메로스는 그들 국민의 뛰어난 상징이었고, 고대 역사에 침해할 수 없는 권위였으며, 판테온의 창조에 있어서 결정적 인물이었다.

　—*The World of Odyssey*, 5쪽.

5 "이렇게 말하자 슬픔의 먹구름이 아킬레우스를 덮어버렸다. 그는 두 손으로 검은 먼지를 움켜쥐더니 머리에 뿌려 고운 얼굴을 더럽혔고 그의 향기로운 옷에도 검은 재가 떨어졌다. 그리고 그 자신은 먼지 속에 큰 대 자로 드러누워 제 손으로 머리를 쥐어뜯었다."(18. 22~26)

6 "그런 것들은 시들어 없어져야 하는데도 시는 물을 주어 가꾸고 있으며, 우리가 사악하고 비참해지는 대신 선량하고 행복해지려면 우리가 그런 것들을 지배해야 하는데도 시는 오히려 그런 것들을 우리의 지배자로 만들고 있으니 말일세."(국, 606d)

7 플라톤 역시 《법률》에서 시의 암송을 강조했다. "젊은이들 가운데서도 옳게 교육을 받게 될 자들은 시들 속에서 양육하고 젖어들도록 만들어야만 한다고 수도 없이 많은 사람이 몇 번이고 주장합니다. 공개 낭독에서 많이 듣고 많이 외워, 전체 시인들의 시를 외워버리게 만듦으로써 말입니다."(법, 810e~811a)

8 크세노폰 지음, 오유석 옮김, 《향연, 경영론》(작은이야기 2005), 27쪽.

9   "글라우콘, 만약 자네가 호메로스야말로 헬라스의 스승이었으니 제반 인간사를 경영하고 교육
    하는 데서 이 시인의 말을 들춰 배워야 하며, 자신의 삶을 이 시인을 따라 정돈하며 살아가야
    한다고 주장하는 호메로스의 찬미자들을 만난다면, 그들도 나름대로 가장 훌륭한 자들이니 친
    절하고 공손하게 대해주어야 하고 호메로스가 가장 시인다운 시인이며 비극시인들 중 제일인
    자라는 것도 인정해주어야 하네."(국, 606e~607a)

10 플라톤 스스로 《국가》의 도처에서 호메로스를 거론하지 않았던가. "신들께서는 경건한 사람들
    에게 좋은 것들을 아낌없이 선물한다."(국, 363a)라면서 신에 대한 경건을 예찬했고, "원정 중인
    영웅들이 회식할 때 호메로스는 전사들이 가장 구하기 쉬운 구운 고기를 먹게 했네."(국, 404c)라
    고 전사들의 체력 단련의 전범을 호메로스에게서 찾았다. 또 훌륭한 전사들에게 명예를 높여주
    어야 한다면서 플라톤은 그 전거를 호메로스에게서 찾았다. "아이아스에게 명예의 선물로 긴
    등심이 주어졌는데, 그것은 명예도 높여주고 체력도 증진시켜주기에 용감한 젊은이에게 걸맞
    은 상이라고 여기기 때문일세."(국, 468d)

11 에두아르트 마이어는 호메로스가 '철두철미 신성모독적durch-aus profan'이라고 말했다.
    ─로이 케네스 핵크 지음, 이신철 옮김, 《그리스 철학과 신》(도서출판b 2011), 16쪽.

12 "훌륭한 사람은 자신의 친구인 다른 훌륭한 사람에게 죽음이 닥치더라도 이를 재앙으로 여기지
    않는다는 것이 우리의 주장이네."(국, 387d)

13 디오니시오스 롱기누스 외 지음, 천병희 옮김, 〈숭고에 관하여〉, 《시학》(문예출판사 2002), 307~
    309쪽.

14 그리스 로마 시대의 3대 문예 비평서로 평가받고 있는 〈숭고에 관하여〉는 그 명성과는 달리 저
    자도 저술 연대도 확실히 알 수 없다. 10세기에 쓰여진 파리 필사본의 표제에 '디오니시오스 롱
    기누스'라고 적혀 있을 뿐이다.
    ─같은 책, 옮긴이 서문, 257쪽.

15 이집트의 파피루스는 또한 양적으로도 명확히 보여준다. 문필적 생존경쟁에 있어서 호메로스
    에겐 적수가 없었다. 1963년경 출간된 이집트 출처 문헌들의 스크랩과 파편들은 총 1,596권이
    있었는데 그중엔 저자의 이름을 확인할 수 없는 책도 있었다. 이 책의 수치는 개별 복사본을 말하
    는 것이지 분권은 아니다. 1,596권 중 거의 절반이 《일리아스》 혹은 《오디세이아》 복사본 혹은

주석서였다. 《일리아스》는 《오디세이아》보다 3대 1로 많았다. 그 다음으로 가장 '대중적'인 저자는 웅변가 데모스테네스였다. 그의 책은 83권이었다. 다음은 에우리피데스 77권, 헤시오도스 72권이었다. 플라톤은 고작 42권에 불과했고, 아리스토텔레스는 8권이었다.

—*The World of Odyssey*, 12쪽.

16 박종현은 이렇게 풀이한다. "시와 철학 사이에 생기게 된 불화는 시가 헬라스인들의 모든 교육을 떠맡은 것처럼 행세해온 데 대해 이제 철학이 제자리를 잡아가면서 시가 독점적으로 점유하고 있던 지위를 차츰 빼앗아가게 되는 데서 비롯된 것이다."

—플라톤 지음, 박종현 역주, 《국가·정체》(서광사 2005), 637쪽.

17 크세노파네스는 철학적 입장에서 고대 그리스 종교를 대담하고 집요하게 공격했던 대표적 인물이었다. 그는 인간적인 면모를 지닌 당시의 신들에게는 신이란 이름이 어울리지 않는다고 생각했다. 그는 인간 세계에서는 수치스럽게 여겨지는 절도와 사기, 간음 등을 신들이 행하는 것으로 묘사한 호메로스와 헤시오도스를 힐난했다.

—《세계 철학사》, 189쪽.

18 《시학》, 149쪽.

19 《국가》가 50대의 야심찬 플라톤의 열정이 담긴 거작이라면, 《법률》은 70대 초입을 지나 학자로서 원숙한 경지에 이른 그가 팔순에 생을 마감할 때까지 필을 놓지 않고 매달린 또 하나의 초대형 거작이라 할 것이다.

—《국가·정체》, 5~6쪽.

20 "시인들의 교과들과 관련해서 몇몇이 우리에게 남긴 글들은 위험한 것들입니다."(법, 810C)

21 저서가 남아 있는 유럽 최초의 철학자가 최초의 시인인 호메로스만큼의 압도적인 권위를 누리지 못한다 하더라도 그것이 플라톤의 천재성에 대한 과소평가를 의미하는 것은 아닐 것이다. 플라톤의 업적은 자신의 분야에서 호메로스에 비견한다.

—R. M. 헤어 지음, 강정인·김성환 편역, 《플라톤의 이해》(문학과지성사 1991), 117쪽.

22 "모든 과학은 우주론이다. 내가 보기엔 과학뿐만 아니라 철학이 그러한 추구를 포기할 때, 과학과 철학이 지나치게 전문화되어 세계의 수수께끼들을 알려고 않고, 그것들에 경탄하기를 그만둘 때 과학과 철학의 모든 매력은 상실된다."

—칼 포퍼 지음, 이한구·송대현·이창환 옮김, 《파르메니데스의 세계》(영림카디널 2009), 33쪽.

2 죽음, 피할 것인가 반길 것인가?

1 죽음(타나토스)이라는 단어는 《일리아스》 이후 다양한 종교적·시적 의미를 띠었고, 소크라테스 이전 시기에 이미 철학적 언어가 되었다. 이오니아의 자연철학이 존재의 근원에 대한 물음을 제기했고, 사물의 생성만이 아니라 사물의 소멸을 물으면서, 죽음의 근원, 몰락의 근본 원인을 설명하는 탐구가 시작되었다.

—*Historisches Wörterbuch der Philosophie*, 1228쪽.

2 "죽음은 본래적으로 영감을 주는 천재이거나 철학의 무사게테스mousagetes 즉, 무사 여신들을 이끄는 아폴론이다. 소크라테스는 철학을 죽음의 연습(타나투 멜레테)이라고 정의한다."

—A. Schopenhauer, WW, 1528쪽 이하.

칼 앨버트 지음, 이강서 옮김, 《플라톤 철학과 헬라스 종교》(아카넷 2010), 174쪽에서 재인용.

3 "친애하는 소크라테스, 진정한 미덕을 기르게 되면 그는 신들의 사랑을 받게 될 것이며, 그것이 인간에게 가능하다면 그 자신도 불멸의 존재가 될 거예요."

—플라톤 지음, 천병희 옮김, 《향연》(숲 2012), 211d~212a.

"정화되어 깨달은 채 저승에 도착하는 사람은 신들과 함께 살게 되리라고 오래전부터 수수께끼 같은 말을 해왔다네."(파, 69c)

4 소크라테스의 육성을 확인할 수 있는 문건에는 크세노폰이 남긴 《소크라테스의 변론》이 있다. 이 자료에 의하면 소크라테스는 법정의 사형 판결을 예견하고 있었고, 죽음을 두려워하지 않았다. 크세노폰은 후일 소크라테스의 제자 헤르모게네스로부터 그날의 진실을 전해 듣는다. "나의 변론에 대해 생각하고자 했을 때 두 번이나 신이 반대했어. 지금 내가 죽는 것이 나에게 잘된 일이라고 신이 결정한 것, 이것이 놀라운 일일까? 지금껏 나는 누구보다 더 훌륭한 삶을 살았어. 평생 신을 존경하고 도덕적으로 살았잖아." 크세노폰의 기록에 의하면 소크라테스의 죽음에 대한 견해는 삶에 대한 견해와 불가분하게 연관되어 있음을 시사한다. 죽음은 삶의 연장이다. 도덕적 삶은 죽음을 예비하는 최상의 선택이다.

—Xenophon, *Socrates' defence, trans by Robin Waterfield*(penguin classics, 1990), 43쪽.

5 플라톤은 다른 대화편들에서도 죽음이라는 주제, 혼의 불멸Unsterblichkeit der Seele의 문제를
다룬다. 특히 《고르기아스》, 《메논》, 《파이도르스》, 《국가》 그리고 《향연》에서 그러하다. 라인하
르트Reinhardt가 지적하듯 심지어 죽음이라는 주제가 어떤 방식으로든 암시되지 않는 대화편은
없다고 할 수 있다.
—《플라톤 철학과 헬라스 종교》, 174쪽.

6 《소크라테스의 변론》, 28e~29a.

7 "이분들은 공익을 위하여 목숨을 바치고 그 대가로 자신들을 위해 불멸의 명성과 가장 영광스
러운 무덤을 받았습니다."
—투키디데스 지음, 천병희 옮김, 《펠로폰네소스 전쟁사》(숲 2011), 174쪽.

8 《소크라테스의 변론》, 29a~b.

9 "나는 저승에서의 삶에 관해 충분히 알지 못하기에 내가 모른다고 생각합니다."
—같은 책, 29b.

10 같은 책, 40c~d.

11 같은 책, 40d~41a.

12 플라톤의 대화록에서 소크라테스는 영혼의 불멸과 내세의 중요성에 관한 자신의 확신을 보강
하기 위해 빈번하게 오르페우스교의 교리들을 언급한다. 소크라테스가 《고르기아스》와 《파이
돈》과 《국가》에서 천국과 지옥에 대해 언급하는 상상의 신화들과 그 세부는 끔찍하게 오르페우
스적이다.
—A. E. Taylor, *Socrates*(London, 1939), 49쪽.
피타고라스를 거쳐 오르페우스교의 죽음 관념이 철학에 들어온다. 인간의 영혼은 신에게서 나
와 삶의 감옥에 갇혀 벌을 받는 중이다. 오직 죽음만이 영혼을 자유롭게 한다. 하데스에서 정화
의 시간이 지난 후 영혼은 새로운 몸속으로 들어가며, 다양한 모습을 하며 오랜 방랑을 한 후,
마지막으로 신에게 돌아간다. 작가들로부터 많이 변경되어온 이러한 죽음의 관념은 철학자들
에게서는 그것과 관계없이 자주 죽음에 대한 순수 심리학적 설명을 제공했으며, 플라톤을 통해
철학적 형태를 획득한 후 서양의 상식이 된다.
—*Historisches Wörterbuch der Philosophie*, 1229쪽.

13 "대화하는 것이야말로 인간에게 최고선이며, 캐묻지 않는 삶은 인간에게는 살 가치가 없다."
　　―《소크라테스의 변론》, 38a.

14 "신들은 우리의 수호자들이고, 우리들 인간은 신들의 소유물 가운데 하나라는 말은 옳은 것 같
　아. 소유물이 죽기를 원한다는 신호를 자네가 보내지 않았는데 자네의 소유물 하나가 자신을
　죽인다면 자네는 화나지 않을까? 지금 우리에게 내려진 것과 같은 필연적인 상황을 신께서 내
　려보내시기 전에는 어느 누구도 자신을 죽여서는 안 된다고 말하는 것은 불합리하지 않을 듯하
　네."(파, 62b~c)

15 자살을 악으로 간주하는 소크라테스와 기독교의 자살 반대론에 대해 토인비는 일종의 미신이
　라고 규정한다.
　　"신의 본질에 관한 유대교의 개념을 믿지 않는 나는, 죽는 편이 사랑하는 사람들이나 자신을 위
　해서도 바람직하다는 결론에 도달했을 경우 누구나 스스로 목숨을 끊을 권리를 가지고 있다고
　믿습니다. 자살을 악으로 간주하는 유대교와 그리스도교, 이슬람교의 교리는 옳지 못한 미신이
　라 생각합니다."
　　―토인비 지음, 원창엽 옮김, 《토인비와의 대화》(홍신문화사 2012), 77쪽.

16 플라톤은 《크라튈로스》에서 이렇게 말한다. "어떤 사람들은 몸soma을 혼의 무덤sema라고 한
　다. 내가 보기엔 오르페우스를 추종하는 사람들이 이런 이름을 붙인 것 같다."
　　―플라톤 지음, 천병희 옮김, 《크라튈로스》(숲 2014), 400c.
　　오르페우스교도들은 혼의 정화를 위해 금욕적인 생활을 강조했다.
　　―《헬라스 사상의 심층》, 22~23쪽.

17 "생전에 최대한 죽음에 가까운 상태로 살아가도록 자신을 준비시키던 사람이, 막상 죽음이 자
　신에게 닥치니까, 이에 대해 성을 낸다면, 그건 우스꽝스럽지 않겠나? 진정한 철학자들은 사실
　은 죽는 것을 직업으로 삼으니, 모든 사람들 중에서 죽음을 가장 덜 두려워할 것이네."(파, 67e)

18 "아아, 내 아들아! 이런 불행을 당하게 하려고 내가 너를 낳아 길렀더란 말이냐? 네 명이 짧고 길
　지 않을진대, 너는 마땅히 눈물과 고통 없이 함선들 옆에 앉아 있었어야 할 것이다."(1. 414~416)

19 3부 1장의 5번 각주 참고.

3 영혼, 소멸하는가 소멸하지 않는가?

1 프랜시스 콘포드는 영혼 또는 진정한 자아를 발견한 사람이 바로 소크라테스라고 주장했다.

　―F. M. Cornford, *Before and After Socrates*(Cambridge, England, 1932), 37쪽.

2 예거W. Jaeger는 오르페우스교도들과 피타고라스교도들의 혼의 윤회설을 플라톤 철학과 밀접하게 연관시킨다. 그의 견해에 따르면 "오르페우스교의 혼 이론은 플라톤 철학과 아리스토텔레스 철학과 일직선으로 이어진다." 오르페우스교의 혼 이론은 예거가 보기에 아주 비그리스적인 '안으로의 전회Wendung nach innen'를 겪게 되고, 이 전회는 플라톤의 두 세계 이론으로 노출되며 오로지 혼의 세계만 참된 존재의 세계라는 생각에서 절정을 이룬다.

　―《플라톤 철학과 헬라스 종교》, 186쪽.

3 "우리가 기억하고 있는 옛 전설에 따르면, 죽은 사람들의 혼은 이승을 떠나 저승에 가 있다가 이승으로 돌아와 다시 태어난다는 거야. 그리고 산 사람이 죽은 사람에게서 다시 태어난 것이 사실이라면, 우리의 혼은 당연히 저승에 가 있어야 할 것 아닌가? 혼이 존재하지 않는다면 다시 태어날 수 없을 테니까."(파, 70c)

4 "소크라테스 선생님! 선생님께서는 우리가 배움이라고 부르는 것은 상기想起 이외의 다른 것이 아니라고 주장하셨는데, 그 이론이 사실이라면, 우리가 지금 상기하는 것은 언젠가 전에 우리가 배웠던 것임에 틀림없어요. 그런 일은 우리의 혼이 인간의 형상으로 태어나기 전에 어딘가에 있었다는 것이겠지요. 상기론에 따르더라도, 혼은 불멸의 존재인 것 같군요."(파, 72e~73a)

5 데모크리토스에 따르면, 영혼은 움직이는 뜨거운 숨결이다. 영혼은 불처럼 작은 둥근 원자로부터 나와 지속하며 모든 것에 침투하며 그렇게 다른 원자를 움직일 수 있다.

　―*Historisches Wörterbuch der Philosophie*, 1쪽.

　헤라클레이토스마저도 영혼을 '가장 덜 물질적인 것'으로 보았고, 아낙사고라스의 경우도 '가장 미세하고 순수한 물질'로 보았으며, 데모크리토스의 경우 '구형의 원자'라고 보았다. 모두 영혼의 물질성을 최소화하려 했지만, 궁극적으로 물질성에서 벗어나지는 못했다.

　―장영란 지음, 《영혼의 역사》(글항아리 2010), 121쪽.

6 영혼의 전통적인 개념에 의하면 플라톤이 영혼에 윤리적 개념을 통합했다고 볼 수 있다. 《국가》제1권에서 플라톤은 영혼의 활동을 윤리적 고려에 있는 삶이라고 본다. 좋은 삶과 나쁜 삶은

고유한 영혼에 의해 즉 도덕적 자질에 의해 규정된다.

— *Historisches Wörterbuch der Philosophie*, 3쪽.

7 "정당한 이성은 옹호하고 근거 없는 요구에 대해서는 거절하는 법정을 설치할 것을 요구한다. 바로 이 법정이 '순수이성 비판'이다."

— 임마누엘 칸트 지음, 정명오 옮김, 《순수이성 비판》, 14쪽.

"내 이성을 실천적으로 사용할 수 있기 위해서 신, 자유, 영혼불멸 같은 것은 가정해볼 수 없다."

— 임마누엘 칸트 지음, 김석수 옮김, 《순수이성 비판 서문》(책세상 2010), 49쪽.

8 "제발 부탁이니 나를 기억해주시오. 울어주지도 매장하지도 않은 채 나를 뒤에 남겨두고 떠나지 마시오."(오. 11. 71~72)

9 서양 역사에서 가장 보편화된 이해에 따르면 죽음은 영혼과 육신의 분리이다. 그 유래는 희랍 철학에 있다. 플라톤의 저술 《파이돈》은 죽음을 영육 분리로 이해한다. 이런 생각은 피타고라스 학파와 오르페우스교에까지 거슬러 올라간다. 영육 이원론에 입각한 인간관에 이르기까지 긴 기간 동안의 전사前史를 거쳐야 했다. 호메로스의 인간관은 이 전사의 단계에 위치한다. 호메로스에게는 영혼을 뜻하는 말이 없다.

— 《희랍 라틴 문학 연구》, 154쪽 .

4 저승, 영혼이 잠시 머무는 곳인가 영원히 유폐되는 곳인가?

1 구제 불능인 죄인들은 지옥의 가장 끝자락인 타르타로스로 영원히 버림받는다. 《고르기아스》에서는 그런 영혼들은 범례적 성격의 처벌을 받는 것으로 언급된다. 구제 불능이 아닌 영혼들은 회개적 성격의 처벌을 받고, 보다 지혜로운 모습으로 개선되어 돌아온다.(《고르기아스》 524a, 《파이드로스》 113d 참조.)

— 《플라톤의 국가론 강의》, 348쪽.

2 혼이 윤회한다는 것은 아주 오래된 이론으로 그리스뿐만 아니라 특히 인도에도 널리 퍼져 있었다.

— 《플라톤 철학과 헬라스 종교》, 185쪽.

3 사후에 받는 보상과 처벌에 대한 믿음은 분명히 피타고라스나 오르페우스 신앙보다 더 오래된 것이다. 엘레우시스 의식에서 입교자들은 보상을 받고 그렇지 않은 자들은 불행한 운명을 맞는

다는 믿음이 최소한 기원전 7세기에는 자리 잡고 있었던 것 같다. 그리고 《국가》에서 사람이 죽을 때가 가까워지면 이승에서 나쁜 짓을 한 사람은 하데스에 가서 벌을 받는다는 설화mythos에 신경이 쓰이고 두려움을 갖게 된다는 케팔로스의 말은 이러한 믿음이 플라톤 당시에 일반적으로 널리 퍼져 있었음을 암시한다.

─플라톤 지음, 김인곤 옮김, 《고르기아스》(이제이북스 2011), 297쪽.

4 "경건하게 산 사람들은 지상의 여러 곳들로부터 해방되고 감옥에서 풀려나 청정한 곳으로 올라가 그 땅에서 살게 되네. 이 사람들 가운데 특히 철학을 통해서 자신을 순수하게 한 사람들은 그 이후로는 전적으로 육체 없이 살 것이며, 방금 말한 거처보다 더 아름다운 거처에 이르게 될 걸세."(파. 114b~c)

5 Erwin Rohde, *Psyche*(London, 1925), 13쪽.

5 신, 선한 존재인가 그렇지 않은가?

1 《소크라테스의 변론》, 31c~d.

2 《파이드로스》, 238c~d.

3 이 신이 문자적 의미에서 초자연적인 존재라는 점은 분명하다. 신은 자연 밖에 있으며 자연을 넘어서 있다. 신은 체계에 작용하지만 체계는 신에게 작용하지 못한다. 그런데 플라톤이 이 신을 초자연적인 존재와 어느 정도까지 동일시하는지는 분명치 않다.

─《플라톤의 우주》, 46쪽.

4 "이 우주의 창조자를 찾아내는 것은 힘든 일이거니와 찾아낸다 하더라도 모두에게 이를 말해주는 것이 불가능합니다."

─플라톤 지음, 박종현·김영균 공동 역주, 《티마이오스》(서광사 2000), 28c.

5 박희영은 데미우르고스의 특징을 다음과 같이 정리한다. 첫째, 절대무에서 유를 창조하는 절대 신이지만, 초기 단계의 존재자들을 생산해놓은 이후에도 끊임없이 일을 해야 하는 바쁜 신이다. 데미우르고스는 제작 행위의 본이 되는 이데아를 늘 직관해야 하고, 질료의 필연성을 인식해야 한다. 둘째, 데미우르고스는 작업을 함에 있어서 이론적 통찰력과 전문적 기술을 이용하는 전문가이다. 대상의 한계를 확정짓기 위하여 항상 측정술을 활용한다. 셋째, 데미우르고스

는 항상 최상의 것을 목표로 하는 목적론적 가치를 지니고 행위한다. 좋음의 이데아를 향한 이러한 목적성이야말로 사태를 끊임없이 개선하고자 노력하도록 격려한다. 데미우르고스의 이러한 노력은 에로스로 충만한 철학자의 상징이다.

—박희영 지음, 《플라톤 철학과 그 영향》(서광사 2001), 184~187쪽.

6 Friedrich Solmsen, *Plato's Theology*(Cornell Univ., 1942), 118쪽.

7 호메로스의 기록은 매우 단편적이고 암시적이다. 그는 《일리아스》의 15,680 시행 중 단 두 행에서 모든 것이 존재하게 한 태초의 조상 부부를 대양의 신 오케아노스와 테티스라고 말하면서, 오케아노스는 "여러 신들의 아버지"일 뿐만 아니라 "모든 존재들의 아버지"이고, 테티스는 "여러 신들의 어머니"라고 부른다. 호메로스가 대양의 부부를 만물의 근원이라고 말한 것은 천지창조에 대한 그의 생각을 피력한 대목으로 주목할 만하다.

—이진성 지음, 《그리스 신화의 이해》(아카넷 2010), 89~91쪽.

8 헤시오도스는 《신들의 계보》에서 천지창조의 과정을 이렇게 노래한다. "내게 이것들을 처음부터 말씀해주소서, 올림포스에 사시는 무사 여신들이여, 그들 중 어떤 것이 처음 생겼는지 말씀해주소서. 맨 처음 생긴 것은 카오스고, 그다음이 모든 불사신들의 안전한 거처인 넓은 가슴의 가이아와 불사신들 가운데 가장 잘생긴 에로스였으니 사지를 나른하게 하는 에로스는 모든 신들과 인간들의 가슴속에서 이성과 의도를 제압한다."

—헤시오도스 지음, 천병희 옮김, 《신들의 계보》(숲 2009), 114~122쪽.

9 '모이라'라는 말은 모이라 여신에서 나왔다. 모이라 여신은 올림포스 만신전 체계가 형성되기 훨씬 이전부터 존재하던 가장 원초적인 신이다. 콘포드가 밝혔듯이 모이라는 이 세계를 영역별로 나누어주는 '분배의 여신Dasmos'이라는 별명을 지닌다. 각각의 다이몬은 적어도 자신의 영역 안에서는 자신의 기능을 발휘할 수 있지만, 만약 자신의 영역을 넘어 타 영역을 침범하면 곧장 네메시스Nemesis 여신의 처벌을 받게 된다.

—박희영 지음, 〈그리스 초기 자연철학의 형이상학적 사유〉, 《哲學》 Vol. 79(한국철학회 2004), 122쪽.

10 《영혼의 역사》, 413쪽.

6 신과 인간, 어떤 관계인가?

1 Robin, *Platon*(Paris, 1935), 254쪽.

 플라톤 지음, 박종현 역주, 《법률》(서광사 2009), 19쪽에서 재인용.

2 플라톤이 지도하는 아카데미는 항상 주로 철학적 정치가를 위한 학교였다.

 ―《플라톤의 이해》, 137쪽.

3 시칠리아 여행이 지니는 중요한 의미로 두 가지를 들 수 있다. 하나는 플라톤이 바람직한 나라
 에 대한 그의 신념을 시칠리아에서 실현해보려 했다는 것이요, 다른 하나는 플라톤이 디온과
 맺은 관계이다.

 ―《진리의 현관 플라톤》, 71쪽.

 플라톤이 실제로 가능하다고 생각한 것은 《국가》의 극단적 진술보다 《법률》에서 발견된다. 《법
 률》이 실제로 플라톤이 가능하다고 생각했던 것을 충실히 표현하고 있다고 해석하는 것이 타당
 하다.

 ―《플라톤의 이해》, 141쪽.

4 W. D. 로스 지음, 김진성 옮김, 《플라톤의 이데아론》(누멘 2011), 55쪽.

5 "장차 행복하게 살 사람은 신을 붙들고 겸손하고 예의 바르게 살지만, 재산이나 명예, 젊음과
 외모로 인해 자만심에 빠져 으쓱대는 자는 그 혼이 오만으로 이글거리고 있습니다. 이들은 신
 의 버림을 받은 것입니다."(법, 716a)

6 "만약 누군가가 알맞은 정도를 무시하고서 한층 작은 것들에 한층 큰 것들을 부여한다면, 모든
 것이 뒤집어지거나 파멸할 것이며, 히브리스에 빠져듦으로써 히브리스의 결과인 올바르지 못
 한 상태adikia로 내닫습니다."(법, 691c)

7 《법률》에서 알맞은 정도 곧 적도가 언급되고 있는 횟수는 그의 전체 대화편을 통해서 언급되는
 횟수의 거의 반이고, 중용이 언급되고 있는 횟수는 전체의 거의 1/3에 달한다.

 ―L. Brandwood, *A Word Index to Plato*(Leeds, 1976) 참조.

 《법률》, 31쪽에서 재인용.

8 "신들이야말로 존재하는 모든 것의 시작과 끝을 쥐고, 그 여정을 완성한다."(법, 715e~716a)

9 인간의 목표는 최대한 신과 동화되는 것이다. 인간은 신의 소유물이고, 신의 꼭두각시이며, 신

은 만물의 척도이다.

—*Historisches Wörterbuch der Philosophie*, 721쪽.

10 《법률》 10편에서 플라톤은 현재 남아 있는 고대 그리스 법전에 유례가 없는 신성모독죄를 처벌하는 법규의 초안을 마련했다. 코스모스를 발견한 피지올로고이(자연철학자)가 플라톤의 눈에는 자신의 유토피아에서 제거해야 할 이단을 조장한 주범으로 비친다. 일차적으로 플라톤의 처벌 기준은 우주의 구성 요소가 흙, 공기, 물, 불과 같은 물질적 실재라고 주장하는 자에게 적용된다.
—《플라톤의 우주》, 43쪽.

11 오르페우스는 그의 여인이 하데스를 탈출하기 직전 뒤를 돌아보는 바람에 다시 하데스로 돌아갔고, 프시케 역시 하데스로 갔다가 탈출했으나 아프로디테가 부탁한 아름다움의 상자를 열어보다가 그만 영원한 잠 속으로 떨어진다. 헤라클레스도 못된 군주를 만나 열두 가지 고행을 치른 후, 하데스를 지키는 케르베로스를 처단하고 탈출하지만 결국엔 필멸의 운명을 벗지 못한다.

12 다신주의polytheism는 어떤 합목적적 지성의 관여 없이 세계의 질서가 존재한다는 점에서 특징을 가진다. 모든 신들은 단지 국지적 권위만을 지니므로, 그 어느 신도 자의적인 행위에 의해 만상을 설계하거나 창조했다고 주장할 수는 없다. 다신주의가 일신주의monotheism에 양보하게 됨에 따라 지고supreme의 신이 생겨난다. 일신주의의 독단적 편견에 견주어 그리스적 사고의 자유로움을 생각하면, 창조주에 대한 절대적 믿음이 없는 다신주의에 대해 아무리 감사해도 지나치지 않다.
—《종교에서 철학으로》, 24~25쪽.

13 신은 전사로 변장하거나, 조상, 친숙한 용모를 한 여성, 젊은 목동 등으로 변한다. 신과 인간은 참으로 가까운 관계이다. 신과 인간은 너무나 가까워서 쉽게 착각할 정도다. 신과 인간의 만남이 너무 흔하여 신인지 인간인지 늘 의심이 생긴다. 인간을 향한 불타는 열정, 이것이 호메로스 시의 정신이다. 이 시의 세계는 철저하게 인간에게 초점을 맞추고 있다. 신은 인간의 세계에 끼어들 수밖에 없다.
—《왜 그리스인가?》, 54쪽.

7 호메로스와 플라톤의 대결, 어떻게 볼 것인가?

1 일련의 고대 보고들에 의하면 플라톤은 '좋음', '좋음의 이데아'를 '일자'와 동일시했다고 한다.
—《플라톤 철학과 헬라스 종교》, 87쪽.

플라톤은 이 최고의 이데아를 '좋음의 이데아', '좋음 자체'라고 부른다. '좋음의 이데아'가 이
데아들의 최고 원인이며 모든 원인들의 원인이다.

—같은 책, 99쪽.

많은 플라톤 해석자들은 플라톤의 체계에서 신이 좋음의 이데아와 같다고 말했다. 그러나 이
견해는 옳지 않다. 어떠한 이데아도 좋음의 이데아도 플라톤에게는 항상 보편자이지만, 신은
좋음이 아니라 최고로 좋은 존재를 뜻한다. 신적인 이성은 세계를 통치하며 바라보는 좋음과
구별된다.

—《플라톤의 이데아론》, 55쪽.

2 두 사람이 하는 모든 말의 근저에는 한 가지 공통적인 정서가 들어 있다. 도덕 그 자체와 도덕
이 존재하게 되는 외적 상황, 이 사이에는 외양상의 불일치가 들어 있다는 불안이 그것이다.
—《플라톤의 국가론 강의》, 61쪽.

3 신이 불의의 결과로 얻은 것을 이용해서 마음대로 움직일 수 있다면, 이것은 정의에 대한 완벽
한 부정이다. 그것은 정의의 최고 원천에 해당하는 신성도 타락할 수 있다고 말하는 것이다.
—같은 책, 63쪽.

4 "나는 교만과 폭력이 무쇠의 하늘까지 닿은 저 구혼자들의 무리가 두렵소."(오. 17. 564~565)

5 "헤카톰베를 아폴론에게 제물로 바치니, 구수한 냄새가 연기 속을 맴돌며 하늘로 올라갔다."(1.
316~317)

6 제의 안에서 인간과 신의 결합은 구체적이고 외적인 행위들을 통해 이루어진다. 철학 역시 신
과 인간의 결합을 추구하는데, 여기에서는 오직 사유를 통해서만 가능하다. 이 점을 가장 잘 드
러낸 사상가로서 우리는 파르메니데스와 헤라클레이토스 그리고 플라톤을 꼽을 수 있다.
—《플라톤 철학과 헬라스 종교》, 33쪽.

7 《파이드로스》, 249a.

8 《플라톤 철학과 헬라스 종교》, 145쪽.

9 《향연》, 209e~211d.

10 철학적 인식은 제의적 성격을 얻는다. 신에게 돌아가는 귀환은 여러 가지 방식으로 이루어질 수 있다. 신비주의에서처럼 존재와 하나됨Einswerdung의 방식으로 이루어질 수도 있고, 철학적 인식philosophische Erkenntnis으로 이루어질 수도 있다. 후자가 플라톤의 철학하기이다. 플라톤 은 철학적 인식을 보다 높은 존재로의 상승, 아나바시스anabasis로 표현했다.

—《플라톤 철학과 헬라스 종교》, 103쪽.

11 토마스 R. 마틴 지음, 이종인 옮김, 《고대 그리스의 역사》(가람기획 2003), 78쪽.

12 "이제 저는 나가겠어요! 헤라클레스도 죽음의 운명을 피하지 못했어요. 지금은 탁월한 명성을 얻고 싶어요."(18. 114~122)

8 니체는 왜 플라톤을 겨냥했을까?

1 "현대의 자식인 내가 그리스 시대의 자식이라는 점을 숨기지 않아야 할 것이다."

—《반시대적 고찰》, 289쪽.

2 니체 지음, 김미기 옮김, 《인간적인 너무나 인간적인 1, 2》(책세상 2001), 142쪽.

3 《선악의 저편 · 도덕의 계보》, 411쪽.

4 《영혼의 역사》, 412쪽.

5 같은 책, 413쪽.

6 니체 지음, 백승영 옮김, 《우상의 황혼》(책세상 2002), 88쪽.

7 니체 지음, 안성찬 · 홍사현 옮김, 《즐거운 학문》(책세상 2005), 347쪽.

8 같은 책, 11쪽.

9 같은 책, 200쪽.

10 같은 책, 320쪽.

에필로그

시와 철학의 시대를 맞이하기 위하여

1 《좌파 논어》의 저자 주대환과 그의 지인들이 모여 고전을 공부하는 열린 공간이다.

2 독재 정권에 반대하여 민주주의를 외치다 감옥에 갔다 온 전력이 있는 사람들을 은어로 '빵잽이'라 불렀다. 1970년대 긴급조치를 위반하여 투옥된 민주 인사가 1,000명이 넘었다.

3 로버트 고든Robert Gorden과 같은 경제학자들은 1인당 생산 증가율이 미국을 비롯한 대부분의 선진국에서 둔화될 수밖에 없으며, 2050~2100년에는 연 0.5퍼센트 이하로 떨어질 수 있다고 본다.
—토마 피케티 지음, 장경덕 옮김, 《21세기 자본》(글항아리 2014), 119쪽.

4 1인당 생산의 놀라운 성장이 21세기에는 불가피하게 둔화될 것인가? 먼저 과거의 성장이 연 1~1.5퍼센트를 넘지 않는 느린 속도로 이루어졌다는 사실을 기억해야 한다. 역사적으로 이보다 더 뚜렷이 빠른 성장을 보인 사례는 다른 나라를 급속하게 따라잡고 있던 나라들에서만 나타났다. 이와 같은 급성장은 따라잡기가 이뤄지고 나면 끝난다. 성장은 제한된 기간 동안 나타나는 과도기적인 것이다.
—같은 책, 117쪽.

5 맨큐Gregory Mankiew는 1990년대에 가장 명석한 경제학자의 한 사람이다. 800쪽에 달하는 그의 두툼한 교과서는 GDP와 행복의 상호 관계에 단 두 쪽을 할애함으로써 경제학 교과서 본연의 모습을 보여준다. "대다수 사람들이 소득 증대를 선호할 것이고, 지출 증대를 즐길 것이기 때문에 일인당 GDP는 평균적인 개인의 경제적 행복을 대변해주는 당연한 척도이다." 맨큐의 언급에는 신자유주의 경제학자들의 신념이 자리 잡고 있다.(46쪽) 신자유주의 경제학자들은 성장 이데올로기를 받아들이면서 자란 탓에 소비에트 공산당원들처럼 머릿속에 굳어진 이데올로기에 아무런 의문도 제기하지 못한다.(48쪽) 생태계 악화를 비롯하여 성장으로는 치유되지 않는 온갖 사회적 문제들, 실업과 과다 노동, 고용 불안의 확산 등, 경제성장이 유발하는 사회적 비용은 날로 늘어간다. 경제가 성장하더라도 삶의 질이 나아지지 않음을 인정하는 것은 그 자체로 경제학자들에게 치명적 타격이다.

—클라이브 해밀턴 지음, 김홍식 옮김, 《성장 숭배》(바오 2011), 45~48쪽.

6 노동시간 단축은 탈성장 사회로 넘어가는 이행 과정의 핵심적 요구 사항이다. 노동시간을 줄이는 자연스러운 해법은 노동의 재분배다. 케인스는 1930년에 쓴 논문에서 경제성장 이후의 생활에 대해 주 15시간이 임금노동자의 합리적인 노동시간이 될 것이라는 생각을 밝힌 바 있다. 생산성 증대의 결실을 노동시간의 단축으로 실현한다고 가정하면 50년 이내에 현행의 소득수준을 유지하면서도 노동시간을 주당 40시간에서 15시간으로 줄일 수 있다.

—같은 책, 313~314쪽.

7 전 국제기계협회의 회장이었던 윈피싱어Winpisinger는 말한다. "향후 30년 이내 세계 전체 수요에 필요한 재화를 생산하는 데 있어서 현 세계 노동력의 단지 2퍼센트만 필요하게 될 것이다."

—리프킨 지음, 이영호 옮김, 《노동의 종말》(민음사 1996), 27쪽.

8 민주노총 주진우 조사통계국장은 네덜란드를 방문한 이후에 논문 〈모델의 진짜 핵심: 획기적인 노동시간 단축과 비정규직의 차별 철폐〉를 작성했다. 이에 의하면 네덜란드는 한국의 노사정위원회에 해당하는 '세르'를 통해 꾸준히 노동시간을 단축하면서 새롭게 일자리를 창출하려 했다. 그리하여 실업 문제를 해결할 수 있었던 것이다. 세르는 노동시간을 단축하는 협정을 몇 차례에 걸쳐서 꾸준히 맺었고, 오늘날에는 노동시간을 주당 평균 33시간까지 낮출 수 있었다. 네덜란드 모델은 민주노총의 "사회 연대에 기반한" 일자리 창출 주장이 올바른 것이었음을 입증하고 있다. 네덜란드는 비정규직의 확산으로도 유명한 나라이다. 그러나 '차별'이 존재하지 않는다. 비정규직에게도 똑같이 사회보험이 적용되고, 시간당 임금에 있어서도 큰 차이가 없다. '차이'가 있을 뿐, '차별'이 없다.

9 그동안 자살과 관련해 제대로 된 국제적 보고서는 없었으나 2013년 세계보건기구WHO에서 처음으로 세계 자살 통계 보고서인 〈자살 예방: 전 세계적 과제Preventing Suicide: A Global Imperative〉를 발표했다. 전 세계 66개국을 대상으로 조사한 이 보고서에 따르면 한국은 지난 10년간 자살률이 109.4퍼센트 늘었다. 이는 세계에서 두 번째로 높은 증가율이다. OECD 국가 중 한국의 자살률은 지난 10년 동안 OECD 평균의 두 배를 넘는, 부동의 1위를 지키고 있으며 2위와의 격차는 압도적이다.

10 영국의 위대한 수학자이자 철학자인 러셀은 말한다. "누구는 하루 8시간 일하고 누구는 하루

10시간을 일할 필요 없이 모두가 하루 4시간 일을 하면 된다."

　　―《노동의 종말》, 49쪽.

11　"2013년 기준 교사 1인당 학생 수는 초등학교 19.6명, 중학교 18.8명, 고등학교 15.8명으로 각각 OECD 평균(15.4명, 13.3명, 13.9명)과 상당한 격차가 있다. 학급당 학생 수도 초등 26.3명, 중등 34.0명으로 OECD 평균(21.2명, 23.3명)에 크게 뒤진다."

　　―한국경제 2015년 2월 4일 자 기사 참고.

12　보건복지부가 분석한 OECD의 건강 데이터에 따르면 우리나라의 의료 인력 숫자는 OECD 회원국 중 가장 낮았다. 우리나라 임상 의사 수는 인구 1천 명당 2.1명으로 OECD 평균인 3.2명보다 적었고, 간호사 역시 1천 명당 4.8명으로 OECD 평균의 절반 수준이었다.

　　―보건복지부, OECD Health Data 2014 주요 지표 분석.

13　나는 우리가 독일의 철학자 카를 야스퍼스(Karl Jaspers, 1883~1969)가 '축의 시대Axial Age'라고 부른 시기에서 영감을 얻을 수 있다고 믿는다. 이 시기가 인류의 정신적 발전에서 중심축을 이루기 때문이다. 대략 기원전 900년부터 기원전 200년 사이에 세계의 네 지역에서 이후 계속해서 인류의 정신에 자양분이 될 위대한 전통이 탄생했다. 중국의 유교와 도교, 인도의 힌두교와 불교, 이스라엘의 유일신교, 그리스의 철학적 합리주의가 그것이다. 축의 시대는 붓다, 소크라테스, 공자, 예레미야, 《우파니샤드》의 신비주의자들, 맹자, 에우리피데스의 시대였다.

　　―카렌 암스트롱 지음, 정영목 옮김, 《축의 시대》(교양인 2014), 2~3쪽.

14　OECD에 따르면 미국이 국내총생산의 11퍼센트만을 소득 재분배에 사용하는 반면, 유럽 국가들은 국내총생산의 26퍼센트 이상을 할애한다. 미국은 형편이 어려운 근로자들을 돕는 데 있어서 특히 인색하다. 1990년대 미국의 최저임금은 평균 임금의 39퍼센트에 불과했다. EU의 경우 55퍼센트였다.

　　―리프킨 지음, 이원기 옮김, 《유러피안 드림》(민음사 2009), 63쪽.

15　"나는 현대의 소크라테스가 등장하여 오늘날 세계의 정신의 방향을 바꾸어놓았으면 하고 바랍니다. 우리에게는 과학과 기술을 바르게 사용하는 정신적 힘, 예지와 선이 결여되어 있습니다. 우리는 새로운 소크라테스를 필요로 하고 있습니다."

　　―《토인비와의 대화》, 136쪽.